中国传媒社会责任研究报告

RESEARCH REPORT ON SOCIAL RESPONSIBILITY OF MEDIA IN CHINA

（2021—2022）

黄晓新　刘建华　李文竹　主编

中国书籍出版社
China Book Press

图书在版编目（CIP）数据

中国传媒社会责任研究报告. 2021—2022 / 黄晓新, 刘建华, 李文竹主编.
-- 北京 : 中国书籍出版社, 2023.7
ISBN 978-7-5068-9512-5

Ⅰ. ①中… Ⅱ. ①黄… ②刘… ③李… Ⅲ. ①传播媒介—社会责任—研究报告—中国—2021-2022 Ⅳ.①G219.2

中国国家版本馆CIP数据核字(2023)第138120号

中国传媒社会责任研究报告（2021—2022）

黄晓新　刘建华　李文竹　主编

责任编辑　李　新
责任印制　孙马飞　马　芝
封面设计　东方美迪
出版发行　中国书籍出版社
地　　址　北京市丰台区三路居路 97 号（邮编：100073）
电　　话　(010) 52257143（总编室）　(010) 52257140（发行部）
电子邮箱　eo@chinabp.com.cn
经　　销　全国新华书店
印　　刷　北京九州迅驰传媒文化有限公司
开　　本　710毫米 × 1000毫米　1/16
字　　数　286千字
印　　张　15.5
版　　次　2023 年 7 月第 1 版　2023 年 7 月第 1 次印刷
书　　号　ISBN 978-7-5068-9512-5
定　　价　120.00 元

中国传媒社会责任研究报告（2021—2022）
出品方

中国新闻出版研究院传媒研究所

《中国出版》杂志社

中国传媒社会责任研究报告（2021—2022）课题组

课 题 组 组 长　刘建华　李文竹　卢剑锋

课题组副组长　李　淼　李　游　刘　盼

课 题 组 成 员　双传学　刘向鸿　王卉莲　韩国梁　谭庆茂　苏唯玮　薛　创　鲁艳敏　杨青山　郝天韵　杨仕仙　范有翼　申玲玲　时宏远　庞　承　董媛媛　吴　琼

中国传媒社会责任研究报告（2021—2022）
编委会

唐凤英　中国社会科学院大学新闻学与传播学系博士研究生
梁可庭　湖南日报报业集团记者
向志强　湖南大学新闻与传播学院教授
朱松林　安徽财经大学文学院教授
朱怡婷　安徽财经大学新闻系硕士研究生
吴文汐　东北师范大学传媒科学学院（新闻学院）副教授，公共传播与社会治理研究中心主任、博士
祁　悦　东北师范大学传媒科学学院（新闻学院）硕士研究生
陈南先　广东技术师范大学文学与传媒学院教授、硕士生导师、博士
许丽华　云南民族大学文学与新闻学院副院长、博士
庞　承　浙江日报社社长助理，浙江日报研究院院长
李晓玲　昆明广播电视台记者
董媛媛　北京交通大学副教授、博士
杨默涵　北京交通大学语言与传播学院硕士研究生
陈雪婷　北京交通大学语言与传播学院硕士研究生
杨　姣　云南大学滇池学院人文学院副院长、副教授
王心雨　云南大学新闻学院硕士研究生
李斯娴　云南大学滇池学院人文学院辅导员

主编简介

黄晓新

男，湖北洪湖人。现任中国新闻出版研究院党委书记、副院长，中国编辑学会副会长。武汉大学硕士研究生毕业，曾在福建师范大学历史系任教。历任国家新闻出版总署印刷复制管理司副司长、反非法和违禁出版物司副司长，中国音像协会光盘工作委员会副理事长，挂职任新疆维吾尔自治区新闻出版广电（版权）局党组成员、副局长（正厅长级）。参与组织实施并主编大型历史文献丛书《新疆文库》出版重点工程，策划、主编《白话全本史记》《漫画传统蒙学丛书》《文化市场实务全书》《新疆历史古籍提要》《最新国别传媒产业研究报告译丛》和《中国传媒融合创新研究报告》《中国传媒社会责任报告》《中国印刷业研究报告》系列蓝皮书等。著有《阅读社会学》（人民出版社 2019 年版）。主持中央文资办重大项目“中国新闻出版多语种语料库研究”等多项国家、省部级课题，在有关专业期刊发表论文 60 余篇，多篇论文被《新华文摘》和人大复印报刊资料全文转载，主要从事新闻出版管理与阅读社会学研究。

刘建华

男，江西莲花人。中国新闻出版研究院传媒研究所执行所长、研究员，安徽财经大学新闻系教授。中国社会科学院哲学所博士后，中国人民大学传媒经济学博士，中国新闻文化促进会常务理事，中国记协新媒体专业委员会委员，高校毕业生就业协会宣传与全媒体人才培养工作委员会副理事长。著有《舆情消长与边疆社会稳定》《对外文化贸易研究》《生命的辨识度》等书近40部，《一本书学会新闻采写》（7部）丛书主编，在核心期刊发表论文150余篇。主持“舆情消长与边疆民族地区稳定研究”国家社科基金等80余项课题。多篇文章被《新华文摘》、人大复印报刊资料《新闻与传播》等多次全文转载，主要从事新闻传播理论、舆情传播、媒体融合、书法符号传播、传媒经济与文化产业研究。

李文竹

女，山东德州人，中国新闻出版研究院传媒研究所特邀研究员，中国人民大学新闻学博士，主要从事新闻传播理论，环境传播研究。

前　言

"中国传媒社会责任研究"课题是中央级公益性科研院所基本科研业务费专项资金资助项目，是中国新闻出版研究院的重要研究课题，《中国传媒社会责任研究报告（2021—2022）》一书是该课题的研究成果。2017年以来，中国新闻出版研究院先后推出《中国传媒社会责任研究（2015—2016）》《中国传媒社会责任研究报告（2017—2018）》《中国传媒社会责任研究报告（2018—2019）》《中国传媒社会责任·媒体抗疫研究报告（2020—2021）》等报告，得到政府、业界与学界的一致肯定与好评。今年继续推出的《中国传媒社会责任研究报告（2021—2022）》，是对党媒忠实履行舆论引导社会责任，报道我党领导的新民主主义革命、社会主义革命和社会主义建设实践的历史勾勒。

2021年是中国共产党成立100周年，在百年奋斗历程中，简单而言，党带领中国人民主要做了两件事，一是进行新民主主义革命及社会主义革命，一是进行社会主义建设。在这个光荣辉煌、艰苦卓绝、奠基立业、开辟未来的百年奋斗中，新闻媒体发挥了重要作用。作为党的耳目喉舌的新闻媒体，战争年代主要发挥集体的宣传员、鼓动员和组织员的作用，建设年代主要发挥治国理政的作用。党深刻认识到新闻媒体对于革命和建设事业的重大推动作用，100年间创办了众多新闻媒体，实现了不同时期的不同目标。新闻媒体记录社会、评点时代、预测未来，通过一代代新闻人的努力，彰显社会责任担当，进行舆论引导与社会监督，真实记录某个时代社会经济政治文化教育发展全貌，是一种实实在在的"媒体史记"。中国共产党领导人民群众进行社会主义革命和社会主义建设的100年历史，可以从党媒新闻报道典籍中找到其真实原貌与发展轨迹，媒体中的报道是一部真实可信、生动鲜活、耐人细品的红色典籍。2021年2月20日，在党史学习教育动员大会上，习近平总书记强调，"在全党开展党史学习教育，是党中央立足党的百年历史新起点、统筹中华民族伟大复兴战略全局和世界百年未有之大变局、为动员全党全国满怀信心投身全面建设社会主义现代化国家而作出的重大决策。全党同志要做到学史明理、学史增信、学史崇德、学史力行，学党史、悟思想、办实事、开新局，以昂扬姿态奋力开启全面建设社会主义现代化国家新征程，以优异成绩迎接建党100周年”。2021年2月26日，中共中央印发《关于在全党开展党史学习教育的通知》，就党史学习教育作出部署安排。

为了贯彻落实习近平总书记党史学习教育的重要讲话精神和中共中央《关于在全党开展党史学习教育的通知》的部署，我们从传媒履行社会责任和媒体里的报道相结合的角度开展研究，从党在100年创办的所有媒体中，选择十多家代表性媒体进行深入剖析研究。从时间上而言，这些媒体前后续接报道的活动可以涵括这100年历史；从空间上而言，不同媒体都要紧紧围绕党带领人民进行新民主主义革命、社会主义革命和建设的具体场域，即以党的活动空间为基础和变迁；从内容上而言，要紧扣媒体的社会责任担当，从思想政策宣传、重大会议报道、经济社会热点、公共事件报道、负面新闻报道等舆论引导和社会监督着手，涵括党在百年发展中所从事的革命、政治、经济、文化、教育与社会建设活动，尤其要关注百年党史拐点中的主要人物与事件。通过阅读所选媒体前后续接的百年报道与记录典籍，我们能清晰地了解党的百年奋斗史，作为一部“传媒史记”式的研究成果，不但可以为新闻传媒研究者和从业者提供好的党史学习教育范本，而且可以为全党党史学习教育活动贡献为人们喜闻乐见、生动活泼的学习资料，有利于党史学习教育的入脑入心，真正把党的历史学习好、总结好、传承好、发扬好，真正贯通做实党的创新理论，真正做到学史明理、学史增信、学史崇信，不断提高政治判断力、政治领悟力、政治执行力，为全面建成社会主义现代化国家、实现中华民族伟大复兴中国梦而不懈奋斗。

在此，对参与本书撰写的各位专家所付出的辛勤劳动和大力支持表示诚挚的谢意，尤其感谢给予我们大力支持的vivo公司。同时，此书也是我们全体主创人员对党的二十大的一种特别的学术献礼。

《中国传媒社会责任研究报告（2021—2022）》课题组
2022年12月10日

目　录

第一部分　总报告

第一章　总报告：党媒报道中的百年史记……………………（3）

第一节　百年党媒发展的历史演进……………………（3）

第二节　百年党媒履行社会责任情况……………………（9）

第三节　提升党媒履行社会责任能力的建议……………………（18）

第二部分　专题报告
开天辟地：1921—1949 年的媒体报道

第二章　《新青年》的报道（1920—1926）……………………（25）

第一节　引进、传播、捍卫马克思主义……………………（26）

第二节　介绍共产主义和社会主义，寻找救国之路……………………（28）

第三节　立足社会实践，指导中国革命实践……………………（29）

第四节　研究经典文本，提高理论水平和思想认识……………………（31）

第五节　关注工农群众，赢得支持……………………（31）

第六节　设置“通信”栏目，回应读者疑惑……………………（32）

结　语……………………（33）

第三章 《向导》周报的报道……（34）
引 言……（34）
第一节 雪国耻之书写……（35）
第二节 “人民精神”之实践……（39）
第三节 国民革命之倡导……（43）
第四节 马克思主义之“广播”……（47）
结 语……（53）
第四章 《新华日报》的报道……（55）
第一节 中国共产党“插在国统区的一面红旗”……（56）
第二节 中国共产党的抗战号角：以笔为戈 以纸为戎……（60）
第三节 中国共产党时代话语的阵地……（65）
结 语……（70）
第五章 《解放日报》的报道……（72）
第一节 开天辟地：《解放日报》高举抗日旗帜……（73）
第二节 继往开来：《解放日报》打下宣传坐标……（75）
第三节 薪火相传：《解放日报》播下思想火种……（80）

第三部分 专题报告
改天换地：1949—1978 年的媒体报道

第六章 《人民日报》的报道（1949—1978）……（85）
第一节 夺取全国性胜利，成立中华人民共和国……（85）
第二节 促进国民经济发展，探索社会主义道路……（89）
第三节 开创中国特色社会主义，正式步入新局面……（92）
结 语……（94）

第七章 《光明日报》的报道（1949—1978） ……………………… （96）
第一节 《光明日报》简况（1949—1978） ……………………… （97）
第二节 围绕党的大政方针和重大事件积极开展舆论引导 ……… （98）
第三节 响应党的号召，发挥“鸣放”和“监督”的作用 …… （101）
第四节 聚焦党的文化科教事业，繁荣社会主义文化 ………… （104）
第八章 《四川日报》的报道 ……………………………………… （107）
引 言 ……………………………………………………………… （107）
第一节 《四川日报》与四川省人民政府同日诞生 …………… （108）
第二节 重大历史时期的四川实践 …………………………… （109）
第三节 党和国家领导人与四川 ……………………………… （112）
结 语 ……………………………………………………………… （117）

第四部分 专题报告
翻天覆地：1978—2012 年的媒体报道

第九章 《人民日报》的报道（1978—2012） …………………… （121）
第一节 吹响改革开放号角 …………………………………… （122）
第二节 用中国特色社会主义理论武装全党 ………………… （124）
第三节 凝聚众志共克时艰 …………………………………… （127）
第四节 报道十八大 擘画新时代 …………………………… （129）
第十章 《光明日报》的报道（1978—2012） …………………… （131）
第一节 理论政策的解读者 …………………………………… （131）
第二节 经济发展动态的记录者 ……………………………… （137）
第三节 文化科教政策的宣导者 ……………………………… （139）
第四节 社会民生变迁的观察者 ……………………………… （143）
第五节 生态文明建设的倡导者 ……………………………… （146）

第六节　国防军事成就的见证者 …………………………………… (148)
第七节　促进祖国和平统一的宣传者 ………………………………… (150)
结　语 ………………………………………………………………… (152)
第十一章　《南方日报》的报道（1978—2012） ………………… (154)
第一节　坚持拨乱反正　平反冤假错案 ……………………………… (155)
第二节　大胆解放思想　积极推动改革 ……………………………… (157)
第三节　把握时代脉搏　引领发展方向 ……………………………… (158)
第四节　报道体育盛会　打造南国形象 ……………………………… (161)
第五节　加强舆论监督　情系百姓冷暖 ……………………………… (162)
第六节　深入挖掘采访　凸显新闻价值 ……………………………… (164)
结　语 ………………………………………………………………… (166)

第五部分　专题报告
惊天动地：2012 年以来的媒体报道

第十二章　《人民日报》的报道（2012 年以来） ……………………… (171)
第一节　定国良策 …………………………………………………… (171)
第二节　砥砺前行 …………………………………………………… (175)
第三节　九天揽月 …………………………………………………… (177)
第十三章　《浙江日报》的报道（2012 年 11 月以来） ……………… (182)
第一节　忠实践行“八八战略” …………………………………… (182)
第二节　建设“两富”“两美”新浙江 ……………………………… (184)
第三节　水平全面建成小康社会 …………………………………… (188)
第四节　探索建设共同富裕美好社会 ……………………………… (191)
第十四章　《农民日报》的报道 ……………………………………… (194)
第一节　《农民日报》基本情况 …………………………………… (194)

第二节　政治领域报道——做党的宣传喉舌 …………………（195）
第三节　经济领域报道——推动改革，替农民说话 ……………（201）
第四节　社会领域报道——维护农民权益 ………………………（203）
结　语 ………………………………………………………………（204）

第六部分　特别专论
媒体报道全景扫描

第十五章　新华社的报道…………………………………………（209）
第一节　开天辟地：发扬革命英雄主义，见证党的救国大业（1931—1949）……………………………（209）
第二节　改天换地：弘扬艰苦奋斗精神，记录党的兴国大业（1949—1978）……………………………（212）
第三节　翻天覆地：奏响改革开放强音，跟进党的富国大业（1978—2012）……………………………（215）
第四节　惊天动地：传递新时代中国梦，书写党的强国大业（2012 年至今）…………………………（218）
第十六章　《求是》的报道…………………………………………（222）
第一节　《求是》杂志概况 ………………………………………（222）
第二节　改天换地时期的《红旗》暨《求是》杂志 ……………（223）
第三节　翻天覆地时期的《红旗》暨《求是》杂志 ……………（226）
第四节　惊天动地时期的《求是》杂志 …………………………（228）

第一部分　总报告

第一章　总报告：党媒报道中的百年史记

黄晓新　刘建华　李文竹[①]

第一节　百年党媒发展的历史演进

2021 年是中国共产党成立 100 周年，自中国共产党建立以来，在社会主义革命和社会主义建设时期，作为党的耳目喉舌，党媒承担了重要的宣传任务，积累了丰富的宣传经验，成为党的工作的重要支持力量。新闻媒体记录社会、评点时代、进行舆论引导与社会监督，彰显社会责任担当。

本文的研究对象党媒，是党的媒体的简称，在中华人民共和国成立之前，主要指我国各级党组织、党小组和党员为宣传党的主张、指导革命斗争、巩固舆论阵地、组织团结群众所创办的媒体；在中华人民共和国成立之后，指我国各级党委和政府主管主办的媒体。本文的党媒既包括国家级党媒，也包括地方级党媒；媒介类别上包括党报、党刊、电台、电视台和微信微博客户端等新时代下党媒主管主办的新兴媒体。党媒最大的特点就是其鲜明的政治属性和政治立场，党媒姓党，党媒必须坚持党性原则，体现党的意志、反映党的主张；同时党媒也具有媒体的传播属性，也要遵循新闻传播规律和媒体发展规律。党媒的政治性和传播性相辅相成，只有很好的顺应媒体传播规律，党媒才能更好地体现和发挥党的政治性，才能更好地为党立言、为党服务。

媒体的社会责任理论的提出始于 20 世纪中叶的美国。1947 年，美国新闻自由委员会提出“社会责任理论”，修正和限制了在此之前流行的报刊自由主

---

① 黄晓新，中国新闻出版研究院党委书记、副院长；刘建华，中国新闻出版研究院传媒研究所执行所长、研究员；李文竹，中国新闻出版研究院传媒研究所特邀研究员、中国人民大学新闻学博士。

义理论。1956 年，美国传播学者施拉姆在《报刊的四种理论》一书中对媒体的社会责任进行了系统论述：传媒的社会责任的核心是“传播人的责任”，即要求新闻从业者“应该以负责任的态度来处理自己的成品”“竭尽所能提供素质最高的成品”。传媒业的良好表现需要依靠传媒人自身的社会责任感来维护，为社会谋福祉，为民众求真理，这是媒体社会责任的题中之意。在我国，媒体社会责任的内涵更为丰富，而且更强调媒体的政治、社会责任。自改革开放以来，我国传媒经历了事业单位、企事业混合型单位等的形态变更，传媒从单一的政治宣传属性的意识形态业转变为具有多重属性的行业，在此背景下社会对于传媒社会责任的要求逐渐增长。作为国家“文化软实力”的重要组成部分，媒体需要切实承担起自身的社会责任，维护国家利益，构建和谐社会。

传媒的社会责任表现为一种公共责任，是从公共利益出发对传媒寄托的政治、经济、文化等方面的期望。社会责任是一个多层次，多维度的概念，涉及政治、经济、道德责任等多方面因素。本报告中传媒社会责任主要指的是媒体及其从业人员在新闻传播过程中，在传播党的方针政策，维护社会和谐稳定，促进经济发展进步，践行舆论引导，推动社会监督，弘扬社会主义核心价值体系等方面所承担的社会责任和义务，其具体表现为政治思想解读、军事政策宣传，经济社会关注，公共事件报道，优秀文化传播，社会舆论引导，教育事业聚焦，生态文明倡导。

以各级机关报、刊、台为代表的主流媒体是党的工作的重要支持力量，无论战争年代，还是社会主义建设时期，他们承担着作为政府“喉舌”的政治利益和作为社会公器的社会利益，直接广泛地影响着政府活动和社会舆论，关系到新闻宣传、信息传播的效果。党深刻认识到新闻媒体对于革命和建设事业的重大推动作用，100 年间创办了众多新闻媒体，党媒舆论引导力和影响力的提升也一直是党的工作的重要组成部分。在一代代新闻人的努力下，党媒真实记录了时代社会经济政治文化教育发展全貌，是一种实实在在的“媒体史记”。纵观党的媒体的发展历程，大致可分为四个阶段。

一、1921—1949 年：党的媒体网络初步形成

1921 年，党的一大会议决议对党报的办报原则等做了基本界定，确定了不能违背党的方针政策和“党员办报”等的一系列基本原则。其后不久的 1922

年 9 月，党中央的第一份机关报，时事评论性周报《向导》创刊。在《向导》的引领和激励下，基层地方党组织也积极尝试创办报刊，一个从中央到地方的党的媒体网络逐渐形成。如北京的《政治生活》周刊，河南的《中州评论》，湖南的《战士》周刊，广州的《人民周刊》，湖北的《群众》周报等。大革命失败之后，土地革命战争时期的共产党在上海办了一些重要的地下机关刊物。如 1927 年的《布尔塞维克》、1928 年的《红旗》（后与《上海报》合并为《红旗日报》）、1931 年的《党的建设》等。

抗日战争时期，经过了十几年的经验积累，党的新闻思想日趋成熟，媒体的宣传力量也得到了更深层次的发挥。1931 年创刊的《红色中华》，在 1937 年改名为《新中华报》，大力宣传中国共产党团结抗日的主张，为抗日民族统一战线的形成起到了重要的舆论支持作用。同时，1931 年在江西瑞金成立的新华通讯社，在敌人的封锁下一度成为抗日根据地发布信息的唯一渠道。1938 年《新华日报》的创刊成为党报史上值得关注的重要事件，作为党在国统区唯一一份机关报，《新华日报》对外界了解中国共产党起到了重要的促进作用。在那段艰苦的岁月里，在敌后抗日根据地的 700 多种报刊中，《晋察冀日报》（1937 年创刊）、《大众日报》（1939 年创刊）、《晋绥日报》（1940 年创刊）等地方机关报突破重重阻力，克服各种困难，极大助力了党在战争时期的宣传工作。1941 年创刊的《解放日报》是党在抗日根据地的第一份大型中央机关报，抗日战争时期，《解放日报》利用新闻报道反映和指导革命工作，成为党开展中心工作的重要平台。

解放战争时期的新闻宣传工作集中在军事宣传和土地改革宣传上，党在积累和总结新闻宣传经验的基础上，奠定了社会主义新闻工作的发展基础。在这一时期，1947 年《晋绥日报》发起的反“客里空”运动，对土地改革报道中的失实问题予以纠正。1948 年毛泽东《对晋绥日报编辑人员的谈话》成为对党的新闻宣传工作指导思想的集中反映。

在这一历史阶段，除了党报之外，我国的广播事业也成为开展舆论斗争和革命宣传的重要力量。1935 年就开始创办的党的无线电通讯事业，随着 1940 年延安新华广播电台的开播达到一个里程碑式的飞跃。随着军事上的胜利，在党的领导下，我国的广播事业不断发展壮大，1945 年 8 月起，哈尔滨广播电台，张家口新华广播电台、大连广播电台、邯郸新华广播电台、东北新华广播电台等相继开播，形成了全国范围内的广播宣传网。

二、1949—1978 年：党媒体系逐步完善

新中国成立以来，以《人民日报》、新华社、中央人民广播电台等中央党媒为中心，各大行政区、省、直辖市地方党媒为主体的党媒系统，成为我国党的新闻事业的重点。1949 年 8 月，《人民日报》发展成为中共中央机关报，并逐渐成为党的最有权威性的第一大报，其发行不仅覆盖全国，而且已经开始海外发行。同时，各大行政区、省、直辖市的党委机关报也得到迅速发展。1950 年，各级行政区、省、直辖市等都建立了党的机关报，各类党的机关报占到全国报纸总数的 59%。新中国成立初期，党对新闻工作进行了深入探索，在此基础上于 1956 年 7 月 1 日进行了《人民日报》的改版，以摒除教条主义和党八股，加强新闻性为抓手，扩大报道范围，改进新闻文风，掀起了新闻工作改革的热潮。在这一时期，党媒积极配合国家中心工作开展主题宣传，动员群众支持国家建设，在政治、经济生活中发挥了重要的舆论引导作用。同时，党媒努力加强与人民群众的联系，在对人民性的追求推动驱使下，努力探索社会主义党报的发展模式。

与此同时，在新中国成立初期，广播已经成为党的新闻事业的重要构成部分。在新中国开国大典的报道中，包括中央人民广播电台（当时叫北京新华广播电台）在内的党媒满怀激情地记录了这一盛况，呈现出强大的感染力。在其他一些重要的政治活动的主题报道中，如宪法制定，中国共产党第八次代表大会等，广播媒体的优势和个性价值更是得到了充分彰显。此时，一个从中央到基层的广播电台网也建立起来。同时，1958 年，我国的电视事业随着北京电视台（中央电视台的前身）的诞生拉开了序幕。在初创阶段，中央电视台在艰辛中起步，克服了各种困难，以出色的业绩诠释了自己的责任和使命，如第一次播出电视新闻节目，第一次转播全国人民代表大会，第一次电视实况转播国庆庆典等。

总之，我国新闻事业的发展壮大促进了对社会主义建设成就的宣传，使新中国的社会建设和发展成果深入人心。虽然在“文革”期间，在“左”倾错误的影响下，媒体发展走了一段弯路，但是也积累了一些宝贵的经验。

三、1978—2012年：回归新闻本位，探索集团化发展与报网互动

党的十一届三中全会召开后，在进一步新闻改革的探讨中，党媒的新闻宣传功能开始与信息传播及服务功能相结合，报道范围不断扩大。随着1978年《光明日报》“实践是检验真理的唯一标准”的讨论热潮的出现，新闻的标准在向新闻本位转变。同时，“事业单位，企业化管理”的政策也在各新闻单位逐步推开。1979年中宣部召开的“全国新闻工作座谈会”强调了新闻规律的重要性，成为新闻工作改革的里程碑。此后，继《天津日报》恢复商业广告之后，各省级党报陆续开始了“事业单位，企业化管理”模式。同时，随着报业竞争的加剧，党报以扩版来应对市场化生存中的困境。1987年，《广州日报》《天津日报》《解放日报》《北京日报》等纷纷扩版增容，以此解决宣传职能与经济效益的矛盾，掀起了全国范围内的党报扩版浪潮。

在这一时期，单一的阶级斗争工具论的新闻观念被逐渐取代，新闻规律得到一定程度的重视，西方的传播学观念也开始引入国内，新闻的定义、属性、原则等理论问题得到研究并深入影响了新闻实践。 进入20世纪90年代，报业走向了集团化经营的发展阶段，一些实力较强的党报开始组建报业集团，创新经营模式，开展资本运营，1996年广州日报报业集团首先挂牌，随后一些省级党报也相继成立报业集团。20世纪90年代末，随着互联网的普及，党报的电子化尝试也拉开序幕，以北京千龙网、上海东方网等为代表的大型的网络平台开始建成，有效提升了党媒的影响力和传播力。

在广播电视领域，广播电视事业在党的十一届三中全会以后实现了业务发展上的新突破，呈现出前所未有的繁荣局面。1986年，作为我国首家经济广播电台，珠江经济台的开播引发了学界对“珠江模式”的探讨。以广州为中心的珠江三角洲和广东沿海地区纷纷效仿，许多地方办起了新闻、文艺、儿童、交通等专业频率。从1980年106座到1988年的461座，8年之间全国广播电台的数量翻了两倍多。到2000年，我国广播人口的覆盖率达92.1%，极大地丰富了群众的社会文化生活。与此同时，我国的对外广播也实现了历史突破，在国际新闻的报道和时效性上均取得较大提升。

1978年5月1日，“北京电视台”正式更名为中央电视台（CCTV）。中央电视台的迅速崛起带动了全国电视事业的大发展，电视已成为受众最广、影响最大的信息载体。与此同时，随着经济的发展和信息科技的更新，广播影视

产业的集团化也开始展开，2000 年 12 月 28 日，国内首家省级广播影视集团——湖南广播影视集团正式成立，成为我国广电系统事业发展中的关键，此后不久，我国广播电视事业进一步突破，一些广播影视集团纷纷成立。广播、电影电视的三位一体，实现了资源共享和优势互补，有力推动了传媒业的发展。

四、2012 年以来：在媒体融合中推动党媒现代传播体系建设

随着互联网技术的发展，媒体融合成为党媒的发展趋势。我国党媒进入了融合发展的新阶段，出现了大量的创新实践。传统党媒实行了新老媒体的深度融合，今天的《人民日报》，已经不再仅仅是一张报纸，而是发展成具有网站、微博、微信、客户端等在内的全媒体新闻平台。2016 年，《人民日报》全媒体平台（中央厨房）上线。平台整合了十几个业务部门，成为报社新闻采编指挥中枢和控制平台。同时，各类省级和地市级党报也开始打造新型传播平台，推动媒体融合向纵深发展，做大做强主流媒体传播阵地。2019 年，各级各类报纸出版单位在媒体融合的道路上积极前行，努力拓展，融合发展有序推进。全国已有 1825 家报纸举办新媒体，占报纸总量的 74.7%，较 2018 年度的 65.2% 继续上升，发达地区如江苏实现新媒体全覆盖。611 家报社拥有 10 万 + 的微信公众号文章，636 家报社微博粉丝量超过 1 万，10 万 + 的文章总量突破 4 万篇，传播效果显著提升。2019 年，新媒体从业人员继续增加，占总人数 11.68%，比去年的 10.47% 有所增加。

新世纪，广播电视也进入转型升级和更新换代的过程中，媒体集团化的趋势促进了广播、电影和电视的一体化发展。目前广播电视已经成为推动媒体融合发展的主力军。各地方广播电视台全面整合资源，打通渠道，调整格局，实现了自身发展和功能提升。如，广西广播电视台在融合发展方面已形成了“两微一端一网”“多屏互动”“多态共存”的格局。上海广播电视台、上海文化广播影视集团有限公司旗下有上海新闻广播等 13 个广播频率、东方卫视等 15 个电视频道、《第一财经日报》等 6 种报纸杂志。湖南广播电视台更是在内容、渠道、经营、管理上全方位推动融合，拥有了传统电视、广播、报刊和互联网终端四大信息传播渠道，对分散的媒介进行整合，实现信息的多次利用，在广告营销上面将传统营销和新媒体营销打通，“软广”和“硬广”打通，客户资源打通，经营策略打通，产业孵化和经营也融合打通。

2019 年 1 月 25 日，习近平总书记在讲话中强调："要坚持移动优先策略，让主流媒体借助移动传播，牢牢占据舆论引导、思想引领、文化传承、服务人民的传播制高点。"这一论断成为引领我国党媒发展的指引。新的世纪，我国的党媒正在抓住这一难得的发展机遇，重新定位，调整格局，运用大数据等技术对传统媒体进行改造，打造新的优质的新媒体产品，形塑和锻造新型主流媒体的影响力和引导力。

第二节　百年党媒履行社会责任情况

百年来，以各级机关报、刊、台为代表的主流媒体是党的工作的重要支持力量，无论战争年代，还是社会主义建设时期，他们承担着作为党的"喉舌"的政治功能，此外还有着作为社会公器的社会利益，直接广泛地影响着政府活动、群众情绪和社会舆论，关系到新闻宣传、信息传播的效果。尽管面对市场压力，在求生存、谋发展的同时履行社会责任的难度也在加大，但我国党媒在寻求转型、改革的过程中，仍较好地履行了其所担负的社会责任，积极寻求政治利益、社会利益和经济利益的三者统一。

一、政治：做好政策解读，传播党的路线方针

党媒伴随着中国共产党领导下的"红色新闻事业"建立和成长起来，长期以来，成为国内新闻舆论导向的载体和发挥舆论引导功能的阵地。在新中国成立之后、改革开放时期和中国特色社会主义发展的新时期，宣传党的方针政策，一直是党媒坚持正确舆论导向的核心工作。

1921—1949 年这一历史阶段，马克思主义思潮借助媒体的力量在中国呈现"井喷"之态，势不可当。作为中国共产党的理论性机关刊物，《新青年》积极传播马克思主义思想并推动马克思主义中国化，体现了中国共产党在发展初期重视将马克思主义思想与中国革命实践相结合的理念，关心并团结工农群众并赢得支持，为将中国革命推向成功奠定了基础。《新青年》停刊后，1922 年创刊的《向导》积极传播马列主义和反帝反封思想，彰显社会、国家责任之担当，

意义超凡。

1949—1978 年的历史阶段，《人民日报》作为党的耳目喉舌，发挥着集体宣传员、鼓动员和组织员的作用。在 1954 年中华人民共和国第一届全国人民代表大会期间，《人民日报》担任着宣传员的重大责任，及时发布会议相关报道。自 1949 年创刊以来，《光明日报》坚持正确的社会舆论导向，服务于党和政府的工作大局，积极宣传贯彻党的方针路线政策和道路主张，积极组织做好典型报道，体现了党在不同阶段的工作重点，报道了党的群众路线等重大议题，营造了浓厚、积极的社会舆论氛围。

1978—2012 年的历史阶段，《人民日报》作为党报党报排头兵，坚持政治家办报原则，继续深入宣传党的理论和路线方针政策，一方面在坚持党性本色，为宣传党的改革开放路线方针和社会主义现代化建设伟大成就鼓与呼；另一方面，积极顺应新闻传播规律，创新内容和版式，为主流媒体的新闻改革树立标杆。在党的重大会议报道中，《人民日报》更是坚定不移地将党性原则贯穿新闻宣传工作的始终，针对会议主题、报告中提出的重要思想、政策进行深入阐释宣传，全面、准确、生动地传递党的声音，让广大群众正确认识党的路线、方针、政策，为党和国家事业的发展凝心聚力，发挥桥梁和纽带的作用。

2012 年以来，在传播党的路线方针政策的过程中，党媒不断寻求创新，尊重新闻价值和新闻规律，寻找新闻亮点和讲究宣传艺术。十六大以来，国内主流媒体对党的方针路线的政策解读能力更是有一定程度的增强，具体表现在：新闻性增强，重视深度报道；关注社会热点，注重在解读中贴近民生，在形式上锐意创新。“两会”报道向来是众多新闻媒体每年的重头戏之一，每年的“两会”报道，各级各类媒体使出浑身解数做好主题报道和舆论宣传。传统媒体在继续发挥传统优势、做大做深的同时，纷纷注重结合网络媒体和新媒体进行深度报道：在“两会”召开前先在媒体网站中开设专题，打破传统媒体内容和时间上的限制；开通微博，征集民意，关注全国人大代表、政协委员动向；网络视频直播、移动电视等新兴媒体积极参与其中，成为新闻报道的重要组成部分。新媒体的力量，使许多人感受到了信息的便捷、及时和丰富，而代表和委员们对于网络访谈、手机互动、手持电视新闻随行的青睐，使传递民声变得实时而同步，交流互动变得简易而透明。如重庆日报报业集团对 2019 年全国两会报道，提前策划准备，精心组织统筹，深化“中央厨房”运行机制，强化全媒体传播，派出 43 名记者前往北京采访，全集团共投入 400 多名采编人员参与两会报道，前后方协同作战，跨省市媒体联动，24 小时报道全国两会盛况。同时，两会期间，各类媒体根据自身的定位和特点对两会展开不同角度的主题报道。如《中国绿色时报》对生态文明建设的集中报道，《中国财经报》对预算报告和财税政策的全面准确解读等。

二、军事：宣传党的主张，唤醒民众革命意识

在战争年代，我国主流党媒承担起了宣传党的政策和鼓动革命，教育和引导群众，组织和指导斗争的任务。

1921—1949 年战争时期，《向导》周报充分体现了政党报刊的属性，极富战斗力的舆论宣传力使其成为党进行马列主义思想传播的重要载体和舆论阵地。如五卅惨案发生后，在报业发达的上海，由于其租界特殊的政治原因，舆论基本是被殖民者控制的，资本主义报刊对五卅运动大都噤若寒蝉，很多事实都不敢登载。而无产阶级进步报刊却大声疾呼，揭露帝国主义的丑恶面目，并对资产阶级商业大报的冷漠态度猛烈抨击。中国共产党为了加强对五卅运动的领导，以《热血日报》、《向导》周报等党的机关报为舆论阵地，发出强有力的反帝呐喊。这些积极进步的无产阶级报刊有力地推动了反帝爱国运动的发展，使革命纲领深入人心。

与党的工作相配合，1931 年后，党报开始从城市转向农村。在这一时期，党的革命根据地的新闻工作空前繁荣。《红色中华》的创刊积极引领了苏区的革命工作，并在一定程度上成为政权运转的传通机构。这一时期的党的媒体通过大力宣传革命形势，传播党的主张，唤醒了民众的革命意识，为党的革命战争做出了重要的贡献。

同时，党的广播宣传工作也赋予了广播以党媒的重要职责。解放战争和抗日战争时期，广播事业利用其在传送新闻方面的优势，成为共产党进行新闻宣传的重要媒介，宣传党的政策，推动党的政权建设，打破了国民党当局对广播事业方面的垄断力量，起到了凝聚人心的作用。如 1941 年皖南事变发生后，延安广播电台对“皖南事变”的真相予以揭露，反击了第二次反共高潮。同时，它还对党的抗日民族统一战线政策进行大力宣传，在一定程度上推动了抗日根据地的政权建设。延安广播电台的播出打破了国民党对广播事业的垄断局面，

在军事宣传领域的新闻报道成为与国民党当局斗争的重要武器。我国国家级的新华通讯社和延安广播电台（后改名为新华广播电台），成为党中央指导全国斗争的重要工具，对抗战的胜利起到了重要的作用。

1949—1978 年，在内战阶段，《人民日报》作为新闻报道平台，及时向受众传递信息，在战争期间，起着承上启下的作用，不断为中国共产党发声，造就了无形但是强有力的武器。在此阶段，《人民日报》除报道日常内容外，还加之报道共产党与国民党的战况，体现了毛泽东军事思想的伟大胜利以及人民战争的伟大胜利。

三、经济：做好经验宣传，助力国家经济发展

1921—1949 年，作为中国共产党理论性机关刊物的《新青年》杂志，不仅致力于共产主义思想的传播，也关注经济问题、社会问题和民族问题等，其刊发《马克思之资本论》《经济形势与社会关系之变迁》等与经济发展相关的文章，体现了早期中国共产党人的责任意识和研究意识。在抗日战争时期，解放日报对解放区的大发展大生产运动进行报道，及时把边区人民群众创造的劳动经验和面临的实际情况反映出来，深刻激发了边区群众向先进典型学习的热情，使得大生产运动能够蓬勃展开。

我国在 1952 年制定过渡时期总路线后，坚持逐步实现国家社会主义工业化，并逐步实现国家对于农业、对手工业和资本主义工商业的社会主义改造。包括《人民日报》在内的党媒，不仅传达着党中央的各项顶层设计，还将各地方的落实情况以报道的形式反馈给党中央，并激励着其他企业做好生产工作。

在 1978—2012 年的历史阶段，改革开放以来，由于党和国家的重心转移到经济建设上来，党媒的宣传工作围绕着国家的经济建设成就展开。如 20 世纪 80 年代初，改革的热潮席卷中国大地，作为党中央机关报的《人民日报》将宣传好党的政策作为自己的中心任务，《人民日报》刊登了大量包括家庭联产承包责任制在内的经济政策的宣传报道，大力推动了农村的经济改革和社会发展的步伐，为农村经济体制改革发挥了重要的推动作用。

2012 年以来，党媒在经济宣传领域的报道集中了主流媒体的传播优势，运用媒体联动的组织方式，系统策划和组织大规模、多层次、多专题的报道，形成舆论强势，使特定的宣传主题深入人心，这是党媒的比较优势所在。同时，

党媒还重视运用事实报道来进行专业报道，改变了过去习惯于主要从宣传的角度去组织和引导舆论的思维方式。一方面考虑事实所含有的新闻价值要素，另一方面要考虑事实本身的导向性，其能够满足社会需求的性质，做到新闻价值和舆论引导意图的结合，不是单纯为了迎合舆论引导的需要任意生造事实、改造事实，而是要在客观存在的事实中选取那些符合引导意图的内容进行传播。2017 年 3 月 7 日，广东省已启动“粤港澳大湾区规划”编制，并出炉了《广东省深化泛珠三角区域合作实施意见》，提出到 2020 年，粤港澳大湾区、珠江—西江经济带等跨区域合作建设目标初步实现。2018 年，南方报业传媒集团派出多路记者走访香港、澳门等地，聚焦人流、物流、资金流、信息流等问题，收集了超过 150 位全国及省人大代表、政协委员（包括港澳籍）的意见建议，并与 20 多名粤港澳商界知名人士深入交谈，推出一组“粤港澳大湾区深调研之港澳篇”。总之，这些举措使得经济新闻宣传工作展现出许多新气息，取得了积极的传播效果，受到了受众的欢迎和认可。

四、文化：传播优秀文化，弘扬社会主流价值观

文化是一种精神活动及其产品，对人民有强大的凝聚力，能让群众对集体、对国家产生依附感。习近平指出，要通过文艺作品传递真善美，传递向上向善的价值观。

1921—1949 年的历史阶段，马克思主义思想通过《新青年》的传播，产生了深远的社会影响，使许多爱国知识分子转变为马克思主义者、为中国共产党的成立提供了思想和组织基础，成为媒体进行思想文化传播的重要例证。同样，马克思主义中国化是《向导》的目标追求，通过切实有力的报道，不断协助推进马克思主义的传播和马克思主义的中国化、大众化。

1949—1978 年，在社会主义建设初期，《光明日报》充分发挥其知识分子立场的优势，重视社会科学和文化的专刊、副刊创办，作为宣传思想文化战线的排头兵、把关人、党和政府的传声筒、人民群众的发声器，在党和政府联系人民群众中发挥着桥梁和纽带的作用，呈现出其知识分子精神家园的风格。

1978 年改革开放以来，很多新闻作品，如新华社的长篇通讯《三北护林记》《“三西”扶贫记》等等，将中国人民勤劳勇敢，追求生活富足、生态优良的时代真善美，刻画得淋漓尽致。

2017 年 8 月 27 日晚 10 点，由湖南卫视著名主持人何炅主持的弘扬中国优秀传统文化（主要在家风这一方面）《儿行千里》在湖南卫视首播，这是全国首档原创家风类节目，首期节目播出后便火爆于网络。据不完全统计：23 岁以下观众份额达到 4.45%，忠实度 30%，占比 36%；同时，24—44 岁“家庭型”观众的份额近 3%，占比 31%，成为目前市场上收视率较高的文化类节目。对优秀文化的传播尤其体现在对中国梦的宣传中。在中国梦的宣传中，传播者通过找准内容切入点，最大限度地让人民群众接受中国梦，在人民群众中普及中国梦，让人民群众对中国梦可亲可感可触，增强人民群众对中国梦的思想拥护、情感认同和行为支持。一段时间以来，在中国各大城市的社区，出现了很多宣传中国梦的公益广告，一个脸颊红润，盘腿沉思的中国小女孩，成为“中国梦”的主要形象代表。中国梦的公益宣传采用了剪纸、木版画、木刻画等多种民间艺术形式，人物和画面取自中华民族的传统价值观，突出农村生活方式，传达出融入传统中国文化的信息，广告遍布城市每一个角落，成为对“中国梦”最栩栩如生的解释。

文化的传播不仅包括向国内人民弘扬中国传统文化及其价值观以及现代科技优秀文化，更包括文化的对外传播和交流。在湖南卫视的《汉语桥》世界大学生中文比赛中，来自全球各国的参赛者使用中文进行语言和文化的交流，“一带一路”“中国梦”等成为关键热词，中国的京剧、民族舞蹈、相声等成为选手们才艺展示的重要部分。通过多层次，多形式地开展对外文化交流，传递中国的社会价值观，使国际社会理性看待中国。

五、教育：服务教育事业，丰富公众知识获取

新中国成立初期，除了发布新闻，传达政令的任务之外，社会教育和文化娱乐也成为党媒的重要职责。

1921—1949 年，在马克思主义传播过程中，《新青年》并非简单地进行理论的传播，而是将马克思主义思想与当时人们生活密切相关的问题相联系，就读者关心的文章或相关议题进行回应、释疑。1946 年，《解放日报》对当时党内开展的学习七大党章的教育学习活动高潮进行报道，助力培育党员队伍的党性修养和党性力量，锻造党的组织在政治上的绝对领导地位。

1949—1978 年，《光明日报》极大履行了教育的社会职能，把科教文化提

到新的高度。如，其加大了科技类新闻报道内容，还恢复了多种专刊，如“科技战线”“文学”“政治经济学”“哲学”等，突出各专业领域的前沿成果，满足了高级知识分子获取专业知识和科学信息的特定需求，用生动可读的文风，推动科教文化的发展。同时，中央人民广播电台自 1950 年起，开辟了《社会科学讲座》节目，节目邀请专家教授进行授课，在群众中普及马列主义教育，引起了强烈反响。为了满足听众的需求，1956 年 7 月的第四次全国广播工作会议明确了广播内容的指导原则，要求对广播节目进行调整，使其更加生动活泼，接近群众生活，提升传播效果。

1978—2012 年，1978 年改版以后的《光明日报》将定位于科教文化领域，致力于推动科教发展，加大科技、教育领域的路线、方针和政策的宣传，介绍国内外科学教育前沿动态，推动科技知识的普及，并在以科学的理论视角解读政策的同时，也作为桥梁反馈群众的落实情况、疑惑、赞扬与批评。1986 年开播的中国教育电视台，是我国最大的公益性教育服务平台，致力于服务于社会的教育事业，提升人民群众的教育水平。中国教育电视台在各类高校及教育机构的资源支持下，为社会提供了全方位的教育资源，涵盖了基础教育、高等教育和成人教育等各方面的内容。在一些突发事件发生时，教育电视台承担起了在线教育的责任。如 2003 年非典时期，中国教育电视台开播了面向全国的“空中课堂”频道，为中小学生提供课堂教学。2020 年新冠疫情期间，中国教育电视台的空中课堂，整合了各地优秀的教学资源，在学校延期开学期间免费提供给各地自主使用。

2012 年以来，媒体的教育责任还体现在主题教育方面。如媒体积极做好“不忘初心，牢记使命”主题教育、脱贫攻坚等各方面宣传报道，很好地担当履行了主流媒体的职责使命，为实现经济社会发展凝聚思想共识。如 2019 年，《山西日报》开展了“不忘初心，牢记使命”主题教育、“改革创新，奋发有为”大讨论、万名干部入企进村、“壮丽 70 年，奋斗新时代”等重大主题宣传；新疆建设兵团各报纸出版单位统一开设“在习近平新时代中国特色社会主义思想指引下——新时代新作为新篇章”等重点专栏，用消息、评论言论、综述等形式，大力宣传兵团在重大主题和重要活动中的典型事迹，为经济社会发展营造了浓厚的舆论氛围。党媒教育责任的履行还表现在对重大事件的纵深报道上。新闻事件涉及的内容广泛，政治、经济、文化、社会、科技等无所不包，涉及的知识领域多样，也成为很好的教育机会。在重大事件报道中，媒体围绕特定专题“做功课”，积累相关专业知识，理解报道对象深刻的内涵，为舆论引导打好基础。如世博会报道中，在进行现场报道的同时，媒体还进行深入背景知识和文化解读，体现了报道的“速度”和“厚度”，丰富了报道内容，体现了媒体的工作业务能力。

六、社会：传递权威信息，做好社会舆论引导

我国社会主义新闻事业在传播信息、报道新闻的同时，还担负着反映、表达和引导舆论的功能和任务。1921—1949 年，《解放日报》在对学习七大党章高潮的报道过程中，开展了批评和自我批评，对部分地区出现的自我反省不到位的问题予以了揭露和报道，具有有效性和针对性，在舆论引导作用中发挥着积极的引导作用。

1949—1978 年，在社会主义建设初期和拨乱反正的关键时期，《光明日报》充分发挥其知识分子立场的优势，凸显报纸的学术特色，积极围绕重大思想和重要理论问题开展广泛的学术讨论，其于改革开放前夕首发的评论员文章——《实践是检验真理的唯一标准》，在关键历史时刻发挥了正确的舆论引导作用。

1978—2012 年，改革开放以来，中央领导同志在总结历史经验教训的基础上，十分重视并反复强调新闻事业的舆论引导功能。社会热点的报道和引导，如反腐倡廉宣传的政治和社会效果，民族宗教热点问题的负面宣传效应等，都成为宣传主管部门和主流媒体重视的焦点。《人民日报》《光明日报》《求是》《人民网》等主流媒体发挥理论宣传的优势，努力追求对热点问题的舆论引导导向鲜明、主题突出、生动活泼。中宣部理论局编写了《干部群众关心的 25 个理论问题》《理论热点面对面》《理论热点 18 题》《六个为什么》等通俗理论读物，解答人们关心的社会热点问题。

新闻媒体社会责任的履行，其对重大事件和突发事件的舆论引导能力是其中一个重要衡量标准。2008 年以来，国内发生了诸如冰雪灾害、汶川地震等一系列突发事件。在相关报道中，我国的新闻媒体，尤其是主流媒体反应及时、报道客观、引导有力，取得了新的突破，做到了中宣部要求的：“着眼于安定社会人心、坚定必胜信念。”主流媒体不仅改进了“报忧”的艺术，而且在突发事件和灾害报道方面积累了经验，做到了及时、充分和客观、全面。在 2020

年抗击新冠疫情的重大主题报道中，媒体记者冒着生命危险奔赴一线发出报道，各大主流媒体为了阻止谣言扩散引发的社会恐慌，第一时间分享辟谣短视频，最大范围地传递权威信息。媒体在将权威信息及时传递给公众，消除疑虑的同时，能够给予公众以鼓励和支持，帮助他们取得战胜危机的力量和信心。

2012 年以来，对社会问题的舆论引导主要集中在和老百姓切身利益密切相关的社会热点、焦点和难点问题上，对于这些事关民生和社会的和谐、稳定的问题，主流媒体的舆论引导以建议、献言为主，主动地设置报道议程，对那些当时还难以解决的问题进行规避。如 2012 年《人民日报》刊发文章《谁来给出租车“导航定位”》提出：给出租车行业一个科学、明确的定位，不仅关系到行业自身发展，也影响城市规划布局，关系居民幸福指数。通过正视问题，反映问题，指出解决方向，提出建议方法，正面引导舆论，化解社会矛盾。

七、生态：关注生态环境，履行公共服务责任

关注社会问题，为大众提供公共服务是新闻媒体的重要功能之一。生态环境问题是媒体报道一直以来的着力点。

1978 年改革开放以来，在报道环境与生态问题的过程中，媒体参与了公众生态文明观念的培育和环境素养的提升。环境新闻报道的产生与发展伴随着社会经济的发展和社会新闻的丰富。尤其是在环境灾害事件频发的今天，很多媒体开发了环境专刊、专版、专题节目等，各大门户网站也相继开发了环保频道。如 2009 年，《南方周末》成立了“绿版”，专门从事环境调查类报道。此后，财新、《21 世纪经济报道》、新浪环保频道等都从各自的角度致力于绿色环境与生态报道。

媒体对突发自然灾害事件的报道是生态环境报道中的重要组成部分。非典之后，国家制定了一系列条例法规来保障突发事件的信息传播与舆论引导。2006 年通过的《国家突发公共事件总体应急预案》和 2007 年 11 月 1 日开始施行的《中华人民共和国突发事件应对法》则为突发事件的新闻传播提供了制度和法律保障。与此相应，主流媒体改变了以往在突发事件发生后报道跟进不及时的弊端，如媒体在汶川地震中第一时间向国际舆论传递了中国汶川灾情的及时信息，这不但为举国上下众志成城抗震救灾赢得了时间和共识，而且在国际上突破了往日的刻板印象而赢得广泛的尊重与好评。

除突发环境事件的报道外，媒体着力于日常环境议题的报道，有些还影响到政府决策，如 2001 年，南京市政府在紫金山建了一座水泥观景台，破坏了绿化林与四周景观。经过以《南京晨报》为首的南京媒体的连续十余天的报道和广泛的社会参与，江苏省和南京市两级政府高度重视媒体反映的群众意见和呼声，最终明确表示拆除观景台。同时，为宣传环境保护理念和科学知识，宣传教育也已成为媒体环保工作新的主战场。党媒利用各种有效的宣传形式，宣传环境保护法律法规、重大政策、生态环境文化、环保科学知识，引导公众践行环境保护行为，营造出人人、事事、时时崇尚生态文明的社会氛围。

2012 年以来，对环境问题愈加重视，十八大期间，十八大报告中强调了生态环境议题的重要性，指出必须牢固树立尊重自然、顺应自然、保护自然的生态文明理念，基于此，《人民日报》在十八大报道中设置了代表议生态文明、绿词点击两个有关生态环境的栏目。在十八大报道中，新华社充分运用了"讲故事"的技巧，以《"山要绿起来，人也要富起来"——十八大报告首提"美丽中国"引人关注》等文章介绍了十八大报告首次提及的"美丽中国"的目标。

近年来，我国的环境报道初步形成了多级联动的发布机制，一个从中央到省、市、地区的相应的舆情应对体系也逐渐建立起来。一些环境事件由于其危害性，容易受到社会关注并有引发群体事件的可能。如有些石化、核电站等项目在当地引起邻避效应，民众的负面情绪一经传导，容易造成社会恐惧心理的蔓延。我国的媒体在这些环境危机事件的报道中体现了其专业度和针对性。根据对大众心理的分析和研判，媒体用积极理性的专业语言来阐释问题，发挥从政府官员、专家学者到普通民众的桥梁作用，用通俗的语言对科学问题进行及时、深度的宣讲，避免误读，引导民众科学认识环境问题，避免社会事件的发生和恶化。

第三节　提升党媒履行社会责任能力的建议

由于党媒所具有的教育公众，引导社会，推动发展的重要作用，其社会责任的履行已经被提到一个前所未有的高度。为推动党媒履行社会责任能力的提升，应从传播影响力、舆论引导能力、国际传播能力等多方面的提升出发，建立一个包括行政管理、法律规范、 行业自律等在内的系统的管理机制，全面提高党媒社会责任履行能力。

一、坚持党的领导，把握正确舆论导向

在社会主义的中国，党性原则是党的新闻舆论工作的根本原则，也是广大新闻工作者的行为准则。坚持党的领导，坚持党性原则，是媒体履行社会责任的基本指针。在新媒体迅速发展的时代背景下，坚持党的领导，不能仅仅停留在理论层面，而是要通过全面加强学习，落实意识形态工作责任制，进一步加强对媒体及其从业人员的管理，督促媒体不断增强社会责任感，把意识形态工作责任制落实到每名新闻工作者的日常工作中，树牢“四个意识”，坚定“四个自信”，做到“两个维护”，确保报纸出版安全，固守意识形态宣传主阵地。同时，坚持正确的导向，提升正面宣传的深度是媒体要坚守的重要原则。媒体要始终不渝坚持正确的政治立场，始终同党中央保持高度一致，增强主动性，掌握主动权，把党和政府的声音传播好，把社会发展的主流体现好，把人民群众的心声反映好。

二、坚持以人民为中心，创新传播方式方法

以人民为中心的工作导向是传媒业健康发展的保证。习近平同志在对党的新闻业长期的观察与思考中，确定中国特色社会主义新闻业的根本属性就是以人民为中心的工作导向。坚持以人民为中心的原则，践行群众路线，满足群众需求是提高传媒业工作效率和水平的重要途径，也是媒体社会责任履行的题中之义。因此，主流媒体要采用人民群众喜闻乐见的形式和有针对性的目标考量，深入阐释中国社会主义价值观的丰富内涵、历史背景、现实意义和精神实质，潜移默化地推广积极的生活方式，从而为经济社会健康发展提供新思路、新观念。同时，要让主流声音更具传播力、引导力、影响力和公信力，新闻出版工作者要善于独立思考，冷静分析，利用不同媒介之间的优势互补，通过创新舆论引导方法和途径，适应分众化、差异化的传播趋势，作出新人耳目，独具特点、真正属于创造性劳动成果的独家新闻，加快构建融合型的舆论引导新局面，实现媒体的社会价值。

三、坚持正面宣传为主，发挥新闻舆论监督功能

坚持正确导向，提升正面宣传的深度是传媒业发展的重要原则，也是衡量其社会责任履行的重要指标。媒体要把弘扬主旋律、传播正能量的主线，贯彻于主题新闻报道、理论宣传的实践之中，使主流舆论占据传媒生态的主位，做出符合党和人民群众利益的好的新闻报道，既重视数量声势，又重视质量效果，增强主动性、掌握主动权，要做到有的放矢，使群众感受到“润物细无声”的宣传境界，把党和政府的声音传播好，把社会发展的主流体现好，把人民群众的心声反映好，把全国各族人民凝聚在中国特色社会主义旗帜下。

媒体在坚持正面宣传的同时，也要充分发挥新闻舆论监督的作用。媒体通过回应社会关注，给予民众民意表达的渠道，对政府工作中存在的问题展开批评与监督，为人民群众提供认知方向与专业释义，能真正落实其“澄清谬误、明辨是非”的社会职能。同时，媒体的职责是党、政府、人民的喉舌，舆论监督的目的是给政府帮忙，起到出气筒和减压阀的作用。因此，媒体舆论监督模式应该是首先揭露社会问题，然后探寻解决社会问题的路径。我们的舆论监督类报道的视角应当是建设性的，表达的态度应当是正面的，达到的效果应当是积极的。

四、重视新闻规律，提升媒体舆论引导力

强调按照新闻规律办事，是基于传统媒体特别是党报的特性而得出的实事求是的结论。当前，随着互联网新媒体的发展，网络媒体与传统媒体互相渗透的传播格局已经形成，网络媒体的即时与互动促进互动舆论场的形成，对传统媒体的舆论引导能力提出了新的挑战。尊重新闻传播规律，要健全媒体发展的文化生态，满足社会差异化的新闻需求。媒体在报道中要关注受众的心理和接受习惯，尊重社会心理和受众反馈，摒弃僵化的新闻报道模式，在党和政府与人民群众关心的结合点上做文章，提高媒体报道的亲和力和引导性，这样才能胜任政策议程传播者的角色，做好其报道新闻、服务社会、监督政府等职能和任务。

五、深化体制机制改革，实现社会效益与经济效益相统一

社会效益与经济效益是相辅相成的关系，作为宣传思想工作重要组成部分

的新闻传播业，目前依然存在经济发展上的不平衡不充分的情况，需要在体制机制上深化改革，解放出生产力。在社会效益为首位的前提下，凭借社会效益的实现来推动经济效益的提升，是传媒业发展基本的发展路径，也是未来的发展趋势。在媒介融合的背景下，深化体制机制改革，建立推动媒体社会责任履行的规范的管理机制显得愈加重要。在此，传媒管理部门要对传媒企业社会责任的履行进行定期监督和管理，对不履行社会责任的行为进行整治和惩罚；要重视并加强对新媒体信息传播的监管和引导，不断增强新媒体舆论监控保障机制。完善的制度管理体系能帮助解决传媒的社会责任缺失问题，保证新闻出版事业的良性发展。

六、健全法律规范，提高监管水平

我国新闻传媒是政府政治治理结构的一个重要组成部分。法制建设是推动和保证媒体社会责任履行的重要一环。然而，目前在我国，已经出台的新闻出版方面的法律法规包括《著作权法》《出版管理条例》《出版物市场管理规定》等。整个立法体系中涉及传媒企业社会责任的规范较为薄弱。因此，我国传媒社会责任履行目前主要靠道德约束和媒体的自觉行动，缺乏在法规层级上的管理与约束。因此，对传媒社会责任履行的规制应顺应社会治理的法制化趋势和当今新的舆论格局生态的发展变化，体现与时俱进的改革思路，从以行政手段为主向以法律手段为主转变，树立依法治理的理念，从管控规制向法治保障转变。媒体立法中要提高前瞻性，并提高法律层级，做到有法可依，奖罚分明，管理有道，加强新闻传播法律法规等制度的系统性和可操作性，控制和管理媒体新闻传播活动中的不当或缺位行为。通过法律法规建设，使媒体社会责任履行走上科学化和规范化的轨道。

七、构建行业协会自律，完善惩戒和激励机制

媒体行业的自律和监督对媒体社会责任的履行至关重要。健全系统的社会责任行业自律规范和监督机制能够有效推进媒体社会责任的履行。作为传媒业行业管理的重要环节，行业协会的自律规范体系建设对传媒业社会责任的落实具有重要的作用。将规制之手交给行业自身，具有方式灵活和信息传递有效的优势，有助于传媒行业的发展。具体来说，促进传媒行业的自律体系建设，能

够有效发挥行业组织的管理作用，使其成为媒介社会化治理体系的有力补充。传媒从业者的个人素养是媒体社会责任履行方面的关键因素。行业协会应该建立健全新闻从业者的价值准则、行为准则和道德准则，对于社会责任履行不力，违反道德准则的媒体和个人应当予以处罚，而做的较好的媒体和个人则应予以奖励。同时，设立如“北京网络新闻信息评议会”之类的新闻评议机构能够协助对媒体社会责任的履行情况进行管理和监督。加强和规范传媒企业社会责任报告制度也对强化媒体对社会责任的认知，阐释社会责任理念，体现社会责任价值具有重要意义。

八、融入国际话语体系，打造有利舆论环境

强大的国际传播能力与国际传播话语权对一个国家国际形象的塑造具有重要作用。媒体要着力构建融通中外的科学的对外话语体系，努力讲好中国故事，传播好中国声音，把握新闻宣传工作的主动权和国际新闻报道导向，实现有效的国际传播，提高国家文化软实力。同时，要加强对外宣传的资源整合，提高多种新媒体渠道和资源的整合发布能力，打造具有国际影响力的媒体或栏目，着力多层次、多形式地开展对外文化交流活动，使用兼具中国智慧和外国思维的表达方式解释中国的社会发展实践，提高信息的原创率、落地率，实现国际传播力的跨越式发展，展现中华文化魅力，将中国的社会价值观念贯穿于国际交流和传播的方方面面。

总之，在新媒体时代，多元化的信息传播的渠道和采集手段使得信息传播的环境和样态都发生了很大变化，在新闻工作中，党的主流媒体要依托新媒体的发展环境，与时俱进、积极开拓，创新贴近生活、贴近实际、贴近群众、贴近时代的报道体裁，提高传播的有效性，提升传播效果，服务社会大众，切实做好其社会责任的履行工作。

第二部分　专题报告

开天辟地：1921—1949 年的媒体报道

第二章　《新青年》的报道（1920—1926）

申玲玲[①]

《新青年》杂志，初名《青年杂志》，1915 年 9 月 15 日在上海创刊，1916 年改为《新青年》。中间几经变动，至 1926 年 7 月停刊，共出版 9 卷 54 期。该刊早期是综合性文化月刊，以思想启蒙为宗旨；1920 年，中国共产党上海发起组建立后将其改组为该组织的公开宣传刊物；1921 年，中国共产党成立后，成为中国共产党的正式理论性机关刊物，以宣传马克思主义为主。

中国共产党的诞生与《新青年》杂志存在着密切联系，可以说《新青年》是“中国共产党诞生的摇篮”，因为中国共产党的创建人大多出自《新青年》作者群，早期的中共党员大多来自《新青年》读者群。该刊在中国共产党的创建中起到了思想引领、培育骨干、推动建党的特殊作用。

本文通过对《新青年》杂志自 1920 年改组至 1926 年停刊这一阶段的主要内容和活动的分析，研究中国共产党在建党初期的发展历史、主要活动、理论主张，对中国革命和社会发展的重要贡献。

① 申玲玲，西北政法大学新闻传播学院教授、博士。

第一节　引进、传播、捍卫马克思主义

一、引进马克思主义思想，吸引优秀青年

马克思主义从早期作为百家争鸣的观点之一，到后来的广泛传播并产生深远的社会影响，离不开《新青年》同人的努力。

1919 年 5 月，《新青年》轮值主编李大钊把当期的杂志变成《马克思研究》专号，并撰写长篇论文《我的马克思主义观》，首次系统介绍马克思主义政治经济学、阶级斗争学说和历史唯物史观方面的基本观点，并产生巨大影响，被誉为“中国共产党理论史的奠基之作”。同一期杂志上刊登的多篇系列文章对马克思主义此后在中国的广泛传播以及当时心系民族危亡的有识之士中都产生了重要的影响。

毛泽东也曾说：“被《新青年》杂志和五四运动警醒起来的人，后头有一部分进了共产党。这些人受陈独秀和他周围一群人的影响很大，可以说是由他们集合起来，这才成立了党。”

马克思主义思想通过《新青年》的传播，使许多爱国知识分子转变为马克思主义者、为中国共产党的成立提供了思想和组织基础、促进了马克思主义基本原理同中国具体实际相结合，为中国新民主主义革命的发展奠定了基础，对发动无产阶级投身革命事业，鼓舞农民阶级加入革命，建立稳固的统一战线，为中国革命的胜利和中国共产党的发展壮大起到了重要作用。

二、传播马克思主义思想，扩大影响力

1920 年 8 月，上海共产主义小组（中国共产党成立前的共产党上海发起组的通称）成立，陈独秀被选为书记。发起组在中国共产党正式成立之前，主要开展如下工作：宣传马克思主义，帮助各地建立共产党和社会主义青年团组织，指导和开展工人组织。

上海共产主义小组成立后，利用《新青年》等刊物宣传马克思主义理论，介绍俄国十月革命，制定《中国共产党宣言》。

从五卷五号至最后一期，《新青年》共发表马克思主义的相关文章 200 余篇，让更多读者尤其是那些关注中国发展和未来命运的有识之士了解马克思主

义思想、社会主义、共产主义内涵，思考中国未来发展方向提供了重要价值。《新青年》季刊第二期刊登周佛海的《马克思之资本论（读书录）》；《新青年》季刊第三期的12篇文章，一多半都是关于马克思和社会主义的文章。

《新青年》早期提倡的民主和科学的直接后果是解放了思想，间接成果是为新思想的传播培养了一批新青年，进而为马克思主义的传播、中国共产党的建立和发展壮大奠定了基础。在《新青年》传播马克思主义后，全国各地报刊上宣传马克思主义的文章、社会上学习和研究马克思主义的团体也愈来愈多。

后期的《新青年》关注中国革命的基本问题，“注重用马克思主义理论启发工人的阶级觉悟，关心爱国青年和进步工人、主动联系进步青年社团负责人，以面谈的方式向他们灌输马克思主义，启发和引导他们择定马克思主义投身中国革命”，为中国革命的胜利做出了重要贡献。

三、捍卫马列主义，与非马克思主义者论战

虽然马克思主义中国化的概念在19世纪30年代末期才开始出现，《新青年》的诸多文章，表明即使在马克思主义思想传播之初，中国共产党人就非常重视将马克思主义理论与中国当下的社会实践相结合，并在与各种反马克思主义的思潮的论战中，较早提出反对把马克思主义教条化、公式化，要求把握马克思主义的精髓，灵活运用马克思主义，并不断地从实践活动中总结经验。

在传播马克思主义的过程中，早期的共产党人通过《新青年》与反马克思主义者进行了两次重要论战（第一次论战是关于社会主义的辩论，第二次论战是反对无政府主义），既扩大了马克思主义的影响，也体现了《新青年》同人在马克思主义传播实践上日益明显的理论与实践相结合的特征。

李大钊的《唯物史观在现代历史学上的价值》（八卷四号）、李达的《马克思的还原》（八卷五号）、施存统的《马克思底共产主义》（九卷四号）等。这些文章揭露了伪马克思主义和反马克思主义的真实面目，扩大了马克思主义基本理论的宣传。

关于中国社会的发展目标，陈独秀和李大钊等坚决站在捍卫马列主义的立场上，与改良主义和冒牌的“社会主义”进行激烈论战。1920年，陈独秀把与张东荪、梁启超等论战时的双方文章集中起来刊登于《新青年》（八卷四号），并冠以《关于社会主义的讨论》的总标题；为了批驳无政府主义者的攻击，《新

青年》（八卷一号）通过发表《谈政治》一文表明态度，明确地以无产阶级专政思想打退了改良主义的胡说，坚持了革命的立场，在当时革命的知识分子中树立了威信。

通过上述两次论战，陈独秀深感用科学社会主义来改造中国社会，必须要有强大的思想武器。因此，他委托陈望道翻译《共产党宣言》、恽代英翻译《阶级斗争》、李季翻译《社会主义史》、李汉俊翻译《马克思资本论入门》等书，先后于1920年由《新青年》出版，寄送全国各地。

针对1923年掀起的科学与人生观论战，瞿秋白等人纷纷在《新青年》上撰文表达各自观点。这一次论战过程中，共产党人既深化了对唯物史观的理解，也认识到了唯物辩证法的重要性。

第二节　介绍共产主义和社会主义，寻找救国之路

一、系统介绍共产主义和社会主义

自1921年5月1日起，《新青年》（九卷二号）开始连续多期刊登有关社会主义的文章，如山川均的《从科学的社会主义到行动的社会主义》、李达的《讨论社会主义并质梁任公》、高一涵的《共产主义历史上的变迁》、周佛海的《从资本主义组织到社会主义组织底两条路——进化与革命》、高一涵的《共产主义历史上的变迁》、李达的《马克思派社会主义》、成舍我的《无产阶级政治》以及陈独秀的《社会主义批评》等，这些文章体现了早期中国共产党人对于共产主义和社会主义的关注和研究，为中国共产党的成立奠定了理论和思想基础。

1922年7月，中国共产党召开第二次全国代表大会，并通过中共加入共产国际的决议。大会指出党的最高纲领是实现社会主义、共产主义。1923年6月15日，《新青年》推出共产国际号，发表《新青年之宣言》和瞿秋白的三篇长文《世界的社会改造与共产国际》《现代劳资战争革命》《世界社会运动中共产主义派之发展史》和列宁的《俄罗斯革命之五年》等文章；向读者介绍共产国际和苏联的最新动态，也体现了中国共产党人对于中国当时所面临的问题的思考。

二、关注俄国革命，传播列宁主义思想

《新青年》八卷共出版六期，每期的常设栏目为“俄罗斯研究”“随感录”“通信”等，其中“俄罗斯研究”栏目是重点，从一号到六号共刊发文章 32 篇，介绍研究俄罗斯的社会、经济、政治，登载列宁著作、苏俄革命以及国际共产主义运动方面的情况，以满足学习马克思主义理论和了解苏俄社会实际的需求。

1924 年 1 月，列宁去世，4 月 22 日出版的《新青年》第一号为“列宁号”，以“我们的气质——列宁、我们的武器——列宁主义、我们的任务——全世界革命”为当期“口号”，发表 15 篇文章，系统介绍列宁及列宁主义。

第三节　立足社会实践，指导中国革命实践

1923 年 6 月至 1926 年 7 月，《新青年》从月刊改为季刊，这一阶段，正是中国共产党的二大召开后到北伐战争的开始前。《新青年》除了刊载大量马列主义著作、共产国际会议内容、国际无产阶级革命动向外，紧跟国内形势发展，把解决中国革命的实际问题作为重要任务，开始将马克思列宁主义运用到中国革命的实践当中，提出了中国共产党领导国民革命的必要性、党的群众路线、武装斗争等重大议题，所登文章更多地体现了早期中国共产党领导中国革命和工人运动的经验教训，客观上为中国共产党的发展壮大奠定了基础。

《新青年》在 1923 年复刊后的第一期发表《新青年之新宣言》，将理论和实际的结合作为编辑方针，明确指出要“尽其所有区区的力量，用社会科学的方法，试解剖中国的政治经济，讨论实际运动”，并“郑重宣告于中国社会：新青年曾为中国真革命思想的先驱，新青年今更为中国无产阶级革命的罗针”。

《新青年》紧跟国际、国内的政治事件，将马克思主义、俄国革命的经验融入到指导中国革命实际中，将马克思主义同当时中国社会中的政治、经济、思想、文化、生活等方面相联系，如用马克思主义探讨国共合作的可行性、论证无产阶级对革命的领导权、驳击国民党右派的观点等。体现了中国共产党推进马克思主义中国化的早期探索，对推动马克思主义道路的探索有着积极作用。

随着中国共产党的成立、工人运动的迅猛开展、国际国内形势的新变化，

中国共产党思考并探讨中国革命的实际问题，并逐步将马克思主义中国化的步伐深入到对中国革命的策略、革命的领导权问题、武装斗争问题、建立革命军队问题、农民问题等方面的指导，初步提出了新民主主义革命的基本思想。

1923 年，中国共产党领导的“二七”大罢工，成为第一次工人运动高潮的顶点。1925 年 6 月 1 日发行的《新青年》发表张特立的文章《“二七”前后工会运动略史》；1925 年五卅运动之后，1926 年 3 月发行的杂志发表《国民会议与五卅运动》《国民革命运动之阶级分化》；1926 年 2 月，中国共产党明确提出了出兵北伐推翻军阀统治的政治主张；1926 年 5 月刊登文章《中国革命之武装斗争问题》；1926 年 7 月，最后一期的《新青年》为世界革命号，登载 13 篇有关世界革命的文章，如《世界革命与中国民族解放运动》《世界的及中国的赤化与反赤化之斗争》等，对于全国人民了解国外的无产阶级革命、民族解放运动等有着重要意义。

加上此前刊登的《谁是中国国民革命之领导者》《二十七年以来国民运动中所得教训》等文章，登载列宁的《中国战争》《革命后的中国》等 4 篇文章，体现了中国共产党和《新青年》杂志从早期单纯介绍马克思主义的基本理论或一些概念转变为结合中国实践宣传马克思主义的意识。

通过几次工人革命运动，表明了中国共产党人从一开始就意识到了人民群众的重要性，并将发动群众的工作重心放在了工人运动上。分析该时期《新青年》的文章就会发现，当时的共产党人已经认识到国共两党之间存在的差异和矛盾，并有文章提出了应该坚持共产党对大革命的领导权。但在实际操作中，共产党领导人面对重重压力，在大革命后期放弃了对国民革命的领导权，造成了共产党的惨重损失。在吸取大革命失败的教训后，中国共产党人更加确定要走农村包围城市，武装夺取政权的正确道路。这一时段，党的群众路线、坚持中国共产党的领导权、武装夺取政权等思想已经开始萌芽，但因错综复杂的国内外情况和建党早期的薄弱力量而未能与革命实践相结合。但中国共产党的这些早期探索对今后的革命实践有着不可忽视的作用。

此外，《新青年》对于美国、法国、英国等资本主义国家的社会主义运动发展状况也进行了介绍，如《法国“劳动总联合会”会章》《西欧与民主运动的前途》《英国帝国主义之崩坏与世界革命》《法国工人运动史略》等文章，使正在进行民主革命的无产阶级得以了解和学习外国无产阶级革命的形势与经验。

第四节　研究经典文本，提高理论水平和思想认识

中国共产党成立之后，《新青年》陆续刊发《马克思与俄罗斯共产党》《英法共产党》《世界职工运动与共产党之职任》等文章，介绍马克思主义和其他国家共产党的发展。

从八卷一号起，《新青年》陆续刊登了李大钊的《唯物史观在现代历史学上的价值》、施存统的《俄罗斯革命和唯物史观》、蒋侠僧的《唯物史观与人类社会历史发展的解释》、陈独秀的《马克思学说》和《马克思学说之两节》等多篇文章，对马克思主义唯物史观的基本内容及其理论和现实的意义进行了深入研究，为观察中国社会革命提供了有力的思想工具。而陈独秀等人的论文或译作，对于结合理论思考中国、促进马克思主义在党内的教育和党外的广泛宣传等方面发挥了重要作用。

1923 年 6 月，《新青年》季刊面世后，以传播列宁主义为主，主要宣传列宁的民族殖民地理论，并推出“列宁号”。此外，杂志社还出版或再版了《第三国际议案及宣言》《共产国际党纲草案》《列宁主义概论》等经典文本，极大地提高了中国共产党人的马克思主义理论水平。

第五节　关注工农群众，赢得支持

传播马克思主义理论的同时，《新青年》同人还深入工农群众生活进行深入调查，掌握社会发展的真实情况，为进一步使马克思主义与中国实际相结合打下了良好基础，推动了马克思主义中国化的实质进程。如八卷一号刊登的“社会调查”：刘云生的《汉口苦力状况》、文华大学学生撰写的《武昌五局工人状况表》、记者采写的《香港罢工风潮始末记》，八卷五号的“社会调查”刊登朱仲琴的《海属社会面面观》，九卷三号发表吴桢的《湖南煤矿水工惨状》等，对于扩大刊物和共产党影响力，获得工农群众的支持有着重要意义。

《新青年》在党的二大到四大期间，运用马克思主义的基本原理，研究和解决中国革命的实际问题。围绕中国社会性质、革命性质、革命动力等问题，宣传了党的历次代表大会的精神，并在研究实际问题的基础上，作了进一步的理论上的探讨。

中国共产党对工农群众生活的关注、对民主与科学的宣扬、对国际工人运动的介绍等行为，对唤起工人阶级的觉醒、赢得工农群众的支持起到了重要作用。

《新青年》在深入工农群众传播马克思主义的同时也聚焦社会问题，关注人民的利益，维护工农群众的利益，履行社会责任。例如 1921 年长辛店成立工会的消息传出后，其他工人纷纷效仿，建立工人俱乐部。《新青年》杂志大篇幅地刊登文章介绍全国各地工人状况。《新青年》的部分作者深入工厂和农村进行调研，深入了解到工农群众的生活疾苦，撰写了大量有关工农问题的文章，如九卷三号的新闻报道《湖南煤矿水工惨状》等文章，向读者介绍劳苦大众的生活疾苦，宣传组织工人运动，使马克思主义的传播更加深入群众，更加大众化。《新青年》对于世界范围内的工人和农民命运的关注，对于国内工农群众的生活展开的深入调查，体现了早期共产党人对社会发展问题和工农群众的高度关注，彰显了刊物的社会责任，也为党赢得群众支持与认同奠定了基础。

第六节　设置“通信”栏目，回应读者疑惑

《新青年》在马克思主义传播过程中，并非简单地进行理论的传播，而是注重接近性和针对性。将马克思主义思想与当时社会中人们的社会地位、劳动权益等与生活密切相关的问题相联系，专门开设“通信”栏目，就读者关心的文章或相关议题进行回应、释疑。

此外，《新青年》还刊登系列关于马克思主义的讨论性文章，如九卷一号汉俊的《社会主义是叫人穷的么？》告知大众社会主义并非像社会中流传的“使人穷”，同期刊登李达的文章《讨论社会主义并质梁任公》一文，对社会主义进行有效解读，消除大众对社会主义的误解。诸如此类的互动、讨论，体

现了编辑部同人对于读者及其观点的重视，既体现了创办者的理论水平、专业水准，弘扬了办刊主旨与理念，也拉近了与读者之间的距离。

除上述内容之外，《新青年》也关注经济问题、社会问题和民族问题等，如刊发《马克思之资本论》《经济形势与社会关系之变迁》《俄国新经济政策》《社会主义的社会之基本条件和新经济政策》等与经济发展相关的文章。此外，该刊还关注男女同校问题、大学教授问题、工人教育等问题，体现了早期中国共产党人的责任意识和研究意识。

结　语

作为中国共产党理论性机关刊物的《新青年》杂志，为中国共产党的建立提供了思想基础和组织基础。中国共产党自成立后至 1926 年 7 月，通过在《新青年》发表系列文章，传播马克思列宁主义思想，积极推介共产主义和社会主义、推动马克思主义中国化、宣传党的各项主张与社会实践活动、关注工农群众生活。体现了中国共产党理论与实践相结合的特点，彰显了中国共产党关心中国社会发展的使命感和责任感，一系列的实践和探索为中国革命走向成功积累了经验、奠定了基础。

第三章 《向导》周报的报道

吴 琼 陈梦薇 吴 双[①]

引 言

借助五四运动之东风，马克思主义思潮涌入中国呈现“井喷”之态，势不可挡。1920 年 9 月，陈独秀决定将《新青年》进行改组，作为传播马克思主义之“主场”。1922 年 7 月，《新青年》停刊。中共创办的刊物亦纷纷夭折，仅有《先驱》一枚尚存，中共宣传工作深陷泥沼。1922 年 8 月，共产国际代表马林于中共中央执行委员会上提出中共应该创办周报。1922 年 9 月 13 日，以《共产党》为基础的《向导》于上海创刊，后因受当局控制和查禁，报社不得不先后辗转于北京、广州、武汉等地继续“向导”。1927 年 4 月 12 日，蒋介石无端发动反革命政变，国共关系彻底破裂。受之影响，7 月 18 日《向导》被迫关停。《向导》是最受社会青睐的报纸之一，印数与销数累年上升，初创之时发行数不足 3000 份，1925 年初则增加到 7000 余份，至 1927 年更是高达 5 万余份，[②]甚至“远播”巴黎、东京等地，影响颇大。可以说，《向导》于 5 年、201 期、300 多万字之“空间”积极传播马列主义和反帝反封思想，彰显社会、国家责任之担当，意义超凡。

---

① 吴琼，安徽财经大学副教授、博士，研究方向为媒介史、媒介经济与媒介融合；陈梦薇，安徽财经大学新闻系硕士研究生，研究方向为媒介融合与媒介叙事；吴双，安徽财经大学新闻系硕士研究生，研究方向为媒介史与媒介融合。

② 李里峰：《在民族与阶级之间：中共早期的“国耻”论述——以〈向导〉周报为中心》，《福建论坛》（人文社会科学版），2018（3）：99；马福龙：《〈向导〉：黑暗的中国社会的一盏明灯》，《上海党史与党建》，2012（9）：36—37.

第一节　雪国耻之书写

“再耻又耻”是“中央之国”近代以来所遭受悲惨事实之真实写照，“实在说起来，我们底国耻多至不胜纪念”①。1895 年，《马关条约》缔结，民族危机加深，山河几尽破碎。1897 年，“知耻学会”成立“以号召天下”②，是国耻意识兴起并广泛宣传之标志。与此同时，“国耻”议题开始成为种种报刊传播的焦点。1914 年 7 月 28 日，欧战爆发，西方列强无暇东顾。日本趁机于同年 8 月 23 日对德宣战，“称别国之难，从中渔利”③。德国战败，我国请求日本撤兵山东，本是正当之举，日本却借题发挥以牟利益。1915 年 5 月 7 日，日本“不顾国际公理，施其侵略政策”④，无耻至极的向“梦之方酣”⑤的袁世凯政府提出“二十一条”之强硬要求，“这完全是日本的非人道主义行径，中国民众采取的抗日行动也是迫不得已之举”⑥。9 日，袁世凯为实现称帝之私利与之签约。对袁世凯政府和日本帝国主义之间的“狼狈”勾结，“国人引为奇耻大辱，椎心泣血”⑦，遂定“五七”“五九”两日为“国耻日”进行纪念，以实现“急公好义，爱国忘家，乐善好输，培国本于现在”⑧之目标。青年毛泽东痛心疾首地表示：“五月七日，民国奇耻；何以报仇？在我学子！”⑨此后，国耻纪念渐成风气，并逐渐成为主流话语之一，“国耻纪念活动年年

① 正厂. 我们底出路[J]. 向导，1924（65）：519.

② 梁启超. 知耻学会叙[J]. 时务报，1897（40）：3—4.

③ ［日］小泽正元. 内山完造传 [M]. 赵宝智，吴德烈译. 天津：百花文艺出版社，1983：56.

④ 济南市反日护侨执行委员会：《为废除二十一条不平等条约事致中央党部国民政府的快邮代电》，1931 年 8 月 9 日，天津市档案馆，档案号：401206800-J0128-3-006628-002

⑤ 天津特别市学生联合会筹选委员会：《为签订二十一条不平等条约事致中央党部国民政府等的快邮代电》，1930 年 1 月 6 日，天津市档案馆，档案号：401206800-J0128-2-000275-192

⑥ ［日］吉田旷二. 鲁迅挚友：内山完造的肖像[M].［日］村尾沙耶佳，李恒伟译. 北京：新华出版社，1996：70. 说明：此观点和态度是日本人内山完造以亲身体验的事实为依据所提出的。在日本军国主义大行其道的语境下，内山完造之观点是绝无仅有的。内山完造因而受到“参天堂”同事的强烈反对，被认为是“叛国之徒”。

⑦ 天津市总商会：《为举行东邻迫签二十一条款国耻纪念游行布告》，1925 年 5 月 5 日，天津市档案馆，档案号：401206800-J0128-3-006059-036

⑧ 全国省教育会第一次联合会记略 // 璩鑫圭，唐良言编. 中国近代教育史资料汇编：学制演变[M]. 上海：上海教育出版社，1991：833.

⑨ 毛泽东. 《明耻篇》题志 // 毛泽东早期文稿 [M]. 长沙：湖南出版社，1990：11.

都有，然而随着政局的变化，每年形式也不大相同”[①]，结果是“恒思洗雪，印象所在，已成典例”[②]。

《向导》自创刊之日起，就或隐或显地将“国耻”作为主要书写与传播内容，每逢“九七”“五七”“五九”“二七”“五卅”均进行国耻传播不遗余力，着实是激发、培育民众爱国主义和民族精神的重要管道。

19世纪20年代以前，义和团事件被视为“非理性”救亡运动的最显例，其结果导致“合诸国之力以为报复”[③]几乎已经是“定论”：一是“憎恶义和团是野蛮的排外”；二是“以为义和团事件是少数人之罪恶，列强不应因少数人之故惩罚全中国人民以巨额负担”。[④]出于民族救亡考虑，《向导》为“义和团”与时俱进地赋予新价值与新意义。1924、1925年9月，《向导》连续两次推出“九七特刊”以纪念《辛丑条约》签订23、24周年。陈独秀、彭述之、蔡和森、瞿秋白等纷纷发文对义和团运动及其精神进行了再评价，认为“其重要不减于辛亥革命”[⑤]，开启了民族主义和民族国家建构的一道门楣，“是中国民族革命史之悲壮的序幕”[⑥]。其中，蔡和森明确指出：“义和团排外的精神，是中国国民革命精神头一次充分的表现……是中国国民革命史上悲壮淋漓、可歌可泣的遗产。”[⑦]而张太雷于《列宁与义和团》一文中则建构了义和团和列宁主义之关联，以列宁之思想重新评估义和团的历史价值，他说：“说义和团事是野蛮的排外，仇视西欧文明因此是不对的，看了列宁的话亦可稍明白了。”[⑧]

1924年，北洋政府接受日本公使照会，严禁全国纪念“五七”“五九”之国耻。[⑨]然事与北洋政府之愿相违，《向导》于5月7日当天刊发的《国耻纪念日檄告全国同胞》开首就点名主旨：“今日是何日？是国耻纪念日。”接下来又历数了日本、英国、法国、美国等帝国主义国家“合起伙来”对中国实施

① 孙香梅. 民国时期的国耻纪念日[J]. 钟山风雨，2007（4）：18.

② 天津市总商会：《为举行东邻迫签二十一条款国耻纪念游行布告》，1925年5月5日，天津市档案馆，档案号：401206800-J0128-3-006059-036

③ 梁启超. 排外平议 // 梁启超. 中国魂[M]. 上海：广智书局，1911：118.

④ 独秀. 我们对于义和团两个错误的观念. 向导，1924（81）：645.

⑤ 独秀. 我们对于义和团两个错误的观念. 向导，1924（81）：645.

⑥ 独秀. 我们对于义和团两个错误的观念. 向导，1924（81）：645.

⑦ 和森. 义和团与国民革命[J]. 向导，1924（81）：652—654.

⑧ 大雷. 列宁和义和团[J]. 向导，1924（81）：655.

⑨ 独秀. 军阀是帝国主义者的工具又一证据. 向导，1924（67）：538.

的侵略和压迫。最后则高声呼吁："我们抬起头来，或者是死！"[①]承此文，又以《外患日志》一文作为证据，意图唤起国人的危机意识和民族情操。[②]1925年是"二十一条"10周年，北洋政府却以武力阻碍北京学生进行纪念。《向导》不仅对整个事件的来龙去脉进行深度报道，而且对北京政府的"逆势"之举进行了严厉批评。[③]

1925年，五卅惨案发生，既揭露了帝国主义国家的侵略野心和本质，更是"将近代中国的国耻纪念和反帝宣传推向了高峰"[④]。"五卅"之"新耻"以迅雷不及掩耳之势与"二十一条"相连，快速融入广阔的历史潮流之中，正可谓是"国难如此，凡有人心，谁不激昂悲愤？"[⑤]"五卅"以迄《向导》停刊的这一段时间中，"五卅"之耻一直占据着《向导》国耻书写与传播的中心位置，其特点主要体现在三个方面：一是事件报道。《上海日本资本家枪杀中国工人》说："上海日本纱厂的资本家，内外棉第七厂的日本人，拒绝中国工人入厂做工，工人与之理论，他们遂拿起铁棒乱打，继以手枪轰击，杀死工人多名，重伤及轻伤不计其数。"[⑥]陈独秀则以图文并茂的形式进行报道："我们亲眼看见同胞的热血染遍了大英大马路。"[⑦]（图3-1）二是揭露帝国主义和亲日派之可耻行径。王若飞指出五卅惨案并不是一个偶然的单独事件，"而是日本帝国主义对中国民众新进攻的许多动作中间的一件"，可是亲日之大资产阶级、士绅阶级，甚至一些新闻记者却持"漠视民族斗争的冷血态度，不仅为劳苦群众所仇恨，凡有血气者莫不冷齿而鄙视之"。[⑧]三是为民族救亡指明方向。《五卅的赤血与中国的赤化》写道："五卅的赤血是中国应当赤化的象征，我们踏着这一条血路，勇敢的前进，为着我们的利益，生存、解放和自由奋斗吧！"[⑨]中国共产党和中国共产主义青年团更是高呼："大家赶快加入中国共产党，增

---

① 国耻纪念日檄告全国同胞[J]. 向导，1924（64）：509—510.

② 外患日志[J]. 向导，1924（64）：510—511.

③ 和森. 五七纪念北京学生奋斗的意义[J]. 向导，1925（115）：1059–1060.

④ 李里峰. 在民族与阶级之间：中共早期的"国耻"论述——以《向导》周报为中心[J]. 福建论坛（人文社会科学版），2018（3）：101.

⑤《青岛总商会关于交涉上海英人惨杀中国同胞惨案的通告》，1925年6月16日，青岛市档案馆，B38全宗1目录第370卷，编号：G000001-00427-0001

⑥ 超麟. 上海日本资本家枪杀中国工人[J]. 向导，1925（115）：1060.

⑦ 独秀. 上海大屠杀与中国民族自由运动[J]. 向导，1925（117）：177.

⑧ 若飞. 在枪杀中国工人中日本帝国主义者对于上海市民之威吓[J]. 向导，1925（115）：1068.

⑨ 赤夫. 五卅的赤血与中国的赤化[J]. 向导，1926（155）：1498.

加他的力量，就此可以保证我们对于帝国主义的胜利。”①

国耻纪念是一种“集体记忆”，是构筑一个民族和国家民族主义与国家认同的路径。可以说，中国近代民族国家的建构是与国耻意识紧密交织的，国耻意识既是民族主义思潮的表征，又是其催化剂，“知耻乃能近勇，多难足以兴邦”！弥足珍贵的是，《向导》之国耻书写并不仅仅是为了“记”与“明”，其最终目标是“洗”和“雪”：“我们用不着悲哀，历史为着我们工作，我们一定能雪此仇恨！”②《我们的出路》一文也表示，无论是“五九纪念”还是“五九运动”，其象征意义是完全同一的，“我们以为以后的五九，已经不是纪念民国四年的国耻，而是中华民族独立运动对于列强的一种警告，同时也是鼓舞国人前进的日子”。③尹宽则高声呐喊：“帝国主义者，北洋军阀，大资产阶级已用我们烈士的血把中国赤化了，我们就只有踏着这一条赤化的道路向前猛进！同志们，奋斗！烈士精神不死！”④这也是中国共产党国耻舆论引导的真实表达，其最终目的是实现民族之独立，变国耻纪念日为“中华民族独立自由的纪念日”⑤。

图 3-1　南京路屠杀中的牺牲者

① 中国共产党中央委员会，中国共产主义青年团中央委员会. 全国被压迫阶级在中国共产党旗帜底下联合起来呵！[J]. 向导，1926（126）：1152.

② 尹宽. 革命烈士总追悼周[J]. 向导，1927（196）：2133.

③ 正厂. 我们底出路[J]. 向导，1924（65）：519.

④ 尹宽. 革命烈士总追悼周[J]. 向导，1927（196）：2133.

⑤ 龙池. 废约运动与九七纪念[J]. 向导，1926（170）：1726.

第二节 “人民精神”之实践

“人民报刊思想”是马克思新闻思想的核心：“真诚地同情人民的一切希望和忧患、热爱与憎恨、欢乐与痛苦。”[①]“人民精神”是“党媒”百年历程中的一条主线索和不可更易的法则，“真正的报刊即人民报刊”[②]。事实证明，《向导》是“人民精神的千呼万应的喉舌”[③]的中国实践媒，是调动人民“参加运动并推动运动前进”[④]的助力器。

倡导妇女解放是《向导》体现“人民日常思想和感情”的重要方面。传统中国，“自男性中心社会形成以后，妇女之地位遂一落千丈。数千年来备受摧残压迫，惨遭非人是压迫，生存之本能既被挫抑，妇女之进化，因以停滞。此顾妇女自身之不幸，抑亦人类和社会之大不幸”[⑤]。清末民初，受欧风美雨之冲洗，“三纲五常”之封建伦理受到无情冲击，妇女解放运动应势开展，以实现“天赋人权，本无分男女”[⑥]之本真。中共二大决议：“中国共产党除努力保护女劳动者的利益而奋斗——如争得平等工价，制定妇孺劳动法外，并应为所有被压迫的妇女们的利益而奋斗。”[⑦]正因如斯，《向导》将妇女解放作为重要舆论引导内容之一，坚决主张：“禁止缠足，童养媳及买卖妇女等恶习，男女在法律上、政治上、经济上、教育上一律平等。”[⑧]

1922年10月29日，女权运动同盟会上海支部成立，《向导》对之进行了详细报道。例如，《女权运动者应当知道的》一文首先指出当时中国女权运动之问题与症结：一是女权运动的唯一因由和指向仅是改变“附属于男子的地位”，

---

① 马克思恩格斯全集.（第1卷）[M].北京：人民出版社，1995：385.

② 马克思恩格斯全集.（第1卷）[M].北京：人民出版社，1995：352.

③ 马克思恩格斯全集.（第6卷）[M].北京：人民出版社，1961：275.

④ 马克思恩格斯选集.（第4卷）[M].北京：人民出版社，2012：4.

⑤ 天津市妇女文化促进会:《为呼吁女权运动事致南京国民政府中央党部的快邮代电》，1931年2月1日，天津市档案馆，档案号：401206800-J0128-3-006624-003.

⑥ 天津市妇女文化促进会:《为呼吁女权运动事致南京国民政府中央党部的快邮代电》，1931年2月1日，天津市档案馆，档案号：401206800-J0128-3-006624-003.

⑦ 关于妇女运动的决议（1922年7月）// 中央档案馆. 中共中央文献选集. 第一册（1921年—1925年）[M]. 北京：中共中央党校出版社，1989：88.

⑧ 国民革命的目前行动政纲草案[J]. 向导，1927（201）：2219.

而对“附属地位是封建制度和私产社会的自然结果；惟有是到了打倒私产制度，建立一个共产社会的时候，他们的完全解放才能成功”之核心问题毫无所知；二是女权运动只是“特权阶级与官僚议员争座位的活动”，与“妇女解放”四字毫无关联。[①] 文章最后指出：“女权运动不要做成太太的运动，要做一切劳苦妇女政治经济和教育利益的奋斗。更要了解女权运动，惟有与工人运动并着前进，才能做到真正的解放。”[②]1924 年 1 月，上海丝纱女工协会成立，陈独秀希望：“协会不单是发表一篇思想腐败、文字腐败的宣言，须为女工们实际的生活所需要而奋斗！”[③] 再如，《列宁与妇女解放》一文不仅书写了列宁为妇女解放所做出的英勇事迹，而且还重点传播了其伟大号召和论述。文章最后呼吁：“中国被压迫的妇女应该十分注意伟大导师的话，照他指示给俄国妇女的道路，走去。”[④] 事实上，以陈独秀、高君宇为代表的妇女解放之“见”是全体共产党人的共同心音和价值追求。

就效果而观，以《向导》周报为代表的女权主义思想传播一方面培养了妇女的女权意识，促进了她们的觉醒，“被压迫的妇女由一个表达具体性别要求的形象，最终成为一个变形的象征，表达的是集体性的民族苦难……妇女与中国一道觉醒”[⑤]。另一方面则促进了妇女革命意识的觉醒和实践。以上海为例，至 1924 年末，中共党员人数是 109 人，女党员 7 人，占比 6.4%；至 1925 年 5 月，中共党员人数增加到 1080 人，女党员为 186 人，占比 17.2%；至 1926 年 4 月，中共党员人数则为 1809 人，女党员人数 383 人，占比 21.2%。于不足两年的时间里，中共党员人数增加近 16 倍，女党员增加更是高达 54 倍之巨。[⑥]

毛泽东指出：“阶级消灭以前，不管通讯社或报纸的新闻都有阶级性。”[⑦] 由是可知，共产党报刊和国民党报刊迥然相异，前者与工农运动的关系是统一

① 君宇. 女权运动者应当知道的[J]. 向导，1922（8）：65.

② 君宇. 女权运动者应当知道的[J]. 向导，1922（8）：65.

③ 独秀. 祝上海丝纱女工协会成功[J]. 向导，1924（52）：391.

④ 白丽. 列宁与妇女解放[J]. 向导，1927（184）：1955—1956.

⑤ ［澳］费约翰. 唤醒中国：国民革命中的政治、文化与阶级[J]. 李恭忠，李里峰等译，北京：生活·读书·新知三联书店，2004：413.

⑥ 上海地方报告（1924 年 5 月）// 中央档案馆. 中共中央文献选集. 第一册（1921 年—1925 年）. 北京：中共中央党校出版社，1989：196—210.

⑦ 毛泽东. 同新闻出版界代表的谈话// 毛泽东新闻工作文选[M]. 北京：新华出版社，1983：191.

的，而后者则是对立的。关注和引导工人运动和农民运动是《向导》“报刊的人民性”的又一体现，如 1927 年 7 月已经形成一套十分完整的工农关爱行动政纲。

《向导》关注工人疾苦、指导工人运动是一以贯之的。1923 年，“二七”惨案爆发，京汉铁路工人命运悲惨至极。20 天之后出版的《向导》第 20 期极具“二七专刊”的特色，其中《中国共产党为吴佩孚惨杀京汉铁路工告工人阶级与国民》《二七大屠杀的经过》两篇文章，一面揭露了血一样的残害事实，一面又控诉了封建军阀和帝国主义的罪行：“彼等竟任意屠杀我工人，——屠杀中华民族利益之真正保障者”①，更明确指出“工农商各界人民急速联合”是打倒封建军阀和帝国主义的必然之径。②“五卅”运动“是中国革命的国民运动之真正开始”③，将《向导》关注、指引工人推向了高峰。“五卅”之前，《向导》主张工人运动要以“职工会”为基础、以共产党为指引，做到经济斗争和政治斗争相结合：“职工会没有共产党为其前锋，必至如群龙无首，不知如何对付敌人……共产党没有职工会做后盾……必至成为孤军独战的向资产阶级作战，结果非失败不止。”④“五卅”之后，则更加注重从理论上进行指导：“殖民地工人阶级天然的负有两重责任：一面应为民族独立的共同利益奋斗；同时应为本阶级的特殊利益奋斗。”⑤可以说，《向导》关爱工人阶级的同时，循序渐进地摸索与总结出了民族利益与阶级利益、民族斗争和阶级斗争之间的关联关系，为无产阶级领导权的提出与确立打下了坚实的基础。

农民阶级与工人阶级犹如一对双胎儿，互为手足、“异体同心”。自然经济是农民阶级之经济基础，又是其被压迫和剥削的根源。大革命期间，农村革命风暴席卷全国，“是中国革命的主要力量”⑥。中国共产党人纷纷于《向导》刊文关注农民疾苦、引导农民运动，毛泽东是其中的典范。1926 年 10 月，毛泽东于《江浙农民的痛苦及其反抗运动》一文中深刻揭露了崇明、江阴、丹阳、无锡、青浦、泰兴、泰县、徐州、慈谿等地农民之痛苦，并分析了农民运动的“得”

---

① 致中. 中国共产党为吴佩孚惨杀京汉铁路工告工人阶级与国民[J]. 向导，1923（20）：157.

② 二七大屠杀的经过[J]. 向导，1923（20）：160—164.

③ 中国共产党对于时局之宣言[J]. 向导，1927（186）：1976.

④ 超麟. 无产阶级政党与职工会[J]. 向导，1925（112）：1040.

⑤ 和森. 今年五一之中国政治状况与工农阶级的责任[J]. 向导，1925（112）：1029.

⑥ 毛泽东选集（第二卷）[M]. 北京：人民出版社，1991：692.

与“失”、“成”与“败”。[①]1927年3月，毛泽东之《湖南农民运动考察报告》由《战士》杂志首刊，一方面矫正了“反对农运的议论”，变更了“对农运的错误处置”；[②]另一方面更为中国共产党领导农民运动找寻到了切实可行的机制与实践路径：“贫农领导是非常之需要的，没有贫农便没有革命。”[③]《湖南农民运动考察报告》一经问世，即刻引起巨大反响，《向导》、《湖南民报》、《民国日报》（汉口）之《中央副刊》、《共产国际》（英文版、俄文版）纷纷转载，其中《向导》于3月12日转载了“农村革命”和“革命先锋”两个核心部分，充分传播了毛泽东的农民运动理论。

对于《向导》关注工农、引导工农运动之目标，《中国共产党对于时局宣言》如是写道：

> 工人们！集中你们的势力于你们的工会！在中国共产党旗帜之下，统一无产阶级的意志，统一无产阶级的目的，统一无产阶级的领导权！帮助国民政府与国民党！
>
> 农民们！起来！集中你们的势力于你们的农会！推翻地主劣绅的政权，帮助国民政府与国民党！创造在农会领导之下的乡村政权！你们的争斗和城市中工人的争斗联合起来！[④]

宣言中，“帮助国民政府与国民党”之话语充分表明了中国共产党之于国共合作之诚心，而对工人和农民之呼唤则充分说明了关注工农、引导工农运动之价值指向：“打倒帝国主义者对华阴谋！”[⑤]

---

① 润之. 江浙农民的痛苦及其反抗运动[J]. 向导，1926（179）：1869—1871.

② 毛泽东. 湖南农民运动考察报告（二月十八日长沙通讯）[J]. 向导，1927（191）：2061.

③ 毛泽东. 湖南农民运动考察报告（二月十八日长沙通讯）[J]. 向导，1927（191）：2065.

④ 中国共产党中央执行委员会. 中国共产党对于时局宣言[J]. 向导，1927（186）：1977.

⑤ 中国共产党中央执行委员会. 中国共产党对于时局宣言[J]. 向导，1927（186）：1978.

第三节　国民革命之倡导

1918 年 11 月，历时 4 载，波及 30 多个国家，致使全球 15 亿人口深陷战争之苦的第一次世界大战结束。“威尔逊底国际和平高唱入云”①，由此绝大部分国人开始“乐观”地认为中国完全可以借此“东风”实现“复兴”。1919 年，巴黎和会召开，会议决议将德国在山东的特权转交日本，因受五四运动影响，北洋政府代表拒绝签署《凡尔赛和约》。1921 年至 1922 年所举行的华盛顿会议实乃巴黎和会之延伸，其目的是解决《凡尔赛和约》悬而未解之“问题”。对于中国而言，两次“和平”会议可谓忧喜参半：忧的是，一部分中国人对“公理战胜强权”的幻想依然不减。例如，胡适武断地认为“中国和平统一”是西方“德谟克拉西”之国的希望，“中国已经没有很大的国际侵略的危险”。②例如，1921 年 1 月至 5 月，北洋政府禁止全国学生排斥日货、集会和演讲等行动。北洋政府此举表面上是为“就自身学业计，就教育前途计”考虑，实际上妨碍“外交事项”才是根本原因：“藉词外交事项一致罢课，查各校迭次风潮赖政府暨各该校员苦心维持，始获稍就平靖。”③再如，1922 年“双十节”出现“裁兵运动”更是一个典例，“是一种呼冤的声音，是软弱心理的表现”。④喜的是，中国共产党则有迥然不同的见解和主张：“至于侵略之下的中国，在名义上虽然是一个独立的共和国，在实质上几乎是列强的公共殖民地。”⑤

“事实”是《向导》揭露帝国主义侵略中国罪行的明证。蔡和森以事实为据揭示道：

> 国境以内，租界厘然；水路要塞，大半割让；各大都会，莫不有外兵驻扎；长江内河，简直任外舰横冲直撞；海关盐政，早已共管，铁路交通，

① 舒新城. 近代中国教育思想史[M]. 上海：中华书局，1932：16.

② 胡适. 国际的中国[J]. 努力，1922（22）：1—2.

③ 《京师学务局转发教育部关于各校禁止排斥日货、禁止学生游行、演讲、恢复上课训令及法政专门学校关于释放被捕学生致京师学务局函》，1921 年 1 月 1 日—1921 年 5 月 31 日，北京市档案馆，档案号：J004-002-00253

④ 国涛. 国庆日裁兵运动[J]. 向导，1922（5）：41—42.

⑤ 本报宣言[J]. 向导，1922（1）：2.

现又继之；外交内政，无一事能容中国人自主；文化教育也几乎全归外力支配……[①]

帝国主义侵略是以不平等条约为“护身符”，不仅不能填满掠夺之欲壑，“还要借端进行新的侵略”[②]，即“为军阀与资产阶级合作，建立附属于他们的‘封建资本制度’”。[③]

1923年5月5日，一辆津浦路上的火车途经山东峄县临城时被劫，帝国主义国家因“掳去洋人”为口实向北京政府提出“将公共租界杨树浦以上至吴淞口为中、英、美、日、法、比各国共管区域，在此区域内所有港务、市政，由各国各派委员组织机关，共同管理”[④]。《向导》第26期共有3篇文章对这一事件进行了深度报道，占比同期文章总数的27.3%。陈独秀于《临城掳案之中国现象》一文中无情暴露了“帝国主义者在半殖民地的中国之阴谋与骄横”，深刻揭露了它们的真正“野心”：“帝国主义列强，尤其是英、日、美三国，欲藉此掩盖他们凌辱中国人的鬼行，并达到共管中国的贪欲。”[⑤]

1926年，英帝国主义对四川万县进行野蛮屠杀。《向导》用两期合刊的全部版面以图文并茂的形式一面揭露了英国野蛮毒辣的暴行（图3-2、图3-3）：

英国帝国主义这次在万县既利用不平等条约任意航行内河，不按航规，横冲直撞，致撞沉民船数次，沉毙人命数十，地方官提出抗议，一味横蛮不理，反而用十二生的之大炮、野战炮、硫磺弹尽量实行轰击，伤毙人民至五千之众，焚毁房屋至数千间，损失财产至千余万，整个的万县城差不多成了腥血涂染的断瓦残垣。这不仅比五卅时的屠杀情形更凶恶残酷十倍，简直是近百年来世界史上未有之惨案奇闻。[⑥]

① 和森.为收回海关主权事告全国国民[J].向导，1924（48）：365—366.
② 方克.中共中央党刊史稿（上册）[M].北京：红旗出版社，1999：68.
③ 和森.外国帝国主义者对华的新旧方法[J].向导，1923（22）：160.
④ 春木.临城案件和兵工政策[J].向导，1923（27）：197.
⑤ 独秀.临城掳案之中国现象[J].向导，1923（26）：189.
⑥ 中国共产党为英帝国主义屠杀万县告民众书[J].向导，1926（173、174合刊）：1771.

一面又报道了全国乃至世界人民反抗的决心和行动："全世界工人阶级对于中国民众反对英国在万县惨案之热烈抗议的运动表示十分的赞助，并且对于中国民族革命运动的新胜，抱着无限的希望。"① 更是铁骨铮铮的表明："中国共产党愿以全力来反抗英国帝国主义此种凶横残酷的强盗行为。全国一切被压迫的民众们！起来！"②

图 3-2　万县东较场被杀四人

孙中山的"反封建"思想传播与革命实践，对于推翻满清帝制、辛亥革命的胜利成效非凡。可悲的是，事与愿违，辛亥革命期间，北洋军阀为一己私利考虑，积极获取帝国主义的支持，窃取了全国政权。因此，"现在的根本问题不在政治，而在怎样推翻军阀，换过说就是革命"③。

图 3-3　万县石佛寺被屠杀者

① 马恩. 欧洲给予中国的帮助[J]. 向导，1926（173、174 合刊）：1772.

② 中国共产党为英帝国主义屠杀万县告民众书[J]. 向导，1926（173、174 合刊）：1771.

③ 和森. 武力统一与连省自治——军阀专政与军阀割据[J]. 向导，1922（2）：15.

民国时期，国民“受军阀摧残亦久矣”[①]，深刻揭露封建军阀的卖国求利之罪行是《向导》重要内容。《向导》指出，封建军阀是“帝政余孽”[②]，是“国际帝国主义的侦探”[③]，“是帝国主义的雇佣”[④]，是帝国主义为实现侵略利益的傀儡。出卖青岛的结果是青岛“完全为国际共管”，出卖威海卫的结果是威海卫开放为帝国主义国家的自由贸易港，如是等等。[⑤]封建军阀卖国求荣的根因是只顾一己私利而忽视民族国家之利益，无论是直、奉、皖北洋派之嫡系，还是川、湘、滇之新军阀，都“是外国帝国主义者下面的臣仆，是中国政府上面的太上政府”[⑥]。为了获得帝国主义的支持，各派军阀无一不大肆以国家民族利益作为条件进行交换，“利用政权来卖国，来紊乱全国的财政军纪，做出在法律以外压迫人民的一切黑暗罪恶”[⑦]。

1924年，“齐卢战争”爆发，“齐”即江苏督军齐燮元，“卢”是浙江督军卢永祥，战争历时40多天，致江、浙两省人民颠沛流离，苦不堪言。《向导》一针见血地指出，“齐卢战争”绝非“是齐卢个人战争，或是江浙战争，其战争之实际性质，是直与反直的军阀间全部大战争之开始；同时，也是英美和日法两派帝国主义者在中国争斗之开始”，“是美国给日本第三次总结束的打击”。[⑧]齐燮元兴师攻浙，无论胜败都是“偷鸡”之行，最终则会导致民族国家受损，帝国主义受利。胜，“美国将扶助直系在中国政治的统一压制，以成就美国在中国经济的统一侵略”；败，“则为日本势力结合安福奉张，支配中国的政治经济”。[⑨]因此，只要封建军阀和隐匿其后的帝国主义于中国存在一日，军阀战争就会接二连三地上演，永无宁日。事实也确实如此，齐卢战争之结局表面上“一时中止，自然要哭中转笑，相庆和平”，实际上却引发了第二次直奉战争，是引线和导火索。

---

① 四川省商会联合会代表大会：《为抗议日军出兵山东签订不平等条约的快邮代电》，1928年1月1日，天津市档案馆，档案号：401206800-J0128-3-006201-005

② 独秀. 怎么打倒军阀[J]. 向导，1923（21）：152.

③ 和森. 中德俄三国联盟与国际帝国主义及陈炯明之反动[J]. 向导，1922（4）：23.

④ 太雷. 辛亥革命在中国国民革命上的意义[J]. 向导，1924（86）：706.

⑤ 独秀. 英国帝国主义者所谓退回威海卫！ [J]. 向导，1922（4）：33.

⑥ 独秀. 怎么打倒军阀 [J]. 向导，1923（21）：152.

⑦ 独秀. 怎么打倒军阀[J]. 向导，1923（21）：152.

⑧ 中国共产党第三次对于时局宣言[J]. 向导，1924（82）：658；君宇. 江浙战争与外国帝国主义[J]. 向导，1924（82）：660.

⑨ 中国共产党第三次对于时局宣言[J]. 向导，1924（82）：659.

何以解忧？唯有“国民革命一途”[①]，而国民革命的最终目的是“从帝国主义统治之下将中国解放出来”[②]。《向导》认为，“要打倒军阀是要间接打倒其背后之主人翁——外国帝国主义”[③]，因为“扰乱中国的军阀强盗后面，有外国资本家像走棋一般地在那里把他们搬弄”[④]。由是可观，“反帝”和“反封建军阀”是国民革命之“一体两面”，“反封建”就是“反帝”，反之亦然。第一，“打倒帝国主义！”1901 年，资产阶级革命派引入“帝国主义”一词，“感性”是其特点。与之不同，中国共产党所理解的“帝国主义”则是以“理性”和“科学”为准则，中国共产党所主张的“打倒帝国主义”口号之传播“特别是从《向导》周报开始的”[⑤]，“反抗帝国主义的侵略，努力把中国造成一个完全的真正独立的国家”[⑥]。可以说，1925—1927 年，《向导》为时两年多的集中书写与传播，使“打倒帝国主义”这一口号渐传渐广，深植民心。因是，以废除不平等条约为路径，以民族独立为旨归的反帝爱国运动才能得以轰轰烈烈地开展。第二，“打倒封建军阀！”《向导》指出：“为了要和平统一而推倒为和平统一障碍的军阀，乃是中国最大多数人的真正民意”[⑦]，“推倒军阀政府为我们民族独立运动的第一步”[⑧]。弥足珍贵的是，“打倒”不是《向导》之真正目的，“我们要对外有所举动，我们先要对内团结”[⑨]才是终极价值所在。

第四节 马克思主义之“广播”

实用主义、国粹主义、马克思主义是中国现代思想史上的三大潮流，[⑩]其

① 和森. 军阀战争之一幕[J]. 向导，1924（87）：707.
② 瞿秋白. 农民政权与土地革命[J]. 向导，1927（196）：2121.
③ 太雷. 辛亥革命在中国国民革命上的意义[J]. 向导，1924（86）：706.
④ 萨发洛夫. 第三国际与远东民族问题（续前）[J]. 向导，1922（11）：82.
⑤ 蔡铭泽.《向导》周报研究[M]. 福州：福建人民出版社，2004：33.
⑥ 本报宣言[J]. 向导，1922（1）：2.
⑦ 本报宣言[J]. 向导，1922（1）：1.
⑧ 正厂. 我们底出路[J]. 向导，1924（65）：519.
⑨ 正厂. 我们底出路[J]. 向导，1924（65）：519.
⑩ 吴洪成，田谧，李晨. 中国近现代教科书史论[M]. 北京：知识产权出版社，2017：218.

中马克思主义影响最广、最深。清末，英美传教士和民族资产阶级已经借助《万国公报》《新民丛报》《时报》等报刊对马克思主义学说进行了初步而零星地介绍。1918年，俄国十月革命胜利，以李大钊为代表的思想家借机以《新青年》《每周评论》等报刊为管道开始频繁地引入之。五四运动后，经过"新文化"洗礼的先进知识分子源源不断地集合在马克思主义的旗帜之下。①1921年中国共产党宣告成立，为马克思主义中国化和中国历史掀开了崭新的一页。"中国共产党自成立之日起就将马克思主义作为指导思想，坚持马克思主义基本原理和中国具体实际相结合，不断推进马克思主义中国化、时代化、大众化。"②习近平如是说。

马克思主义中国化是《向导》产制者的目标追求。媒介信息产制者之身份、信仰是媒介定位的基础和最佳体现。《向导》134位作者是马克思主义传播的重要媒介（表3-1）。

《向导》第一任主编蔡和森1922年12月加入中国共产党，是中国共产党早期最伟大的理论家和宣传家之一，是一部"马克思主义启蒙教书"③。自《向导》创刊之日起至1923年9月总计发文72篇，占同期文章总数的23.76%，至1925年5月，累计刊文160余篇。1925年10月，彭述之接替蔡和森成为主编，至1927年4月，累计刊文70篇。因其于"三二〇"事件中表现出"右"倾之思想倾向而受到党内批评，不再担任主编之职位。1922年加入中国共产党的瞿秋白是《向导》最后一任主编，累计刊文65篇，其以马克思主义为指引，以实际调查为基础，分析中国之国情，论证中国革命之问题，为党的思想理论建设做出了开创性的贡献。向警予、张太雷、周恩来、罗亦农、罗章龙、毛泽东、张国焘、李达、李维汉、李立三、王若飞等人均发文20—30篇，是《向导》信息内容产制的核心和骨干。其中郑超麟1924年7月至1927年3月累计发文53篇，宣传工人运动，传播马克思主义。而高君宇是"本报记者"之鳌头，一共撰写时评25篇，颇深欢迎。1925年3月，高君宇去世，《向导》悼道："他那热烈的革命精神永留在本报，也便永留在读者诸君的记忆之中！呜呼！君宇

① 习近平. 在纪念五四运动100周年大会上的讲话[EB/OL]. [2021-06-01]，http://news.youth.cn/sz/201904/t20190430_11941375.htm

② 习近平. 习近平向世界马克思主义政党理论研讨会致贺信[EB/OL]. [2021-06-01]，http://china.cnr.cn/news/20210528/t20210528_525497807.shtml

③ 唐铎. 回忆我的良师益友——蔡和森同志 // 回忆蔡和森[M]. 北京：人民出版社，1980：99.

死了！君宇的精神仍时时在读者诸君的前面徘徊着啊！”①

表 3-1 《向导》作者统计表

序号	姓名	序号	姓名	序号	姓名	序号	姓名	序号	姓名
1	独 秀	28	大 雷	55	任卓生	82	罗 敬	109	马 乐
2	和 森	29	仁 静	56	楚 女	83	心 诚	110	仁 至
3	李 达	30	泽 东	57	曾南挽	84	路 毅	111	陆 凯
4	君 宇	31	竟 人	58	深 寅	85	斯达林	112	VS
5	双 眼	32	章 龙	59	敬 云	86	花田生	113	王纯礼
6	春 默	33	君 一	60	澎 湃	87	拉狄客	114	作 新
7	振 宇	34	筠 翁	61	赤 城	88	若 飞	115	龙 池
8	思 顺	35	费 甫	62	萧楚侣	89	亦 农	116	马 恩
9	国 涛	36	文 虎	63	苍 生	90	其 颖	117	大 石
10	登德布	37	育 南	64	赵世炎	91	小 摩	118	周恩来
11	李 俊	38	仲 平	65	镜 湖	92	吴雨铭	119	罗 易
12	孙 铎	39	味 农	66	麟 符	93	尹 宽	120	平 山
13	田 诚	40	秋 田	67	郑超麟	94	吉 了	121	卓 宜
14	萨发洛夫	41	菊 坡	68	任卓宣	95	杜洛茨基	122	桑 生
15	双 林	42	一 纯	69	韦 译	96	田 杜	123	梁绍文
16	致 中	43	震 瀛	70	文 恭	97	实 敷	124	高一涵
17	特 立	44	为 人	71	述 之	98	唐舆奇	125	玄
18	易子凡	45	陈 明	72	公 侠	99	里亚赞诺夫	126	孟 冰
19	瞿秋白	46	维 英	73	味 跟	100	鲁 仁	127	白 丽
20	向警予	47	德 中	74	永 犹	101	子 毅	128	蒋希会
21	季诺维埃夫	48	蔚 英	75	大 亮	102	林 伟	129	绍 禹
22	永钊译	49	德 民	76	南 冠	103	立 理	130	之 龙
23	巨 缘	50	屈维它	77	光 赤	104	雷 音	131	鲍阴昌
24	鹏 万	51	陆 敬	78	硕 夫	105	立 三	132	魏 琴
25	隆 郅	52	周佛海	79	惠 先	106	赤 夫	133	高语罕
26	春 木	53	正 厂	80	何秉彝	107	邦 钺	134	KJ
27	太 雷	54	郭寿生	81	天 声	108	施 英	—	—

统计说明：1. 为呈现作者原貌，统计中按原文统计，如“独秀”是陈独秀。据蔡铭泽研究发现“为人”“致中”是陈独秀，本表按照原文统计；2. 统计中未统计“读者之声”“译文”“寸铁”“通信”等栏目作者；3. 统计中集体署名未作统计。

① 悼我们的战士！ [J]. 向导，1925（106）：882.

中国共产党的中央领导是《向导》马克思主义传播的灵魂。陈独秀尽管从未担任主编之职，却是《向导》"不挂名的主编"，累计刊文 668 篇，约占文章总数的 20%。纵观陈独秀之一生，小资产阶级思想和立场是一条主线索，是不可忽视的。《向导》出版之时正是陈独秀民主主义—马克思主义—民主主义的转变之际，非"百分之百的布尔什维克"的陈独秀对中国共产党的创建和马克思主义之传播的贡献是无证自明的。①李大钊以"田诚""CTL""CT"为笔名为《向导》撰写文章，其中以"田诚"之名刊文 11 篇②。他在文中明确指出："中国现在惟一的革命的马克思主义的政党是中国共产党，仅仅中国共产党才能代表中国的马克主义的发展，而且个个真实的马克思派现在都应该跟着中国共产党去赞助国家主义的革命运动才是。"③"陈独秀、李大钊等一批具有留学经历的先进知识分子，同毛泽东同志等革命青年一道，大力宣传并积极促进马克思列宁主义同中国工人运动相结合，创建了中国共产党，使中国革命面貌为之一新。"④习近平高度评价到。

成立之始，"中国共产党是共产国际的支部"⑤。虽说 19 世纪 30 年代初共产国际对马克思主义中国化起到了一定的阻挠作用，可是于中国共产党"创建"时期共产国际及其代表对中国革命和马克思主义的传播做出了巨大贡献。马林不仅积极指导《向导》的编辑出版工作，而且还积极为《向导》撰稿，其于《向导》创刊后的 10 个月中以"孙铎"为笔名刊文 17 篇。他于《俄国革命五周年纪念》中指出："中国智识阶级和劳动者必须与新俄国发生密切的协助和亲善关系，才能使解放和独立的奋斗得到一个光荣的胜利。"⑥马林书写此文的目的是纪念俄国十月革命五周年，其于文中使用"智识阶级""劳动者""国民""共产党""红军"等字样的用意是显而易见的。再如，萨发洛夫于第 10 期和第 11 期刊载的系列文章《第三国际与运动民族问题》（上、下）一面揭

① 蔡铭泽.《向导》周报研究[M]. 福州：福建人民出版社，2004：104—108.

② 冯铁金. 关于"田诚"是李大钊笔名的考证 // 李继华，冯铁金，周芳. 李大钊轶文辑注与研究[M]. 北京：线装书局，2013：278—289.

③ 田诚."今日"派之所谓马克思主义[J]. 向导，1922（15）：123.

④ 习近平. 在欧美同学会成立 100 周年庆祝大会上的讲话[EB/OL]. [2021-06-01]，http://cpc.people.com.cn/n/2013/1022/c64094-23281641.html

⑤ 中国共产党中央委员会，中国共产主义青年团中央委员会. 全国被压迫阶级在中国共产党旗帜底下联合起来呵！[J]. 向导，1925（126）：1152.

⑥ 孙铎. 俄国革命五周年纪念[J]. 向导，1922（8）：67.

露了帝国主义国家对中国的政治、经济、文化侵略[①]；一面又深刻批评了封建军阀强盗和“共和政府”；更是明确指引:“中国劳动群众和群众中进步分子——中国共产党——当前的第一件事便是把中国从外国的羁轭下解放出来。”[②]此外，杜洛茨基、里亚赞诺夫、季诺维埃夫、维经斯基等也刊载了大量文章，其中维经斯基以“魏琴”为笔名撰写时评计 17 篇，有效促进了孙中山“联俄、联共、扶助农工”三大政策之提出与实践。[③]

《向导》周报马克思主义理论之传播是中国共产党早期革命理论探索与实践的一个缩影，高效地推动了马克思主义基本原理与中国革命具体实践之结合，对马克思主义中国化贡献重大。

阶级社会中，阶级斗争是一种常态，是社会进步与发展的直接动力和基本力量。《向导》以“事实”为依据提出，半封建半殖民地社会之中国，社会阶级关系和阶级斗争呈现出不同以往的新相。[④]地主阶级、农民阶级、买办阶级、资产阶级和工业无产阶级是中国社会的阶级结构，前二者是封建社会的两大对立阶级，后三者则是新物种。买办阶级是帝国主义“反革命的私生子”，是压榨中国人民的一种工具。[⑤]官僚买办资产阶级和民族资产阶级是中国资产阶级的两个组成部分，前者为实现增加自己“货币的富”之私利，不惜以卖国为手段，是反革命的；后者则具有卖国与妥协之两面性，极易背叛革命。工业无产阶级则“要求真民主主义最切，而且能为真民主主义奋斗的力量也最大”，是新生产力的真正代表，是中国革命最勇敢、最急进的先锋。[⑥]事实上，《向导》传播阶级斗争理论的出发地和落脚点就是以武装斗争为路径打倒帝国主义和封建军阀，“首先开始斗争”，实现民族独立与复兴[⑦]

---

① 振宇. 以后一切对华侵略皆将以教育的形式出之[J]. 向导，1923（22）：160.

② 萨发洛夫. 第三国际与远东民族问题（续前）[J]. 向导，1922（11）：84.

③ 蔡铭泽.《向导》周报研究[M]. 福州：福建人民出版社，2004：19—20.

④ 彭述之. 辛亥革命的原因与结果[J]. 向导，1924（86）：699—703.

⑤ 和森. 冯自由派反革命运动的解剖——国民党淘汰反革命分子之必要[J]. 向导，1922（11）：1016—1018.

⑥ 独秀. 资产阶级的革命和革命的资产阶级[J]. 向导，1923（22）：162—164；尹宽. 资产阶级背叛后的中国时局[J]. 向导，1927（195）：2124—2128.

⑦ 瞿秋白. 五卅后反帝国主义联合战线的前途[J]. 向导，1925（125）：1145—1148.

"中国工人阶级斗争万岁！中国民族解放运动万岁！"[①]是《先导》所发出的时代最强音。例如，《向导》根据"五卅"中"民族资产阶级背叛了中国解放运动，小资产阶级放弃了革命的责任"[②]之事实指出：

> 中国的新时代破晓了，一个新的阶级加入民族解放运动的最前线了，这一阶级就是无产阶级。"除了他们锁练外，失掉不了什么，可是他们所得的是全世界"……无产阶级不仅发展自己的活动力，同时也推进了革命，因国民政府治下农民运动的高涨，革命的社会基础扩大并深入起来，这是无产阶级的影响。……无产阶级应当联合一切革命的势力！工人阶级、农民和城市小资产阶级——来保障革命。[③]

人民群众是历史的书写与创造体。无产阶级是革命的中坚之理论是中国共产党对马克思主义依靠人民群众思想的再深化。依靠人民群众是《向导》马克思主义传播的重要内容，是马列主义理论联系实际理论和历史唯物主义观的具体应用。《向导》创刊号说，无论是"过去"还是"今后"，国民党的生命是革命，"一面与民众为亲切的结合，一面与苏俄为不二的同盟"，绝不要因民众势弱而与之疏离。[④]停刊号则对"全国的工人农民及一般的革命平民"进行宣言："中国共产党是始终与你们共同奋斗到底的，必定能够引导民众经过革命的一切艰苦时期，去达到最后的胜利，国民革命的成功。"[⑤]实际上，创刊号"国民党"到停刊号"共产党"之更易，并不是语词上这么简单，而是代表着中共革命思想和理论逐渐走向成熟。

生产力决定生产关系，生产关系反作用于生产力是马克思主义基本理论的核心，是《向导》以理论联系实际、历史唯物主义观为指引，阶级斗争、依靠人民群众理论与中国具体实践相结合之"经纬"。据统计，《向导》一共刊文170篇以经济基础和上层建筑之间的关系为主题，其中30篇主要论述无产阶级

① 中国共产党中央委员会，中国共产主义青年团中央委员会．全国被压迫阶级在中国共产党旗帜底下联合起来呵！[J]. 向导，1925（126）：1153.

② 中国共产党为五卅第二周年纪念宣言[J]. 向导，1927（196）：2134.

③ 中国共产党为五卅第二周年纪念宣言[J]. 向导，1927（196）：2133.

④ 和森. 统一借债与国民党[J]. 向导，1922（1）：6.

⑤ 中国共产党中央委员会. 中国共产党中央委员会对政局宣言[J]. 向导，1927（201）：2216.

革命和资产阶级革命之异同，15篇书写人民群众之历史作用，关于阶级斗争的理论文章则是23篇。[①]《向导》指出，甲午庚子两次战争是中国资本主义革命运动最初的开端，是封建宗法道德思想制度最后崩溃的催化媒。辛亥革命是革命的资本主义运动的“开始表现”。[②]而北洋政府绝对不是能够实现建立“统一、和平、自由、独立”真正独立民主国家的领导者。[③]以苏维埃俄罗斯[④]、土耳其[⑤]、蒙古[⑥]、印度[⑦]等国的革命实践为师，《向导》指出，为要想完全实现资产阶级的民主革命，革命的资产阶级和革命的无产阶级进行合作是必由之路，“‘反抗帝国主义’及‘联络无产阶级’这两个原则，是全世界殖民地或半殖民地资产阶级民主革命所特有的共通原则”。[⑧]

结　语

习近平指出：“实现伟大梦想，必须进行伟大斗争。”[⑨]史实证明，《向导》是中国共产党于风雨如磐时空中奋斗、斗争的一面明镜、一个写照，可谓是“笔底惊雷万鬼苦，天昏月黑一星赤！”[⑩]“中共党史是党的产生、发展和演变的历史过程”[⑪]，《向导》是中国共产党历史发展进程中不可忽视的重要一环，其于黑暗中积极记忆国耻，倡导国民革命，号召“反帝反封”，实践“人民精神”，

① 常青青：《向导》周报与马克思主义在中国的早期传播. 新闻爱好者，2017（9）：74.

② 独秀. 资产阶级的革命和革命的资产阶级[J]. 向导，1923（22）：162—164.

③ 本报宣言[J]. 向导，1922（1）：2.

④ 和森. 中国国际地位与承认苏维埃俄罗斯[J]. 向导，1922（3）：17—19.

⑤ 君宇. 土耳其国民军胜利的国际价值[J]. 向导，1922(3)：22—23；和森. 祝土耳其国民党的胜利[J]. 向导，1922（3）：20—22.

⑥ 君宇. 国人对蒙古问题应持有的态度[J]. 向导，1922（3）：19—20；登德布. 蒙古及其解放运动[J]. 向导，1922（5）：43—44.

⑦ 君宇，春默. 介绍一篇国民革命的纲领：为了群众利益而革命——非为了革命来找群众[J]. 向导，1922（4）：29—32.

⑧ 独秀. 资产阶级的革命和革命的资产阶级[J]. 向导，1923（22）：164.

⑨ 习近平. 决胜全面建成小康社会 夺取新时代中国特色社会主义伟大胜利——在中国共产党第十九次全国代表大会上的报告[EB/OL]. [2021-06-01]，http://politics.people.com.cn/n1/2017/1028/c1001-29613514.html

⑩ 叔隐，濬明，语罕. 读者之声[J]. 向导，1923（25）：188.

⑪ 李金铮. 中共党史回归历史学科的正当性[J]. 江海学刊，2021（4）：202.

传播马克思主义思想，是“黑暗的中国社会的一盏明灯”[①]，是苦难中国实现民族复兴之航标。2021年，中共百年华诞。立于“两个一百年”伟大奋斗目标历史交汇之点，“学史明理、学史增信、学史崇德、学史力行”，研读《向导》中的舆论引导与思想传播不仅可以了解中共早期革命理论和实践，更能透视其百年发展历程中的优秀基因，之于实现中华民族伟大复兴的中国梦极具理论价值和现实指导意义。

① 马福龙.《向导》：黑暗的中国社会的一盏明灯[J]. 上海党史与党建，2012（9）：36—37.

第四章 《新华日报》的报道

双传学[①]

中国共产党自诞生就以马克思主义思想为引领，结合实际形成了中国马克思主义新闻观。中国共产党自创建之始就高度重视运用党报等宣传工具启迪民智，逐步形成了中国特色的党报理论体系。1931年，中共中央政治局通过第一个关于党报的决议，要求“党报必须成为党的工作及群众工作的领导者，成为扩大党在群众中影响的有力工具，成为群众的组织者”。从此党报成为党的一个工作部门，甚至是思想的领导中心。《新华日报》是抗日战争爆发后中国共产党在国统区创办的第一份公开发行的机关报、城市日报。在烽火岁月的每一重大历史关头，它始终坚定地站在党的立场上，宣传中央的政治纲领和政治主张，宣传党坚持抗战、坚持团结、坚持进步的方针和政策。

《新华日报》经历了全部抗日战争和早期解放战争，《新华日报》的历史成为党报史上的光辉一页。正如中共早期领导人，原中共中央统战部部长李维汉说:《新华日报》的历史也是党史的一部分，它记录了一个伟大而艰辛的时代，在抗日战争时期和解放战争初期，在我党中央南方局的直接领导下，向广大人民宣传党的抗日民族统一战线政策，发展爱国民主运动，传播马列主义、毛泽东思想，为坚持团结、抗战、进步、壮大革命阵营做出可贵的贡献。[②]

---

① 双传学，新华日报社党委书记、社长，新华报业传媒集团董事长，南京大学马克思主义中国化专业、河海大学思想政治教育学专业博士生导师。

② 李维汉贺信，《新华日报群众周刊史学会》通讯第1号，中国社科科学院新闻所，1983年6月。

第一节　中国共产党“插在国统区的一面红旗”

1937 年是中华民族全面觉醒、全面抗战的开始。在中国共产党倡导建立的以国共合作为基础的抗日民族统一战线旗帜下，中华儿女义无反顾地投身到抗击日本侵略者的洪流之中。正是在这样的背景下，《新华日报》诞生于中华民族存亡的危急时刻，它发挥党报作用，成为“宣传者”和“鼓动者”[①]。作为中国共产党的机关报，《新华日报》于 1938 年 1 月 1 日在武汉创刊，至 1947 年 2 月被查封，历时 9 年 1 个月 18 天，共出版了 3231 期，报纸从创办到被查封一直生存在国民党统治下，宣传党的全面抗战路线和持久战的战略方针，是一面“插在国统区的红旗”。[②]

一、中国共产党在抗战初期创办的一张党报

中国共产党的新闻事业与中共自身的建立、发展、壮大相伴而行。从 1921 年到 1931 年，中国共产党秘密创办了大量的党报党刊。抗战开始，毛泽东与国民党谈判合作期间确定了在国统区公开出版中共党报的政治主张。在 8 月的“洛川会议”上，党中央和毛泽东决定成立“中共长江沿岸委员会”领导南方抗日斗争和筹备《新华日报》。在庐山和南京的国共谈判中，周恩来、朱德、博古、叶剑英等与国民党达成了在南京出版《新华日报》的协议，一并提出的还有释放政治犯、组建八路军和新四军赴前线参战等。后来，筹办《新华日报》的骨干人员潘梓年、章汉夫、杨放之、徐迈进、袁冰等大部分同志都是刚刚从国民党监狱中释放出来的党在文化战线上的优秀党员。

《新华日报》是中国共产党中央委员会在国民党统治区公开出版的第一张全国性政治机关报。它于 1937 年 8 月在南京筹备，1938 年 1 月在武汉创刊，由中共中央长江局直接领导；1938 年 10 月迁址重庆，1947 年 2 月 28 日被国民党反动派查封休刊，期间分别由中共中央南方局代表党中央直接领导、南方局撤销后由中共四川省委代表党中央直接领导。1949 年 4 月，《新华日报》回

① 《新华日报》在其创刊四个月的时候，在社论《本报的期望》中指出报纸可发挥“宣传者”和“鼓动者”的作用。

② 段宇宏：《新华日报》如何在国统区生存，《新周刊》2014-03-07。

到南京恢复出版，分别由中共中央华东局、中共南京市委、中共江苏省委直接领导至今。

党中央从《新华日报》创刊一开始就很重视这张全国性的公开的机关报。1938 年 4 月，中共中央在给全国各地党组织的通知中，通报了《新华日报》是党在当时条件下所建立的“全国性的党报”，规定每个支部要订阅《新华日报》，每个党员要读《新华日报》，每个地方党组织要把《新华日报》上的社论和中央负责同志的论文当作党的政策和工作的方针来研究。《新华日报》创办后，在办报思想、方针，一些重大问题、事变的宣传策略，主要干部的调动、培养等方面，都经常得到中共中央和毛泽东的指示。从当年 9 月底开始到 10 月中旬，周恩来在《新华日报》发表政论和谈话文章就有 5 篇之多。这些文章根据中共六届六中全会精神表达了对时局的最新意见，不仅给《新华日报》的新闻宣传、而且给国统区人民指明了前进方向。周恩来作为《新华日报》的缔造者和直接领导，他亲自为《新华日报》审阅重要报道、文章，并撰写了 108 篇、计 24 万字的各类文稿、贺词等。1939 年 1 月，中共中央电贺《新华日报》周年纪念中充分肯定了对于党的全面抗战路线的宣传：这一年来，《新华日报》正确地执行了中国共产党的路线，坦白地反映了全中国同胞的意志，坚定地发扬了坚持抗战，坚持持久战、坚持抗日民族统一战线的主张……

表 4-1 党的领导：新民主主义革命时期《新华日报》

中共中央长江局（武汉）：1938 年 1 月— 1938 年 9 月	党报委员会成员：陈绍禹、周恩来、秦邦宪、华岗、何伟、潘子年、黄文杰	陈绍禹（董事长）
中共中央南方局（重庆）：1938 年 10 月— 1946 年 5 月	南方局常委会：周恩来负责统战工作委员会、博古负责组织部、凯丰负责宣传及党报工作、叶剑英负责联络工作、吴克坚负责《新华日报》的编辑出版、邓颖超负责妇女工作委员会	周恩来（董事长）
中共四川省委代表党中央领导：1946 年 6 月—1947 年 2 月	社长，先是省委宣传部长傅钟，后是省委副书记张友渔	吴玉章（直接领导）

资料来源：张震：《新华日报与毛泽东领袖形象塑造 1938-1947》，中国浙江省委党校，2018 年中共党史论文。

二、全面报道党领导的抗战方针和持久战

《新华日报》坚持不懈地全面宣传党全民抗战的主张。抗战初期，“亡国论”和“速胜论”两种错误的思潮在国民党统治区某些人中相当盛行，毛泽东的《论持久战》横空出世，这一部伟大的马克思主义军事理论著作，它是运用

马克思列宁主义基本原理研究和指导了中国抗日战争具体实践的光辉思想。《新华日报》以社论的形式从 1938 年 10 月 7 日到 9 日连载了周恩来的文章《论目前抗战形势》，阐述了毛泽东同志《论持久战》精神，具体说明了持久战的三个阶段，详细阐述了毛泽东提出的抗日战争的战略、战术等问题的观点，指出只有坚持长期抗战，才能争取中华民族解放战争的最后胜利。报社把《论持久战》和周恩来的文章作为"新群"（《新华日报》和《群众》周刊）丛书，以单行本出版发行，受到各界的热烈欢迎，几次再版。毛泽东的《抗日游击战争的战略问题》堪称《论持久战》的姊妹篇，1938 年 6 月 21 日，《新华日报》第三版全版登载此文; 6 月 25 日新华日报馆出版印刷单行本，6 月 29 日，单行本再版。文章对纠正抗战初期党内外存在的轻视游击战争的战略作用、寄希望于国民党军队的正规战争的错误认识，发挥了极重要的作用，指导和促进了抗日游击战争广泛而迅猛地发展。《论持久战》单行本还曾在国民党军队中广泛流传。在周恩来同志领导下，《新华日报》很快把毛泽东的"团结""战斗"思想和口号宣传到国统区广大群众中去，使之成为民众共同的心声，让很多人从惶惑中看清前途，坚定了持久抗战的信念。

武汉失守之后，1938 年 12 月汪精卫公开投敌，国民党内的右派势力更加嚣张，形势险恶。中国共产党针对当时情况，在纪念"七七"抗战二周年时提出新的政治口号。《新华日报》同时出版了纪念"七七"抗战专刊（1939 年 7 月 7 日出版共 8 版），以毛泽东《当前时局的最大危机》作为代论，重申《论持久战》中的核心思想，明确宣传党的"坚持抗战，反对投降；坚持团结，反对分裂；坚持进步，反对倒退"政治口号。文中，毛泽东在面对挑战和质疑的危机时刻，提炼《论持久战》精神，以马克思的辩证唯物主义思想客观全面分析战争，运用对立统一观点指导战争，制定出针对当前时局的指导路线和方针政策，所以他称这篇文章为"再论持久战"。《论持久战》与《论新阶段》《抗日游击战争的战略问题》等 6 篇重要军事著作的问世标志着毛泽东军事科学体系的建立。《新华日报》紧密跟随党的领导，传达党的思想，向国统区的军民、全国大众及全世界传达"持久战"中马克思主义理论与中国实际相结合的光辉思想。

《新华日报》不顾反动派的种种迫害，甚至冒着被查封的危险，刊载了毛泽东同志的《抗日游击战争的战略问题》《改造我们的学习》《整顿党的作风》《反对党八股》《在延安文艺座谈会上的讲话》《论联合政府》等一系列重要文章；刊载了周恩来、刘少奇、朱德、董必武、彭德怀、叶剑英、贺龙、聂荣臻、邓颖超、吴玉章等我党我军领导人的文章。此外，还大量转载了延安《解放日报》的重要社论和文章。《新华日报》在周恩来的领导下，把党的抗战精神传达到国统区的广大群众中去，引领和鼓舞着国统区民众抗战的信念。

三、全面宣传党的抗日民族统一战线

我们党及其领导下的武装力量和解放区在抗日战争时期获得空前巨大的发展，成为坚持抗日民族解放战争的中流砥柱。《新华日报》在统一战线方面的一个突出贡献即推动和发展了国民党统治区的进步文化运动。《新华日报》自创办伊始，就利用在国统区公开发行的独特优势，成为中共宣传和扩大统一战线的阵地。张友渔指出：《新华日报》“是在国共合作的特定历史条件下，我党在国民党统治区运用新闻工作开展抗日民族统一战线活动的有力武器。《新华日报》本身活动的开展，又是我党运用抗日民族统一战线政策于新闻工作的结果”。当时有一幅油画标语，画有一个手持军号的八路军战士在吹军号，画上还有两句标语：“《新华日报》是抗日民族统一战线的号角！是坚持抗战的一支新军！”①

抗战时期，周恩来同志领导下的以郭沫若这面光辉旗帜为代表的文化运动，是对 20 世纪 30 年代左翼文化运动的继承和发展，思想理论和斗争策略越来越成熟，声势和规模越来越扩大，而国民党方面的文化界，却是灯火阑珊，萧条冷落。《新华日报》是当时国民党统治区进步文化运动的重要阵地。1945 年 2 月，郭沫若拟写了《文化界对时局进言》，提出了保障民主自由、坚持团结抗战的 6 项意见，贯彻了我党关于建立联合政府 的主张。几天之内，就有 300 多位著名文化人签名，他们当中有茅盾、巴金、老舍、冰心、臧克家、曹禺等一批作家、诗人，有蔡楚生、焦菊隐、李可染、戴爱莲等一批艺术家；有马寅初、杜国庠、翦伯赞、顾颉刚、梁希、潘菽、金善宝、杨晦等一批学者和教授，名画家徐悲鸿也庄重地签上了自己的名字。民主党派负责人、国民党左派人士和社会知名人士，如沈钧儒、柳亚子、邓初民、陶行知、张西曼、郭春涛等也参加了签名。

① 潘健萍：《回忆〈新华日报〉成都营业分处》，石西民、范剑涯编：《新华日报的回忆·续集》，成都：四川人民出版社 1983 年版，第 200 页。

这份宣言连同这份阵容严整而宏大的名单，一经《新华日报》公布，轰动国统区各界，直至全国。

第二节　中国共产党的抗战号角：以笔为戈　以纸为戎

《新华日报》发刊词中庄严而激昂地宣告它的宗旨："本报愿在争取民族生存独立的伟大斗争中作一个鼓励前进的号角。为完成这个神圣的使命，本报愿为前方将士在浴血的苦斗中，一切可歌可泣的伟大的史迹之忠实的报道者记载者；本报愿为一切受残暴的寇贼蹂躏的同胞之痛苦的呼吁者描述者，本报愿为后方民众支持抗战参加抗战之鼓动者倡导者。"《新华日报》在战略防御、战略相持、战略反攻阶段始终贯彻中国共产党的政治路线，以伟大的笔力深入报道抗战时事，以有理有利有节宣传方针与国民党反动派斗争，以笔以墨、如枪炮如子弹发挥党报舆论作用，鼓动中国共产党政治主张，成为中华民族外御其辱、内应迫害的精神号角，直到迎来民族解放的胜利！

一、战略相持阶段、战略反攻阶段与抗战胜利的报道

在战略相持阶段，共产党的抗日根据地及八路军、新四军有了长足的发展。八路军、新四军深入敌后，发动群众，广泛开展抗日游击战争。使用地道战、地雷战、麻雀战、破袭战等各种游击战术打击敌人，使日军无法在占领区建立起稳固的统治。《新华日报》刊登各抗日根据地和敌后战场的报道，发表《论日寇华南进军》《论战局的扩大》《陷入泥淖的日本军阀》《在战斗中生长新的力量》《再论战局扩大》《战局扩大与国际形式》等 37 篇长篇通讯，打破了国民党当局对人民武装斗争活动消息的严密封锁。《新华日报》派出战地记者陆诒赴台儿庄采访，发回了 30 余篇通讯。《新华日报》充分报道了我党领导的八路军抗敌斗争的消息。1938 年 7 月 5 日，《新华日报》第二版发表江南通讯——《迂回南京》，报道了新四军先遣支队进行战略侦察的消息。1940 年 8 月 20 日至 1941 年 2 月，《新华日报》以最快的时效、最好的版面，广角度、大篇幅、多形式对八路军主导的"百团大战"进行了全方位报道。1940 年 8 月

26 日，在头版头条发表社论《以胜利回答敌寇暴行》。这一阶段，《新华日报》报道敌后战场的长篇通讯有 37 篇之多。

也在这个阶段，国民党开始执行消极抗日、积极反共的路线。国民党反动派制造平江惨案，掀起第一次反共高潮。1939 年 8 月 13 日，《新华日报》“抗检”出版《追悼平江惨案烈士》特刊，揭露国民党的反共阴谋。1939 年 10 月 19 日，《新华日报》刊登《中国共产党领袖毛泽东同志与中央社等记者谈话》，毛泽东宣布“人不犯我，我不犯人；人若犯我，我必犯人”的自卫原则。1941 年 1 月，国民党军事当局制造了“皖南事变”，掀起第二次反共高潮。1 月 18 日，《新华日报》突破国民党的新闻审查，刊登了周恩来同志的题词和题诗：“为江南死国难者志哀！”“千古奇冤，江南一叶，同室操戈，相煎何急。”一下子就把国民党当局破坏抗战的丑恶行径，把我党的严正立场说清楚了，在国内和国际上引起强烈震动。毛泽东从延安致电周恩来：“收到来示，欣慰之至，报纸题字亦看到，为之神旺。”1943 年 5 月，国民党顽固派借共产国际解散之际，发兵攻打陕甘宁边区，掀起第三次反共高潮。5 月 24 日、28 日《新华日报》刊载有关共产国际的新闻，引导读者了解共产国际解散的意义。

《新华日报》运用灵活的斗争艺术，把合法与非法、遵检与抗检等各种手段配合进行，既要保证党的重大方针政策、政治主张必须及时地广泛地传播出去，又要力争报纸能够不被封闭。《新华日报》在宣传党的方针政策方面发挥了巨大的影响和作用。

1944 年 8 月 1 日，《新华日报》发表社论《在敌后努力》，宣传抗战七年来，在中共领导下建立了 15 个抗日根据地的情况。八路军、新四军和其他人民抗日武装，在抗战反攻阶段英勇抗敌，收复了大片国土、扩大了解放区面积。1944 年 10 月 6 日，《新华日报》刊发社论《打胜仗问题》，鼓励反攻阶段的军民要坚守自立，胜利不成问题。1945 年 8 月 10 日，日本宣布无条件投降。11 日的《新华日报》二版上出现了少有的通栏大标题：《日本政府无条件投降》！ 1945 年 8 月 11 日《新华日报》第二版刊登毛主席的题词：“庆祝抗日胜利。中华民族解放万岁！”1945 年 8 月 15 日《新华日报》出版号外，刊发《日本无条件投降》消息。

二、重庆谈判迎接解放的报道

抗战胜利后，国共两党经过谈判，确定了“和平团结，民主建国”的方针。1945 年 8 月应蒋介石邀请毛泽东从延安飞抵重庆参加国共两党和平谈判。中国共产党旨在通过此次和谈促成建立“和平民主团结”的新中国，同时展示共产党的力量和政治管理能力。从 8 月 28 日到 10 月 10 日历时 43 天的重庆谈判，《新华日报》作为中国共产党唯一一份在国统区公开出版并在全国范围发行的报纸，在整个重庆谈判期间紧密配合共产党的中心工作，进行了不同角度的报道，充分显示了以媒体引导社会舆论的力量，体现了中国共产党在宣传文化工作中的优良传统。1945 年 8 月 29 日《新华日报》刊发了代总编辑夏衍采写的《毛泽东同志昨抵渝》的消息。刊发了社论《欢迎毛泽东同志来渝》。《新华日报》巧妙塑造领袖形象的光环效应，为共产党争取广泛的政治认同和支持也是《新华日报》的宣传策略之一。具体体现在：其一，第一时间报道毛泽东同志排除困难抵达重庆，展示出共产党领袖的气度与诚意。8 月 29 日，中共代表团抵达重庆的当天下午，《新华日报》对此作了详细的报道，并发表了《欢迎毛泽东同志来渝》的社论。其二，宣传领袖的报道频度高。43 天的报道内容中，标题中直接出现“毛泽东”的文章就高达 30 多篇。其三，报道领袖的文体类型丰富，有简讯、有评论、有广告、有诗歌、有读者来信，尤其是大量的诗歌作品，为群众喜闻乐见。其四，重点刊发各类民众对毛泽东同志的期盼与爱戴。例如，9 月 9 日的诗歌《毛泽东你是一颗大星》中写道：“这里的人都在期盼，你，大力量的人前来，都知道你把戈壁荒原，化成为天堂乐园。”其五，着重体现对毛泽东同志光辉业绩的介绍，在 9 月 29 日刊登的爱波斯坦的《这就是毛泽东，中国共产党的领袖》一文说：“在预测中国会发生什么事情的时候，毛一直永远是正确的。”其六，注重新闻策划事件。8 月 30 日刚到重庆的毛泽东就宴请民主人士柳亚子等人。席间柳亚子书七律一首《赠毛润之老友》赞扬毛泽东，9 月 2 日的《新华日报》发表了这首诗。1945 年重庆谈判期间，《新华日报》的各种报道策略，一方面对于配合和谈，塑造共产党形象，宣传共产党思想，引导舆论等方面都具有重大意义；另一方面也抓住了机会，扩大了报纸本身的影响力。正如毛泽东同志所言，《新华日报》在重庆谈判期间真正发挥出了“新华军”的作用，在党的宣传文化工作发展历程中谱写了新篇章。[①]

三、《新华日报》的社论、来论、专论与代论

《新华日报》诞生后，中共中央于 1938 年 4 月 2 日发出《中共中央关于党报问题给地方党的指示》，指出：“党报正是反映党的一切政策，今后地方党部必须根据党报、杂志上重要负责同志的论文当作是党的政策和党的工作方针来研究。在党报上下列几种论文：（一）新华日报上的社论；（二）新华日报、解放、群众上中央政治局负责同志的文章，必须在支部及各级委员会上讨论和研究。”[②]

社论是新闻评论的一种并且是最重要的新闻评论，是“报纸的心脏”。在报纸中，社论基本上都在头版头条的位置，并有边框包围，可见地位之重要。社论代表报社集体智慧的结晶，是严谨的、正式的、权威的评论。社论的目的是引导舆论，从而具有高度的指导性。[③]《新华日报》社论应运而生，社论的撰写群体分为：一是报社报人，如社长、总编辑、编辑部主任、各版编辑等；二是中共重要领导人物，他们根据时局需要或党的政策亲自撰写社论。《新华日报》根据时局的需要，利用社论这一平台，积极阐述中共中央的方针政策。在全面抗战的八年时间里，刊发了2000余篇社论，基本上做到了天天有社论。《新华日报》在全面抗战时期的 2000 余篇社论，共有五种类型：第一为原创社论，即由编辑部人员及中共党政要人为《新华日报》撰写的社论，不署个人名字。第二为来论，即社外读者发来的论文，报社认为能代表报社主张和观点就放在社论栏里发表代替社论。这部分社论署名。主要有沙扬的《动员千百万农民参加抗战》、李行的《怎样实施抗战教育》、金仲华的《西班牙战争的新形势》等。第三为代论，即由中共的领导人、报社的管理层或者中共领导下的著名文化人士的论文，这部分社论同样署名，并且由于写作者的特殊地位和影响力而使当日报纸极为引人注意。主要有毛泽东的《庆祝苏联红军廿四周年》、周恩来的《辛

---

① 高榕、蔡陈梅宝：《浅析重庆谈判期间〈新华日报〉的新闻报道策略》，《新闻研究导刊》2015 年 7 月第 6 卷第 13 期第 253 页。

② 《中共中央关于党报问题给地方党的指示》（1938 年 4 月 2 日），中国社会科学院新闻研究所编《中国共产党新闻工作文件汇编 1921—1949》上卷，北京：新华出版社 1980 年版，第 86 页。

③ 尚方超：《民族、政党与国家——抗战时期〈新华日报〉社论研究》，河南大学博士学位论文，2018 年。

亥，北伐与抗战》、邓颖超的《纪念“三八”节开展妇女运动》、林伯渠的《团结与民主》、董必武的《辛亥革命三十周年》、叶剑英的《论长沙的胜利》、凯丰的《国际青年节廿五周年》、博古的《今年五一和中国工人》、陈绍禹的《促进宪政运动努力的方向》等。《新华日报》社的一些社内人员，有时也会署名发表代论文章，如社长潘梓年、总编辑吴克坚、党总支书记许涤新等。第四为专论，即在某一领域具有造诣的专家或中共某一部门的负责人所撰写的论文，在社论栏里署名发表。例如西民的《向胜利的方向努力》、汉夫的《为什么？怎么办？——论争取胜利的唯一途径》、焕成的《寒假中献给同学们的几句话》。第五为转载其他报纸的社论。《新华日报》主要的转载来源，都是对其有重大影响，和其有很深渊源的报纸。事实上，《新华日报》转载的社论来源只有两个，即延安的《解放日报》和苏联的《真理报》。例如转载《解放日报》的社论《元旦献词》，转载《真理报》的社论《强大的民众志愿兵》。在这五个来源的数量分布上，原创社论为 1957 篇，来论为 4 篇，代论为 38 篇，专论为 3 篇，转载它报的社论为 48 篇。《新华日报》创刊号上刊登的一篇重要文章是用专论形式发表的八路军副总指挥彭德怀 1937 年 12 月在西安师范学校向 6000 名听众讲演的演说词，题目是《目前抗战形势与今后任务》。这位著名红军将领的名字和演说词在报上的出现，表明了这份国统区报纸的特殊性。从此，《新华日报》作为中国共产党的党报，在国民党统治区肩负起了宣传抗日救亡、振奋民族精神、动员各界民众共赴国难的责任。①

“代论”，是《新华日报》社论的特有的一种特殊形式。这些用个人署名的“代论”，是《新华日报》出于当时形势的需要而采取的一种最重要的言论形式，是我们党的领导人发表党的主张的一种最具有吸引力的形式②。写作“代论”的，有毛泽东、周恩来、叶剑英、董必武、王若飞、邓颖超、吴玉章、秦博古、陆定一等党的领导同志，也有潘梓年、吴克坚、许涤新、张晓梅等新华日报和南方局的负责工作人员，还有在国民党统治区由党领导的进步文化战线上做工作的党员。其中写得最多的是周恩来同志，共有 18 篇之多，时间从 1938 年 4 月到 1946 年 4 月，最集中的时间是发生皖南事变的 1941 年，单是这

---

① 尚方超：《民族、政党与国家——抗战时期〈新华日报〉社论研究》，河南大学博士学位论文，2018 年。

② 熊复：《坚持团结抗战的号角：1938—1947 年代论集》，新华日报群众周刊史学会编，重庆出版社出版 1986 年版，第 3—5 页。

一年就写了 10 篇。在周恩来同志所写的 18 篇“代论”中，大体上可以分为三类：一类是就当时的国内国际局势进行分析的，著名的有：《争取更大的新的胜利——在武汉各界第二期抗战宣传周第五日的广播词》(1938 年 4 月 17 日)，《论今后敌人的动向》（1938 年 12 月 18 日），《论目前时局》（1941 年 5 月 25 日)，《论时局中的暗流》(1941 年 6 月 1 日)，《论敌寇两面政策》(1941 年 6 月 6 日），《论苏德战争及反法西斯的斗争》（1941 年 6 月 29 日），《太平洋的新危机》（1941 年 10 月 19 日）。一类是直接驳斥国民党顽固派的反动理论和反动政策的，著名的有：《团结起来打敌人！》（1941 年 7 月 20 日），《民族至上与国家至上》（上篇，1941 年 6 月 15 日），《民族至上与国家至上》（下篇，1941 年 6 月 22 日）。还有一类是悼念某些人物的，著名的有：《悼张淮南先生》（1941 年 11 月 9 日），《左权同志精神不死！》（1942 年 6 月 23 日)，《追念张基忱上将》(1943 年 5 月 16 日)。从周恩来同志写的“代论”中，可以清晰地看到抗战这段历史进程中共产党主张的坚持抗战、坚持团结、坚持进步和与此相连的反对顽固派、争取中间势力、发展进步势力的政策。

全面抗战时期，《新华日报》坚持“言论报国”，既充分发挥中国共产党党报的功能，又积极致力于变成所有抗战人民的喉舌。而其党报功能和喉舌作用的发挥，在很大程度上是通过社论实现的。正如杜若君在 1938 年指出的，《新华日报》区别于同时代其他报纸的一个重大特点就在于其“社论的精审”。[①] 在全面战争的时代背景下，在复杂多变的时代环境中，《新华日报》社论展现出了自身时代特点，彰显了自身的历史意义。

第三节　中国共产党时代话语的阵地

《新华日报》作为党报，党性就是它的灵魂。1942 年 1 月 11 日《新华日报》刊登的潘梓年《提高战斗性》一文，在国统区报刊首次提出新闻的党性。早在 1941 年 5 月，毛泽东在《改造我们的学习》中指出：“没有马克思列宁主义的

① 杜若君：《大公报与新华日报》，《战时文化》1938 年第 3 期。

理论和实践统一的态度，就叫没有党性。”《新华日报》在纪念创刊七周年的一篇社论中，明确提出“为人民服务”和“作人民勤务员”的要求，这标志报纸在完善自己作为党报的办报思想上又大大前进了一步。

一、《新华日报》是党报，是一张真正的人民的报纸[①]

1945 年 10 月 1 日，《新华日报》在第三版发表社论《人民的报纸》。文章开篇指出：“本刊创刊八年来，一贯就是以人民的报纸为方针，为努力目标。……我们一定要继续不断的进步，真正成为属于人民，为了人民的报纸。”这篇文章首次明确论证了党报和人民报纸的关系，写道：“新华日报既是共产党的机关报，怎么能够成为人民的报纸呢？……共产党所要求于他的全党党员的，不是别的，就是：忠实的为人民服务，虚心的做人民的勤务员。因此，作为共产党机关报的新华日报，为了执行党的主张，也就是要使他自己真正成为人民的报纸。”社论强调，“我们第一就要提出‘大家来办报’这一点”，“本报之有今日，原来就是依靠多数读者赐予鼓励督促批评指教的缘故”。如何够得上人民的报纸？社论指出：“假如每一个读者都自动成为我们的通讯员，每一个读者一有什么意见要发表，一有什么问题要提出，就感到有必要写给本报，那么本报才真正能成为人民的报纸。”社论还强调：“人民的报纸必须以人民的利害为归依。对人民有利的，我们要坚决的主张，对人民不利的，我们要毫不容情的反对。”社论还具体谈到如何“做的能为多数人民所爱读，能读”，“帮助大家读懂报纸，为人民提出呼吁和要求”，“无论是政治生活、社会生活，学习，娱乐，婚姻，社交，居住，旅行等等”，本报都将会为之努力。这篇社论在中国共产党新闻宣传工作的历史上，是一篇体现党报与人民密切关系的重要文献。在这篇社论的基础上，随后出现了一批论证党报与人民关系的文章、讲话和报告，极大地丰富了中国共产党的党报理论。1980 年，该文收入《中国共产党新闻工作文献汇编》下册。

这篇社论发表以后，《新华日报》接着发表了多篇进一步论证党报与人民报纸关系的文章。1946 年 1 月 11 日，为纪念《新华日报》创刊八周年而发表中央宣传部长陆定一的《人民的报纸》。他进一步强调：人民是我们的最尊贵

---

① 刘琴：《重庆〈新华日报〉社论：〈人民的报纸〉》，《新闻界》2016 年第 3 期。

的主人，当人民的勤务兵是我们最光荣的职责。文章写道：“有两种报纸，一是人民大众的报纸，告诉人民以真实的消息，启发人民民主主义思想叫人民聪明起来。另一种是新专制主义者的报纸，告诉人民以谣言，闭塞人民的思想，使人民变得愚蠢。前者对于社会，对于国家民族是有好处的，没有它，所谓文明是不能设想的。后者则是与此相反，对于国家民族是一种毒药，是杀人不见血的钢刀。”《新华日报》是人民报纸的典型，对今后《新华日报》如何成为人民的报纸，陆定一指出：两个方面很重要，“一是全心全意为人民服务；二是力求真实、丝毫不苟”。

1947 年 1 月 11 日，《新华日报》在《检讨与勉励》这篇编辑部文章中指出，《新华日报》“完全站在人民的立场，从人民的利益出发”，“《新华日报》的高度党性，就是它应该最大限度地反映人民的生活和斗争，最大限度地反映人民的呼吸和感情、思想和行动”。这些论述，揭示了《新华日报》的这一鲜明特质，概括了它的办报思想的重要内容。人民群众对《新华日报》的社论、专论、短评、时论，都“喜欢看”，而且特别喜欢看《新华日报》转载的中共中央领导同志写的文章和谈话。《新华日报》为了真正成为人民利益的代言人，做了许多独创性的努力。报纸开辟了“读者园地”专栏，刊载读者的来信来稿。工人、农民、下层公教人员、城市贫民等群众，通过这块园地直接向整个社会倾吐他们的悲惨遭遇，控诉对他们的摧残迫害，揭露国民党统治的种种黑暗。根据周恩来同志的指示，《新华日报》还开辟了“生活的海”“生活一角”“生活线上”等专栏，在第四版则有“劳动人民生活专页”。[①]在这些专栏或专页上，大量发表本报专访、特写和根据各地报纸的材料编写的地方通讯，以具体的事实，反映国民党统治区人民特别是劳动人民的实际生活。《新华日报》以最广大的人民群众为对象，坚决摒弃了国民党统治区新闻界流行的文白夹杂、不伦不类的“新闻体"，而采用通俗浅近的白话文，使具有一般文化程度的人都能看懂，使不识字的人都能听懂。

二、整风运动

1942 年春至 1945 年春，中国共产党以延安为中心，在全党范围内开展了

---

① 石西民：《时代鸿爪》，新华出版社出版 1985 年 7 月第一版，第 494 页。

一次整风运动[①]。这是一次普遍而深刻的马克思主义思想教育运动。它锻炼和培育了一代共产党人，为中国革命的前进和胜利奠定了不可逆转的基础。《新华日报》迅速传达中共中央关于整风运动的精神，积极推进整风运动精神的贯彻与落实，切实指导整风运动工作的开展等方面都发挥了特有优势。

1942年，《新华日报》于5月4日、24日先后发表题为《整顿工作作风纪念今年的五四》《造成学习热潮》的社论。1942年3月29日《新华日报》以《毛泽东凯丰同志论肃清党八股》为题，除简要介绍了党中央于2月8日、10日在延安开展整风的情况外，着重介绍了毛泽东、凯丰对党八股的论述，并以副标题的形式标明毛泽东论述的核心是“要肃清主观主义宗派主义，必须肃清党八股”。4月19日、5月17日和7月12日南方局组织《新华日报》先后全文发表了毛泽东的《改造我们的学习》《整顿学风党风文风》《反对党八股》三篇重要的整风文献。除此，还摘要刊登了毛泽东的相关论述，如《青年的方向》、《论新文化》、《与党外人士实行民主合作》（语录）、《论学习的态度》（语录）、《在延安文艺座谈会上的讲话》等等。此外，还刊登了徐特立、凯丰、刘少奇等人对整风运动的相关论述，以此来指导南方局及其所属党组织的整风学习运动。1942年3月29日《新华日报》登载了《中共中央宣传部宣传指南》，5月3日转登了《中共中央宣传部关于在延安讨论中央决定及毛泽东同志整顿三风报告的决定》，7月9日又登载了《中共中央宣传部关于在全党进行整顿三风学习运动的指示》。又如1944年6月17日、7月1日分别登载了《中共中央关于领导方法的决定》《中共中央关于增强党性的决定》。在《新华日报》上及时公布这些指示和通知，就为南方局及国统区广大地下党员提供了一个信息平台，让他们能够及时了解到党中央关于整风运动的部署和安排，以及对整风运动的相关要求。

1942年3月18日为旧历二月十三，是周恩来的45岁生日。这一天，他在红岩写下《我的修养要则》7条。9月18日，《新华日报》发表社论《为本报革新敬告读者》，强调遵循整风精神革新报纸，感谢读者和朋友们的批评和帮助。这是用自我批评精神为报纸工作写的一篇总结，虽然是检查缺点公之于众，赢得的却是读者的赞赏和支持。

① 中共中央党史研究室：《中国共产党九十年》，中国共产党出版社、党建读物出版社2020年6月第一版，第247页。

三、新华精神

《新华日报》一诞生，就面对国民党的压制和王明的干扰，9年多的时间里，经过了一次又一次严峻的斗争考验。这支队伍有理想，有纪律，能够团结战斗。在那个战斗环境里，特别是在整风改版之后，报馆建立了严格的政治学习和业务学习制度，注意理论联系实际。这样，报馆就成了一所培养干部的学校。《新华日报》作为中国共产党的党报，有很强的党性、群众性、战斗性和高度斗争艺术，这是它的历史特点。《新华日报》所处的时期，是毛泽东思想进一步发展的时期，是毛泽东思想使《新华日报》在政治上、思想上、理论上获得正确的指导。报馆里，周恩来、董必武、王若飞、吴玉章同志经常给大家作时事报告和党史报告。《新华日报》不但以浓墨重彩在中国共产党报刊史上写下了光荣的一页，而且为党的事业培养出了一大批干部。在《新华日报》历史上有数十位英勇顽强的报人，为中国革命事业献出了宝贵的生命。他们当中，有从武汉向重庆撤退途中遭日寇飞机轰炸而牺牲的项泰、潘美年、李密林等 16 位同志；有在重庆解放前夕被国民党杀害于“白公馆”的胡兰、何天泉同志；有在解放战争期间随军南下战死沙场的张子英、李国卿、周畅文、王宇文等同志；党的优秀干部、《新华日报》成都分销处负责人罗世文同志，被国民党特务惨杀于“中美合作所”。还有《新华日报》华北版以何云为首的几位英烈……这些新华报人的英名永远和《新华日报》的光荣历史联结在一起！原中共中央政治局常委、组织部部长宋平同志在为《新华日报史新著》所作序中说：“在周恩来同志直接领导下形成的团结战斗、联系群众、不怕牺牲、百折不挠的‘新华日报精神’，为我们留下了宝贵的精神财富。”①

1945 年，《新华日报》创刊七周年典礼上，潘梓年首谈“新华精神”②。他说道：“在报馆，这种‘新华精神’不只表现为一般工作上的好人好事、高尚品德，它的内涵还包括整个报馆人员在马克思主义、毛泽东思想指导下，在周恩来、董必武、吴玉章领导下，依靠集体智慧，艰苦奋斗所形成的献身真理的优良的革命传统、精神、理想、气节等。这些经常起作用的因素，建立在高度的马克思主义、毛泽东思想的理性上，即历史唯物主义和唯物辩证法的宇宙

① 廖永祥：《新华日报史新著》，重庆出版社 1998 年版，第 56 页。
② 韩辛茹：《新华日报史》，重庆出版社 1990 年版，第 345 页。

观、世界观、人生观的基础之上。”[①]七周年纪念这天的报纸，发表了题为《我们是人民的勤务员》的社论。《新华日报》是由周恩来为核心，由具有上述这些修养和素质的骨干为主体的一个带有共产主义性质的战斗集体。党的政治、思想领导，除中央的路线、政策、周恩来的模范作用之外，就是从这种“新华精神”体现出来。它不令而行，人人“国而忘家，公而忘私”。在白色恐怖下的艰苦环境里，大家团结战斗，无私无畏，兢兢向上。《新华日报》就是由这种精神力量结成的“总和”。

1983年，邓颖超在“纪念新华日报和群众周刊创刊四十五周年”的贺信中写到：在国民党法西斯统治下，党报党刊同志不畏艰难困苦，不怕流血牺牲的革命精神，和人民同呼吸、共命运，紧密联系群众的优良作风，艰苦奋斗、勤恳学习、团结战斗的革命风格，这些，都是党的新闻事业的优良传统，是十分宝贵的精神财富，希望认真地加以整理和总结。[②]红岩精神是在中共中央的领导下，以周恩来为代表的南方局老一辈无产阶级革命家、共产党人和革命志士，在抗日战争及解放战争初期的斗争中形成的革命精神。“新华精神”属于红岩精神的一部分。

结　语

《新华日报》正确地宣传了党的纲领路线和方针政策，努力把马列主义的真理传播到人民群众中去，为党在国民党统治区赢得了民心。回顾《新华日报》宣传党的方针政策，在抗日战争时期主要是：一、宣传我党全面抗战和持久战的路线方针，坚持反对片面抗战和投降倒退；二、宣传我党实行民主政治，建立联合政府的主张，坚决反对国民党蒋介石的独裁专制和特务统治；三、在国际问题上宣传斯大林领导下的苏联，支持苏联和英美等国的反法西斯正义战争。在解放战争初期，主要是：一、宣传我党争取和平、反对内战的路线方针；

---

① 韩辛茹：《新华日报史》，重庆出版社1990年版，第345页。

② 中国社会科学院新闻研究所《新闻研究资料》编辑部：《纪念新华日报和群众周刊创刊四十五周年》，《新闻研究资料》第十九辑，中国社会科学出版社1983年版，第98页。

二、揭露并反对国民党的卖国、内 战、独裁的反动政策，反对美帝国主义变中国为殖民地的罪恶阴谋；三、支持国民党统治区人民的爱国民主运动。在这些重大问题上，《新华日报》忠实地贯彻执行了党中央的指示，运用正确的宣传策略和宣传方式，获得了巨大成功。

《新华日报》始终坚持马列主义和中国共产党的路线、方针、政策，充分发挥党报舆论宣传的先锋作用，体现了战争时期党报的民族性、党性、战斗性和人民性。[①]《新华日报》的历史，不仅是在报刊史上占有光荣的地位，其本身也是党史的一部分。

① 中共湖北省委党史研究室编著：《中共中央南方局与新华日报》，中共党史出版社2017年版，第6页。

第五章 《解放日报》的报道

张 聪[①]

时至2021年，中国共产党的党报党刊已走过了百年峥嵘岁月，延安时期的《解放日报》作为中国共产党中央机关报，在国内发展变化的各个阶段，为党开展的各项中心任务起到了独特的贡献作用，有着非凡重要的意义。从创刊到改革，其内容十分丰富，在整风运动、大生产运动及中共七大等重大历史事件的的各类宣传中，对于党的建立和自我完善起到了积极的宣传作用，也是马克思主义中国化在国内发扬光大的一面大旗，为国内革命道路的拓宽和研究不断探索，整体上成为国内革命的生力军和桥头堡，在国内的革命道路中见证着国共两党之间的不断合作，也是忠实记录者。

对21世纪前的延安《解放日报》研究以整理史料为主，主要通过研究史料汇编、通史著作以及回忆性文章这三大内容。成果：《解放日报》在宣传党的中心工作，在联系群众，联系实际方面向前迈进了一步，从而克服了主观主义和党八股，加强了报纸的党性和群众性，推动了革命斗争向前发展。

作为执政党的党报党刊，首先要把握的就是党的宣传方向和宣传需要，顺应人民的需求和对于当下新媒体的把握，向外界讲述中国发展的故事，不断提升自身对于读者的吸引力，为民族发展和伟大复兴提供强有力的保障和精神支持。

从《解放日报》艰辛的发展旅程之中不难看出，媒体的发展壮大与党的艰辛奋斗历程不可分割，中共之所以行，之所以能，可以完成中国在不同历史时期赋予的重大使命，媒体在其中都发挥着不可磨灭的思想阵地精神和无可替代

① 张聪，北京印刷学院新闻学院副教授、博士。

的作用。从陈独秀创刊，到《人民日报》，求是杂志，在国内进行革命建设改革的各个时期，创建了各类党报党刊，在今年党的百岁生日之际，对于党报党刊的发展研究是极具价值的，以史为鉴以媒体的历史发展沿革为未来提供相应的参考，在学术上也有着极高的意义和现实价值。

《解放日报》自 1941 年 5 月起累计度过了 10 个月的创始期。创业伊始，百端待举。报社全体人员在物资极为匮乏、办报人员严重不足的条件下，为办好这张报纸克服了许多困难，付出了艰辛的劳动，取得了一定的成绩，针对欧洲战场上苏德之间的纷争的报道，在反法西斯报道领域走在了世界前列，在我党的光辉灿烂的党报史上留下了浓墨重彩的一笔。

第一节　开天辟地：《解放日报》高举抗日旗帜

一、战略相持阶段的宣传使命

我党在成立之初就是在思想启蒙和文化运动中产生的，深刻认识到对于宣传工作的重要意义，在国内发展的各个阶段，从中央到地方创建了很多报纸和刊物，在不同的时代有着深刻的印记。《解放日报》是抗日战争进入相持阶段两年半后新形势下的必然产物。

《解放日报》创刊于波谲云诡的抗日战争时期，在“内忧外患”的夹击之中，《解放日报》承担起了宣传党的总路线的光荣使命。从国内的发展来看，1938 年底侵华日军在占领广州和武汉，抗日战争在毛泽东同志的预测中进入了抗日相持阶段，抗日战争的形势发生了巨大变化，我党在敌后领导了抗日根据地，使得解放区战场成为抗战的主战场，此时的国民党首蒋介石在抗日的态度上消极怠工，对于反对共产党有着浓厚的兴趣，掀起了两次反共高潮。

1941 年初发生的皖南事变，使党内一部分同志的“左”倾观念进一步抬头，加强宣传工作的纪律性，统一全党的宣传思想，成为一个亟待解决的问题。①国际上的法西斯势力也日益猖獗，德国侵吞了大半个欧洲后同意大利、日本进

① 王敬：《延安〈解放日报〉史》，新华出版社 1998 年版，第 68 页。

一步勾结起来，于1940年9月27日在柏林签订了法西斯军事同盟条约。

总之，国内正在进行的抗日战争，统一战线内部国共两党的政治斗争和军事摩擦，国际法西斯势力暂时取得上风，使我党面临着纷繁复杂的局面，中国人民的抗日战争正处于一个重要的历史关头。同时，抗敌斗争和政权建设也为《解放日报》的创立积累了丰富的经验，提出了更高的要求，在宣传需求上要不断扩大报道的覆盖面，不断推动国内解放工作的良性开展，不断扩大了我党在国内外的影响和解放区在抗战中的影响。

二、《发刊词》与延安时期的新闻事业发展

1935年10月，中共中央和毛泽东、周恩来等同志率领中央红军长征到达陕北，后进驻延安，开始了中共历史上称之为的“延安时期”，直至1947年3月19日党中央主动撤离延安为止。在这个时期，延安成了中国共产党引领民族展现统一抗日的政治领导中心，随着革命的规模不断扩大，在延安的新闻媒体事业也发展到了新高度。

中国共产党一直重视新闻事业在革命中的作用，在大革命时期创办了中共中央第一个正式机关报《向导》周报和第一份日报《热血日报》。第一次大革命失败后，中国共产党在白区创办了《布尔塞维克》报，在苏区创办了中央级机关报《红色中华》。在1939年新年伊始，新华社这一党媒也从新中华报社中分离，逐步独立成为一个单独的媒体机构并略具规模。1940年春我党开始筹建广播电台，同年，12月30日延安新华广播电台开始播音。至此，我们党在延安开始建起了报刊、通讯社、电台三位一体的新闻事业。

在1940年初，在革命圣地的延安纸媒虽然取得了巨大的发展，但是中央一级的报刊都是刊登时间较长，多以理论宣传为主，《新中华报》的篇幅和规模也只是四开的三日刊，刊期和篇幅已经受到严重的限制，很难适应形式的需要。在重庆的规模较大的机关报《新华日报》，由于其在国民党统治区域做出版发行工作，对于宣传的内容和对象有着明显的导向性，在皖南发生事变后，这份报纸也处境困难。在党中央的英明指导下，报社人员也逐步从重庆撤离，报纸的篇幅和版面也在改变，报社的发展也受到了敌人特务的严密监视，对于我党的方针政策不能做到及时宣传，甚至发行也有了困难。

在这样的历史背景之下，办一份大型的机关报来宣传中央思想就被提上了

议事日程。从筹备之初，中央就将《新中华报》和《今日新闻》这两家报纸进行合并，合力出版《解放日报》。1941 年毛泽东同志起草了通知，宣布了《解放日报》这一全新机关报的诞生，新华社也要随之改进，收归同一个委员会进行管理，伴随党的领导，通过《解放日报》和新华社将党的重要思想和重要理论予以宣导，该报的社论由中央的主要领导同志执笔。①

1941 年 5 月《解放日报》正式宣告成立创刊，毛泽东同志为《解放日报》正式提写了报名，发刊词也一同由毛泽东同志撰写，这也成为《解放日报》的首份社论，这篇社论深刻论述了《解放日报》的使命和对帝国主义的反对，介绍了中国共产党的使命和总路线，阐释了《解放日报》的创刊使命，全篇言简意赅，对于内容抓大放小，鲜明地阐释了我党在皖南事变之后的政治立场和主张，成为抗战时期的重要宣传风向标。

在《解放日报》的创立之时，印刷和版面是铅印四开。从 1941 年下半年逐步扩大为四版。出版之初，在党中央的亲切关怀下，该报在战时环境和物质匮乏的困难条件之下，依然坚持出版，并克服困难，不断进行改进，向外传播党的方针政策，为革命的胜利做出了突出的贡献。《解放日报》设立的最初目的就是对于党的路线和方针政策予以宣传，但在报纸内容的设计和排版中逐步表现出脱离群众的情况，对于国际政治大事过分宣传，对于国内的事件宣传不足，对于我党的政策方针宣传不足，在版面排布上也将本地新闻排在最后，为之后的报纸版面改版埋下了种子。

第二节　继往开来：《解放日报》打下宣传坐标

一、大刀阔斧的整风运动和《致读者》

《解放日报》本身是我党在延安创办的第一张大型报纸，也是我党的机关报，经过一波三折，积累了丰富的办报实践经验，为今后党报的建立奠定了坚

① 林绪武：《中国共产党党报党刊的百年发展历程与启示意义》，人民论坛 · 学术前沿：1-10. [2021-06-20]，https://doi.org/10.16619/j.cnki.rmltxsqy.2021.09.001。

实的基础。在创立之初，《解放日报》以两版铅印的形式发表，4 个月后，逐步扩大为四版，内容增加了但是内容却脱离了群众，脱离了实际生活，《解放日报》的发展进入了亟待改革的关键期，需要不断丰富报纸内涵，逐步改进文风，以挽救初创的《解放日报》的生命力。[①]

党报改革的星星之火已成燎原之势，1942 年毛泽东同志在政治局会议上的发言指出，党的媒体的作用是对党的集体智慧的宣传和指导，对于党的方针政策的宣导，党媒是党内党外宣传的最为有力的武器。要对党的政策进行宣传，首先要对党报的内容进行改造，党性也是对于科学性和阶级性的重要表现形式，也是代表着党的本质和最根本利益的，消息的发表首先要考量对于党是否有利。

雄关漫道真如铁，而今迈步从头越。1942 年 3 月 16 日，中共中央宣传部发布《为改造党报的通知》，用正式文件的形式确立了对于党报和党性原则的建设，毛泽东同志指出党报存在的意义就是要不断宣传党的方针政策，不断贯彻党的方针政策，把党的政策落到实处，不断反映党的工作，反映出群众的生活特征，只有这样的内容和反映百姓生活的内容，这样的报纸才是党报，报纸仅是反映国内外的大事要事，或者只是简单地转载其他媒体的内容，这样的报纸党性内容不强，只是外部媒体的义务宣传员，这样的报纸也是违背了党的办报初衷，党领导下的报纸要逐步摒弃资产阶级办报的理念，在战争的困难环境之下，也要最大限度地进行思想整合和理论宣导，不断发挥作用。这一通知内容对于延安整风的巩固和推进，乃至对我党的新闻事业最终也产生了极为深远的影响。

1942 年 4 月 1 日，《解放日报》正式改版，走在新闻界整风改革的前列。延安的新闻事业迈入了崭新的春天。在改革当天刊登了改造党报的通知，同时也相应刊登了博古主笔的《致读者》一文来作为社论。宣布从当天起，对报纸的版面进行完全的变革，这样做的本质目的是为了使得《解放日报》能够真正作为党的宣传战斗堡垒，不断贯彻党的纲领和群众路线，不断加强思想斗争，并逐步改进全党的各项工作。并持续贯彻报纸的党性先进性以及群众性和战斗堡垒作用。在报纸版面头版安排相关的国内重大新闻，详细介绍国内的重大信息和陕甘宁边区情况，以及我党的党政军情况，第二版主要针对的是边区的新

---

① 《毛泽东年谱（1893—1949）》中卷，中央文献出版社，1993：12，297。

闻和国内的其他新闻，以及有关党政军的其他相关新闻。并将之前的国际新闻逐步移至第三版，同时配以相关的理论文章；第四版作为副刊存在，涵盖了正面典型的报道，进行典型的报道也是这次报纸改革的重要内容，从党的主要理论内容和工作方针出发，并根据这些方针政策选取相关的典型人物和实例，以通讯稿的形式集中进行相关的报道，在舆论上形成压倒之势，以实现对于党的理论和方针政策的宣传和引导。

《解放日报》的最终改版，也成为整风运动的重要组成部分，并推动了整风运动的进一步前行，并逐步确立了以毛泽东同志为核心的党的文化战线领域的重要领导集体，并确立了中国共产党在文化宣传领域的话语权和领导权，也为中国共产党赢得全国更大范围的支持与抗战的全面胜利奠定了坚实基础。《解放日报》作为党的喉舌和宣传工具，在中国新闻史上树立了一座丰碑，为抗日战争和解放战争的胜利，做出了巨大贡献。

二、在延安“大生产运动”中树立劳动宣传典范

在 1941 年日军的大举侵略之下，我党依然面临着国内国民党的军事围剿和经济上的严密封锁，在解放区中，经济逐步产生了严重的困难，为了在抗战之中不断战胜困难，持续坚持抗战，到 1942 年底，中共中央提出了发展经济并保障社会供给的总路线，并大力号召边区军民自力更生并逐步克服经济封锁，在解放区开展大发展大生产运动。

在此期间，《解放日报》及时把边区人民群众创造的劳动经验和面临的实际情况反映出来，开创了我党新闻史上典型报道的先河。1942 年 4 月 30 日，《解放日报》在头版头条位置刊登了长篇通讯《模范农村劳动英雄吴满有，连年开荒收粮特多，影响群众春耕积极》，介绍了农业劳动模范吴满有的事迹，并同时以向吴满有看齐的文章评论配发。在陕甘宁边区举行的群众大会，对于吴满有的表彰隆重举行，并号召全体军民向吴满有学习，开展学习吴满有的运动。

在吴满有之后，《解放日报》也逐步树立起了其他的劳动和先进典型，如杨朝臣、申长林、赵占奎等一系列先进典型。在抗日战争的困难时期，《解放日报》对先进典型的大力报道和宣扬，深刻激发了边区群众向这些先进典型学习的热情，使得大生产运动能够蓬勃开展。

这些报道将宣传党的主张和反映人民呼声有机结合，宣传党的主张具有群

众视角，内容和形式让人民群众喜闻乐见，积极回应社会关切，以丰富群众的精神世界，增强群众的精神力量，满足群众的精神需求。

三、用舆论力量引导全党学习中共七大党章

抗战胜利的前夕，我党隆重召开了中共七大，在延安召开的七大也是我党自新民主主义革命以来的极为重要的一次会议，也是在中国人民抗日战争胜利之前的最后一次党的代表大会。在会议上深刻总结了在新民主主义革命进行的20余年来，我党积累了丰富的历史经验，并在路线制定、纲领确立和策略研究上积累了丰富的革命斗争经验，并逐步克服了党内存在的不正确的革命思想，在党内的人员特别是党内的高级领导干部对于国内革命的发展特点和发展规律有了非常深刻的认识和理论理解，全党在马克思主义理论认同和毛泽东思想的理论团结上取得了空前的一致性。

刘少奇同志在《解放日报》上以《清算党内的孟什维主义思想》为题发表的文章中，首次以毛泽东思想和毛泽东思想体系为内容进行提出。文章指出了党的领袖毛泽东同志是久经考验的，对于马列主义精通的革命家，对中国人民的解放抱有深刻忠诚的伟大革命导师。在这篇文章中还认为中国共产党的发展历程就是马克思主义中国化的历程，也是马克思主义在中国同各方斗争的历程和产物，在党内的日常工作中要把毛泽东思想在工作中一以贯之，这些论述成为最早提出以毛泽东思想作为党内的重要指导思想的论述，把毛泽东思想作为党内重要的行动指南，也逐步确立和维护了毛泽东同志在党内的领导领袖地位和核心地位。

在1946年，在党内为了培育党员队伍的党性修养和党性力量，不断锻造党的组织在政治上的绝对领导地位，并在思想引领和群众组织上发挥作用，我党在党内掀起了学习七大党章的高潮。《解放日报》对于党章的教育学习活动进行了详细的报道，在七大内容的宣传上起到了积极的宣传作用。在党章的学习过程中开展的批评和自我批评，党员领导干部部分存在着避重就轻的问题，没有能够做到查摆问题并明确暴露短处。在这一现象中，《解放日报》积极行动，首先对部分地区出现的自我反省不到位的问题予以了揭露和报道，认为部分同志没有能够做到良好的党性修养，没有能够超出自己的原有舒适空间；其次就是负责得不够，在自我批评中临时性的发言；再次就是没有及时改正查摆出的

问题；又次就是注重下级的问题，而没有发现领导的问题；最后就是没有做到真正的实事求是，对于缺点逐步夸大。

在针对固临县的报道中，《解放日报》不仅报道了该县学习党章较为缓慢的情况并对问题原因进行了分析，在领导赴延安开会中，党章学习几乎停顿，在开始学习党章活动以来，仅开展了一次讨论会，在领导上也负有一定的责任，领导没有做到好的领导和督促，没有做好学习笔记，在讨论会上，与会代表没有做到深入挖掘，仅讨论党章名词而就文字论文字，没有做到理论联系实际，在领导自身也存在着严重的弱点，并没有进行详细的检查和批评。《解放日报》在党章学习活动中的这一做法，具有着有效性和针对性，在舆论引导上发挥着积极的引导作用。

《解放日报》及时传播党的声音，出色完成党交给的任务，以自身的优秀业绩和丰富的经验，为中国革命的发展做出了突出的贡献，在国内的新闻历史中留下了浓墨重彩的一笔，也是我党宣传历史上的里程碑。

四、《纪念抗战八周年社论》传递抗战胜利的声音

1945 年的《解放日报》均为对开四版，是用当时延安生产的马兰纸印刷的，透着饱经岁月的沧桑感，其中一期出版于 1945 年，在抗战纪念八周年刊物上，以头版的形式发表了纪念抗战八年的口号，强有力地提出了 20 余条口号，强烈要求一党专政，在政治上实行民主，协调动员扩大民族统一战线，不断消灭有生的日本侵略者，对西方政府和同盟国政府予以告知，让其认识到中国人民的伟大力量，并对中国人民的抗日事业予以支持，反对国民党的国民大会，并要求逐步建立起民主下的联合政府，并要求立即对发起西安事变的二人予以释放，还要求释放狱中的共产党员；边区军队要逐步扩大解放区范围，逐步收回沦陷区，随时粉碎敌人的进攻有生力量。

头版上重头文章还有《纪念抗战八周年社论》，社论分析了有利的国际和国内形势："目前的国际条件是空前的有利的，这便是：(一) 欧洲反法西斯战争已经获得了完全与彻底的胜利，这个划时代意义的历史胜利，其后果与影响是不可衡量的，他首先将加速彻底打败日本法西斯的胜利；(二) 以苏美英为首的爱好自由的民族继续团结一致，正在建设着持久和平的世界新秩序；……目前中国国内的形势也是具备着有利的条件，经过了八年战争的长期锻炼，经

历了无数艰难困苦，支付了巨大的牺牲与代价之后，中国人民不但有了空前高度的觉悟与团结，而且有了空前强大的有组织的力量。中国人民现在已经有一万万人口从外国侵略者及国内专制主义者的羁绊下解放出来了……所有这些，是便于彻底打败日本侵略者，建立新中国的国内有利条件。”社论饱含着中国人民必胜的信念，充分显示了中华民族有同侵略者血战到底的气概。这期八周年刊中，还刊出了《抗战八周年主要战果》。

通过多种报道形式宣传了党的方针政策，使党的声音传遍全中国，形成了“万众瞩目清凉山”的宣传态势，在宣传理念、宣传模式、传播语境、编辑方针等方面积累了宝贵的经验。

第三节 薪火相传：《解放日报》播下思想火种

在20世纪40年代初，在延安发行的刊物发展虽然良好，但是作为中央一级的刊物，刊期较长，多以理论宣传为主；此外我党的报纸在皖南事变之后一直处于极端不利的处境，也很难对于我党的政策和理论做到有效宣传，而且发行的正常受到了严重的威胁，在各类原因的驱使之下，中央会合并相关报纸，建立一个强大的机关报纸。现在我国发行的《解放日报》于1949年5月28日于上海创刊，在新中国成立之后在上海地区成立的解放日报报业集团发行的日报，也成为上海的机关报，发行量达到了近60万份。

这张华东局和上海市委的机关报传承了延安《解放日报》的报名——创刊于抗日战争期间的中共中央党报取名“解放”，正是为了表达为中华民族解放运动奋斗的志向：“中国共产党的使命就是本报的使命……世界必然要变成一个世界人民的光明世界，中国必然要变成一个中国人民独立自主的中国。”

1949年10月1日，新中国诞生，国家和人民的解放，也从理想变成现实。两张《解放日报》的“解放”，在时空中遥相呼应。1949年10月2日，上海《解放日报》在报道开国大典的同时，发表社论《庆祝新中国诞生保卫世界和平！》，庆祝“中国人民自己的解放和新中国的诞生”。时间是最伟大的书写者，写在版面印迹上，记在人们的心中。习近平总书记在党的舆论工作中的论断中指出，舆论是党的重要工作之一，也是安定政局和国家稳定的大事件[①]，党报也是我党进行社会主义意识形态普及的重要阵地，为社会主义的发展和建设奠定坚实的理论基础和舆论引领。党报作为一个政党的“喉舌”，在舆论引导和舆论监督方面具有权威性。时代的不断变化和更迭，党报等刊物的舆论发挥的引导和思想引领是不会改变的。

2021 年是中国共产党成立 100 周年，也是实施“十四五”规划，开启全面建设社会主义现代化国家征程的第一年。在新的历史发展时期中，党报和党刊依然是党的理论研究主阵地，也是对于社会主义现代化发展，建立社会主义现代化国家以及实现复兴梦的重要抓手和武器。在新的历史发展起点上，媒体的传播方式产生了根本性的变革，党报党刊就要结合时代的宣传需求和新媒体自身存在的特点，不断改变自身的主要报道渠道和方式，不断增强自身的吸引力，为民族的伟大复兴不断提供强大的精神动力和舆论支持。

---

① 《习近平谈治国理政》第二卷，外文出版社 2017 年版，第 331 页。

第三部分　专题报告

改天换地：1949—1978 年的媒体报道

第六章　《人民日报》的报道（1949—1978）

杨青山　安奉娇[①]

2021 年是中国共产党成立 100 周年，百年历程有太多称之为经典的“场景”教育着后人，党带领着中国人民从站起来到富起来再到强起来，经过艰苦卓绝的奋斗，开辟了新时代。而《人民日报》作为党的耳目喉舌，在百年各阶段中都发挥着集体宣传员、鼓动员和组织员的作用，同时，《人民日报》作为新闻媒体，在百年中记录社会、评点时代、预测未来，通过一代代新闻人的努力，彰显社会责任担当，进行舆论引导与社会监督，真实记录当时社会经济政治文化教育发展全貌，是一种实实在在的“媒体史记”。本部分以 1949—1978 年《人民日报》的报道为主要分析载体，以党中央各大会议为时间节点，深刻理解中国共产党在社会主义革命和建设时期完成的兴国大业。以报道为素材，从《人民日报》中寻找党史、理解党史、感悟党史，以史为镜，方可知兴替，以史为鉴，方可照亮未来。

第一节　夺取全国性胜利，成立中华人民共和国

一、国民党的军事攻击注定被粉碎

抗日战争胜利后，国内国际政治形势明显发生变化。国际方面，社会主义

① 杨青山，云南财经大学传媒与设计艺术学院党委副书记、副教授、新闻系主任，主要从事财经新闻理论与实务、媒体融合与发展研究；安奉娇：云南财经大学传媒与艺术设计学院硕士研究生。

国家、民族解放运动有了新发展，帝国主义势力削弱，无暇干涉中国内政。国内方面，中国共产党已发展成为具有全国影响力的大党，但国民党的反共方针得到了美国的支持，意图将注意力放在消灭中国共产党和其他民主势力上，以维持国民党一党专政。经重庆谈判和双十协定之后，国民党统治集团依然一意孤行，1946 年 6 月 26 日，国民党进攻鄂豫边境的中原解放区，制造矛盾，导致全面内战爆发。

然而，共产党在政治上坚持党的领导，建立最广泛的人民民主统一战线；在军事上坚持集中优势兵力，各个歼灭敌人的原则，积极防御，歼灭敌人的有生力量。在内战阶段，《人民日报》作为新闻报道平台，及时向受众传递信息，例如，《人民日报》1946 年 6 月 8 日第一版中刊载了《美国应即停止主张中国内战》，《解放日报》6 月 5 日社论文章指出：美国总统杜鲁门在去年 12 月 15 日所发表的对华政策声明，结束了赫尔利政策，它要求国民政府与中国共产党及中国其他意见不同的武装部队之间，协商停止敌对行动，要求中国各主要党派的代表，举行全国会议，结束国民党的一党专政，改组国民政府，使中国各党派享有公平有效的代表权，并声明美国对国民政府的支持，将不扩展至以美国军事干涉，去影响中国任何内争的过程。以此来表达党中央要求美国切勿干涉中国内政的思想。

《人民日报》在战争期间，起着承上启下的作用，不断为中国共产党发声，造就了无形但是强有力的武器。经过战略防御一年的作战，国民党兵力削弱，人民解放军兵力增加，武器装备得到改善，战争形势进入战略进攻阶段。《人民日报》在此阶段除报道日常内容外，还加之报道共产党与国民党的战况。例如，在 1948 年 11 月 6 日第一版中的《中共中央电贺东北完全解放，粉碎了美蒋利用东北挑拨国际战，奠定了解放全中国建设新中国的巩固基础》，电称："林彪、罗荣桓、高岗、陈云诸同志，东北人民解放军全体同志和东北全体同胞们：热烈庆祝你们解放沈阳，全歼守敌，并从而完成解放东北全境的伟大胜利。"很显然，这是辽沈战役的捷报，另外平津战役和淮海战役取得的胜利在中国战争史上都是空前的，在世界战争史上也十分罕见，三大战役共歼灭 154 万人，国民党主要军事力量被摧毁，为中国革命在全国的胜利奠定了基础，同时也体现了毛泽东军事思想的伟大胜利以及人民战争的伟大胜利。

1948 年 12 月 30 日，毛泽东主席在新年贺词中发出"将革命进行到底"的号召，1949 年 4 月 1 日，周恩来代表共产党，张治中代表国民党，双方在北平进行和平谈判，结果因国民党拒绝在《国内和平协定》上签字，谈判宣告破裂。随后，毛泽东主席和朱德总司令命令向全国进军，占领国民党统治中心南京，蒋介石集团逃往台湾，宣告内战以共产党胜利而告终。

二、党的七届二中全会奠定理论基础

中国共产党第七届中央委员会第二次全体会议（简称中共七届二中全会）于 1949 年 3 月 5 日至 13 日在河北省平山县西柏坡举行。七届二中全会是解放战争时期中共召开的唯一的一次中央全会，会议做出的各项政策规定，不仅对迎接中国革命的胜利，而且对新中国的建设有重大作用，为新中国的建立奠定了理论基础。

《人民日报》对于本次会议做了详细描述，发表于 1949 年 3 月 25 日的第一版，题目为《中共二中全会完满结束，毛泽东主席向全会作工作报告，全会批准召开新政协成立联合政府，确定党的工作重心由乡村移到城市》，文中不仅介绍了列席人员，还就当前形势下党的工作重心转移问题展开讨论，指出：从 1927 年中国大革命失败到现在，由于敌我力量的悬殊，中国人民革命斗争的重点是在乡村，在乡村聚集力量，用乡村包围城市，然后夺取城市。党在毛泽东同志的领导下团结了广大的劳动人民，执行了这个用乡村包围城市的方针；历史已经证明这个方针是完全必要，完全正确，并且是完全成功的。除此之外，会议内容还包括全国胜利后政治经济外交方面基本政策；中国由农业国转为工业国，由新民主主义社会转为社会主义社会的发展方向；提出了两个“务必”——务必保持谦虚、谨慎、不骄、不躁的作风，务必保持艰苦奋斗的作风。

七届二中全会激励全党永远保持艰苦奋斗的光荣传统，永远保持同人民群众的血肉联系，在胜利面前，警惕资产阶级的糖衣炮弹，永远保持党的先进性和纯洁性。

三、建立社会主义制度筹建新中国

《人民日报》1949 年 10 月 1 日的第一版刊载了一篇庆祝中华人民共和国成立的报道，题目为《中央人民政府成立盛典今日在首都隆重举行》，报道中指出：1949 年 10 月 1 日（今日）中央人民政府委员会暨中国人民政治协商会议第一届全体代表齐集天安门，参加中华人民共和国中央人民政府成立典礼。北京各机关团体工人学生市民数十万人将参加盛典。除此之外，还详细介绍了大会典礼的七项程序，《人民日报》作为重大报道的传播载体，履行了新闻媒体的责任，用报道的形式昭告天下中华人民共和国的成立，举国欢庆。

而在开国大典之前，党中央召开了中央人民政府委员会第一次会议，通过《中国人民政治协商会议共同纲领》为施政纲领，充分体现了中国共产党领导的多党合作团结建国的方针和人民民主专政的特色。诚然，在共产党执政初期必定会面临很多考验。在军事方面，人民解放战争还没有完全结束；在经济方面，生产萎缩，民生困苦；在国际方面，美国对新中国实行政治孤立、经济封锁、军事包围；在自身方面，面临全国执政的新考验，必须继续保持优良传统和作风，尽快建立起新制度，筹建新中国。

（一）各地各级人民政权的建立

1950 年 5 月，海南岛解放，《人民日报》1950 年 5 月 6 日第一版的一篇文章为《中国人民革命军事委员会，电贺海南岛全部解放，三野全军振奋加紧准备进军舟山金门台湾》，文中指出：我广东前线人民解放军克服敌人陆海空军的抵抗，在我琼崖纵队和海南岛人民协助之下，英勇登陆海南岛，并迅速扫荡残敌，完成全岛的解放。

1951 年 10 月，西藏解放，《人民日报》1951 年 10 月 31 日第一版题目为《和平解放西藏、巩固祖国国防，解放军进藏部队进抵拉萨西藏地方政府官员和拉萨人民盛会欢迎》一文，报道了人民解放军进藏部队，在张国华、谭冠三两将军率领下已于 26 日胜利进抵拉萨。会场四周五星红旗招展，红旗下面悬挂着中央人民政府各领袖的肖像，领袖像下面横张着巨幅标语，标语上写着："坚决实现和平协议，建设西藏，巩固国防"；"拥护与支援中国各民族人民的军队——中国人民解放军"；"西藏人民团结起来驱逐帝国主义侵略势力出西藏"。1951 年 5 月，中央人民政府同西藏地方政府签署《关于和平解放西藏办法的协议》（17 条协议），西藏成为大陆最后一个解放的地区。

到 1951 年，全国成立 29 个省，一个民族自治区（内蒙古），8 个省级行政公署，13 个直辖市、140 个省辖市和 2283 个县人民政府。在解放区，人民解放军展开大规模剿匪作战，随着人民解放军的胜利进军，地方各级人民政权迅速建立起来，为新中国的发展奠定了坚实基础。

（二）废除封建土地制度

1950 年冬至 1952 年底，领导新解放区进行废除封建土地制度的改革，1950 年 6 月 30 日发布实施《中华人民共和国土地改革法》，《人民日报》对此也做了整个版面的刊载，1950 年 6 月 30 日第一版仅有一篇文章，题目为《关于土地改革问题的报告》，报告中详细描述了为什么要改革、改革的现状、改革的具体措施及注意事项，同时指出：为了正确地执行以上各项以及土地改革中的其他工作，整顿干部中的作风，特别是纠正命令主义的作风，这是一个带有决定性的关键。

报告中陈述的改革内容主要有保存富农经济、不动中农土地、限制没收地主财产范围等，1952 年，除部分少数民族地区外，全国大陆土地改革基本完成，这标志着我国延续了千年的封建地主阶级的土地所有制彻底消灭了。

第二节　促进国民经济发展，探索社会主义道路

一、推进实施第一个五年计划

从中华人民共和国成立到社会主义改造基本完成，此阶段是一个漫长探索的过渡时期。一是国民经济成为向社会主义过渡的重要物质基础；二是积累了利用和限制私营工商业的经验，并已进行初步改造；三是积累了土地改革后开展农业互助合作的经验；四是在国际方面，资本主义国家不景气，而社会主义国家向上发展。党在相当长的时期里，坚持逐步实现国家社会主义工业化，并逐步实现国家对于农业、对手工业和资本主义工商业的社会主义改造。为促进国民经济发展，对国家重大建设项目、生产力分布等经济关系做了详细规划，为国民经济发展远景制定了目标和方向，第一个五年计划的推进也标志着开启了建设社会主义。

《人民日报》作为新闻媒体，不仅传达着党中央的各项顶层设计，还将各地方的落实情况以报道的形式反馈给党中央，并激励着其他企业做好生产工作。在《人民日报》1953 年 1 月 9 日的第一版中有一篇相关“一五”计划的报道，题目为《中共中央东北局发布国营工业生产工作的指示》，指出：中共中央东

北局1月4日发出关于1953年第一季度国营工业生产工作的指示，要求东北各国营工业部门充分发掘潜在力量，编制出先进的生产、技术、财务计划，并保证超额完成，以满足全国大规模经济建设和日益增长的人民物质文化生活的需要。同时，指示还要求全区国营工业与地方国营工业在第一季度必须做好生产指标、改善生产管理工作等。

第一个五年计划从1951年开始编制，1953年开始实施，1957年实现了社会主义工业化的起步，其间处理了五大关系：一是集中力量发展重工业，同时不放松农业、轻工业，对国民经济各部门统筹兼顾，全面安排；二是科学工业布局，改变我国工业大多集中在沿海的不合理的状况；三是积极稳妥地确定工农业生产年增速度；四是将发展同改善人民生活结合起来；五是既要争取外援，又强调自力更生。5年间工业生产取得的成就，远超旧中国一百年，“一五”计划为我国建立独立完整的工业体系奠定了基础。

二、艰辛探索社会主义道路

（一）一届全国人大一次会议与《宪法》

中华人民共和国第一届全国人民代表大会第一次会议于1954年9月15日至28日在北京举行。

《人民日报》在会议期间担任着宣传员的重大责任，及时发布会议相关报道，1954年9月15日第一版刊载报道《全国人民代表大会会议今天开幕，代表们会前对宪法草案和五个组织法草案的分组讨论已结束》，并在报道中详细介绍会议情况，甚至阐述了在代表的席位上安装了供代表即席发言用的送话器，会议为使用蒙、藏、维吾尔、彝等四种少数民族语言的代表装置了专门的翻译设备等细节。1954年9月15日第一版还及时发布会议开幕的报道，题目为《中国人民民主制度的新阶段——庆祝中华人民共和国第一届全国人民代表大会第一次会议开幕》，报道指出：中华人民共和国第一届全国人民代表大会的第一次会议今天在首都北京庄严地开幕了。这个会议的1226名代表，代表着六万万人民的伟大意志，他们将要通过中华人民共和国宪法。1954年9月16日，在《人民日报》的第一版报道了会议进程，题目为《第一届全国人民代表大会第一次会议开幕　中央人民政府主席毛泽东主持会议的开幕式并致开幕词，宪法起草委员会委员刘少奇作关于中华人民共和国宪法草案的报告》。1954年9

月 17 日—22 日，《人民日报》每天都根据会议进程发布新闻报道，以制定法律为主要内容。1954 年 9 月 22 日的《人民日报》第一版发表报道，题目为《全国人民代表大会第一次会议，胜利完成制定重要法律的任务》，指出会议通过了"中华人民共和国国务院组织法""中华人民共和国人民法院组织法""中华人民共和国人民检察院组织法""中华人民共和国地方各级人民代表大会和地方各级人民委员会组织法"，从此有了法律制度保障。1954 年 9 月 28 日，会议选举和决定了国家领导人，《人民日报》发表报道《中国人民代表大会第一次会议选举和决定国家领导工作人员，毛泽东当选为中华人民共和国主席》，报道列举了选举人员名单及结果。在之后会议进行期间，《人民日报》每天根据会议内容发布新闻报道，以满足受众获取信息的需求。

第一届全国人大一次会议完善了政治体系，确定人民代表大会制度是我国的根本政治制度，中国共产党领导的多党合作和政治协商制度、民族区域自治制度是我国基本政治制度。大会选举毛泽东为中华人民共和国主席，朱德为副主席，刘少奇为全国人大常务委员会委员长，宋庆龄等 13 人为副委员长，周恩来为国务院总理。另外，大会确定全国人民代表大会是最高国家权力机关，国务院即中央人民政府最高国家行政机关，一届全国人大一次会议为我国走社会主义道路提供了制度保障。

（二）中共八大开启社会主义建设的良好开端

《人民日报》在 1956 年 9 月 15 日的第一版刊载了一则新闻报道，题目为《中国共产党第八次全国代表大会定在今天开幕》，报道指出：根据中国共产党第七届中央委员会第六次全体会议（扩大）关于召开党的第八次全国代表大会的决议，大会的主要议程是：党的中央委员会的政治报告，关于修改党的章程的报告，关于发展国民经济的第二个五年计划的建议的报告，选举党的中央委员会。本篇新闻报道的发表引起了全国人民的注意，1956 年 9 月 15 日至 27 日，中国共产党第八次全国代表大会在北京举行，这是党在全国执政后召开的第一次全国代表大会。

会前，我国已基本完成了对生产资料私有制的社会主义改造及社会主义制度在中国的建立，而国际方面，苏联模式在建设社会主义过程中存在一些缺点和错误。1956 年 2 月至 4 月间，毛泽东主席分别听取国务院 35 个部委关于工业生产和经济工作的汇报，认为应"以苏为鉴"，根据国情探索属于中国自己的社会主义道路，随后提出了《论十大关系》，其标志着中国共产党对怎样建设社会主义有了重要判断，对当时建设社会主义有很强的针对性，也为党八大的召开提供了重要理论基础。

《人民日报》在1956年9月29日的第一版发表了题为《一次有伟大意义的大会》文章，文中详尽说明了中共八大的会议结果，指出：大会听取了中国共产党第七届中央委员会向第八次全国代表大会作的政治报告、关于修改党的章程的报告、关于第二个五年计划的建议的报告，通过了中国共产党的章程，通过了关于政治报告的决议，通过了关于发展国民经济的第二个五年计划的建议。除此之外，大会还选出了党的第八届中央委员会。

党的八大正确分析国内形势和国内主要矛盾的变化，明确提出党和全国人民在新形势下的主要任务，并坚持党中央提出的既反保守又反冒进，即在综合平衡中稳步前进的经济建设方针，与此同时，大会通过了中国共产党在全国执政后制定的党章，对贯彻党的民主集中制原则做了新规定。大会选举了毛泽东为中央委员会主席，刘少奇、周恩来、朱德、陈云为副主席，邓小平为总书记。中共八大的召开宣告了社会主义革命的基本完成和社会主义制度的基本确立，对中国建设社会主义的探索具有长远的重要意义。

第三节　开创中国特色社会主义，正式步入新局面

一、加紧建设社会主义强国

（一）八届九中全会指导经济调整

八届九中全会于1961年1月14日至18日在北京召开。1961年1月21日的《人民日报》第一版发表《中国共产党第八届中央委员会举行第九次全会，完全赞同兄弟党莫斯科会议声明，决定今年集中力量加强农业战线》《中国共产党第八届中央委员会第九次全体会议，关于各国共产党和工人党代表会议的决议》两篇文章，全会指出，在1960年，全国人民继续高举党的总路线、“大跃进”、人民公社三面红旗，在1958年和1959年伟大跃进的基础上，取得了国民经济继续跃进的胜利，由于连续三年的“大跃进”，我国工业生产水平已

经大大提高。文中内容与会上内容一脉相承，传播了中国国民经济的发展脉络及成果。

中共八届九中全会由毛泽东主席主持，决定成立东北、华北、华东、中南、西南、西北六个中央局，代表中央分别加强对各省、市、自治区党委的领导。对国民经济实行“调整、巩固、充实、提高”八字方针，号召全国集中力量加强农业战线，贯彻执行国民经济以农业为基础，全党全民大办农业、大办粮食的方针，这是 1958 年“大跃进”以来经济指导工作的一次重要转变，它对于后来大规模的经济调整工作起了巨大的指导作用。此后，中国国民经济进入了调整阶段。

（二）全国三届人大一次会议推动社会主义建设

《人民日报》1964 年 12 月 22 日的第一版发表了一篇报道，题目为《全国人大三届首次会议隆重开幕，毛泽东刘少奇宋庆龄朱德周恩来邓小平等党和国家领导人出席开幕式，刘少奇主席宣布会议开幕，周恩来总理作政府工作报告》，此篇报道正式拉开了三届人大一次会议在传播中的序幕，整个会议期间，《人民日报》根据会议内容进行了及时报道，例如，1964 年 12 月 31 日《人民日报》的第一版文章——《在第三届全国人民代表大会第一次会议上周恩来总理作政府工作报告》，此报告内容共分三部分，第一部分是国民经济的成就和今后的建设任务；第二部分是社会主义革命和人民民主统一战线；第三部分是国际形势和我国对外工作。

全国三届人大一次会议提出“四个现代化”的宏伟目标，并宣布调整国民经济的任务已经基本完成，今后发展国民经济的主要任务，是要在不太长的历史时期内，把我国建设成为一个具有现代农业、现代工业、现代国防和现代科学技术的社会主义强国。在《人民日报》刊载的周恩来总理作出政府报告中也指出，1965 年计划草案拟定，农业总产值比 1964 年增长 5% 左右，要继续执行以粮为纲、多种经营的方针；工业总产值比 1964 年增长 11% 左右，要在继续提高产品质量、增加品种的同时，较多地增加产量，进一步提高生产能力和技术水平。“四个现代化”从此成为党和全国各族人民的共同奋斗目标，成为凝聚和团结全国各族人民不懈奋斗的强大精神力量。

二、改革开放的前奏

党的十一届三中全会实现了伟大的历史转折，而在会前，经济工作实行了三个转变，一是注意力转到生产斗争和技术革命上；二是管理制度方法转到按照经济规律办事的科学管理上；三是从闭关自守或半关闭自守状态转变到积极引进国外先进技术，利用国外资金大胆进入国际市场的开放政策上。1978 年 9 月，邓小平同志视察东北时，提出把党和国家的工作重点转移到现代化建设上来，所以党的十一届三中全会的会议重点转移到社会主义现代化建设上来。

中国共产党第十一届中央委员会第三次全体会议，于 1978 年 12 月 18 日至 22 日在北京举行。《人民日报》在重大事项面前彰显了媒体的专业素养，及时向公众传递会议信息，1978 年 12 月 24 日《人民日报》的第一版及时发布了《中国共产党第十一届中央委员会第三次全体会议公报（一九七八年十二月二十二日通过）》一文，文中指出：全会决定，鉴于中央在二中全会以来的工作进展顺利，全国范围的大规模的揭批林彪、“四人帮”的群众运动已经基本上胜利完成，全党工作的着重点应该从1979年转移到社会主义现代化建设上来，全会讨论了加快农业生产、加快建设四个现代化等问题。

党的十一届三中全会冲破了长期“左”倾错误的严重束缚，彻底否定了“两个凡是”的错误方针，高度评价关于真理标准问题的判断，重新确立了党实事求是的思想路线。随着会议的结束，改革开放和开创中国特色社会主义的大幕拉开，农村改革率先取得突破，1978 年，部分地区放宽政策，大胆尝试，揭开农村经济改革序章。与此同时，城市经济体制改革也初步发展，1979 年至 1980 年，以扩大企业自主权为主要内容的城市经济体制改革逐步在全国推开，并取得成果。党的十一届三中全会作为一个伟大转折点载入史册。

结　语

通过分析 1949 年至 1978 年《人民日报》的新闻报道，深刻认识到新闻媒体对于革命和建设事业的重大推动作用，回望中国共产党领导人民群众进行社会主义建设的 100 年历史里，《人民日报》作为党姓媒体记录着中国共产党发展的历史轨迹，经研究分析可获得一部“红色典籍”，为深入贯彻落实党史教育，深入剖析《人民日报》，以此了解党史，铭记党史，为后续党史学习提供了不可或缺的素材。此外，在当下新媒体语境下，要坚定《人民日报》的媒体地位，坚守舆论阵地，使之更好发挥党媒作用，为党和人民发声。

第七章 《光明日报》的报道（1949—1978）

邹 宇 王璟兴 刘小三[①]

《光明日报》自创刊以来始终拥护党的政策主张，积极传递党的声音，发挥舆论引导和社会监督的重要作用，在党的百年发展历程中扮演着重要角色，并呈现出自身鲜明的特色。本文基于《光明日报》履行社会责任与其承载的党史相结合视角，回顾其在党的百年发展过程中记录的中国共产党领导下共和国的重大历史时刻，呈现的波澜壮阔的历史潮流，追寻这个伟大国家与民族的光明之路，探讨其舆论引导、社会监督、繁荣科教文化等方面履行社会责任情况。在围绕党的大政方针和重大事件积极开展舆论引导方面：《光明日报》坚持正确的社会舆论导向，服务于党和政府的工作大局；积极宣传贯彻党的方针路线政策和道路主张；积极组织做好典型报道，营造浓厚、积极的社会舆论氛围；充分发挥其学术特色，加强思想理论引导；以人为本做好舆论宣传工作。在发挥“鸣放”和“监督”方面：突出“批评与自我批评”，响应“双百”方针；设置特色栏目《读者来信》，开展互动监督。在繁荣社会主义文化方面：突出知识分子立场，力推“科教文”发展；版面设置丰富，专刊、副刊各放异彩；内容侧重科教文理，融合理论与实践。

① 邹宇、王璟兴，西藏民族大学新闻与传播学院硕士研究生；刘小三，西藏民族大学新闻与传播学院教授、博士，研究方向为形象传播、对外传播。

第一节　《光明日报》简况（1949—1978）

作为大型综合性日报，《光明日报》于 1949 年 6 月 16 日创刊，毛泽东、周恩来等老一辈无产阶级革命家为其题词，章伯钧任首任社长。创刊初期由中国民主同盟主办，此后相继由中国各民主党派以及全国工商联合会、中央宣传部和中央统战部、中共中央领导和主办。自创刊以来，《光明日报》始终坚持立足文化知识界，服务于广大知识分子和人民群众，以“教科文”为重点，发扬知识生产、理论创新和学术探索的特长，保持独立思考的媒介立场，对中国的政治文明和文化繁荣发展产生了深远影响。

自中华人民共和国成立以来，在特殊的历史时期和重要的时间节点，《光明日报》始终坚持正确的政治立场，放眼国家经济、政治和文化发展大局，准确传递党的方针、政策和主张，记录着中国共产党领导下的共和国的重大历史时刻，呈现了历史潮流的波澜壮阔，追寻着这个伟大国家与民族的光明之路。

在社会主义建设初期，积极学习贯彻“双百方针”，发挥“鸣放”“监督”职能，大胆提出知识分子的主张，发出自己的声音，引起了党中央与社会各界的高度注意与广泛讨论，毛泽东同志就曾经对《光明日报》当时的许多重要报道、文章、社论作出重要批示或发表重要评论和意见。在拨乱反正的关键时期，《光明日报》充分发挥其知识分子立场的优势，凸显报纸的学术特色，积极围绕重大思想和重要理论问题开展广泛的学术讨论，发表意见。其于改革开放前夕首发的评论员文章——《实践是检验真理的唯一标准》，引发了深入而广泛的思想解放运动，在关键历史时刻发挥了正确的舆论引导作用，确立了“解放思想，实事求是”的正确思想观念，为我国后来的改革开放顺利推进提供了理论和思想基础，成为中国进入新时期的标志性事件。

回顾历史，《光明日报》作为宣传思想文化战线的排头兵、把关人、党和政府的传声筒、人民群众的发声器，在党和政府联系人民群众中发挥着桥梁和纽带的作用，在国家建设、改革开放和新时代的伟大实践中真实记录着新中国的发展全貌，发挥着舆论引导与社会监督职责，彰显了社会责任与担当。

第二节　围绕党的大政方针和重大事件积极开展舆论引导

《光明日报》作为一份定位于广大知识分子的综合性报刊，因其特殊的性质和地位，使其拥有自身独特的公信力和引导力。通过知识生产、理论创新和学术探索与争鸣进行舆论引导是其特色之一。其主要目的就是使正确的理论根植于广大人民的思想和实践中，并指导人民的日常实践。此外，《光明日报》也紧紧围绕特定时期的国家大政方针和重大事件、典型人物进行广泛报道，做好舆论引导工作。

一、在重大历史时期，坚持正确的舆论导向

坚持正确的新闻舆论导向，服务于党和国家的工作大局，是马克思主义对新闻实践工作的必然要求，也是有中国特色社会主义新闻事业的根本特点和性质决定的。《光明日报》在社会主义建设时期始终坚持正确舆论导向。

（一）积极宣传党的方针、政策和主张，坚持正确的政治方向

在中国共产党成立 28 周年时，《光明日报》重温毛泽东同志的《论人民民主专政》，并发表社论文章隆重庆祝党的生日，大力宣传没有共产党就没有中国革命的胜利和新中国的诞生这一事实，号召人民坚定拥护中国共产党。创刊一周年之际，《光明日报》发表社论文章——《争取一切爱国知识分子为人民服务》，引导知识分子自觉改造，团结起来服务社会主义建设。1951 年 10 月 14 日，刊登《〈毛泽东选集〉的出版是中国人民的骄傲和光荣》的社论，号召全国上下认真学习马列主义、毛泽东思想。1956 年 5 至 7 月，该报积极宣传贯彻党中央的“双百”方针，引起了毛主席的关注和赞赏；1957 年 4 月 11 日，该报就毛泽东的《关于正确处理人民内部矛盾的问题》讲话发表了数篇文章进行宣传讨论。此外，《光明日报》还积极宣传中央领导同志向雷锋同志学习的题词，并连续发表多篇相关评论文章；刊登新华社通讯《毛泽东同志的好学生焦裕禄》，刊发多篇学习焦裕禄精神的新闻报道，积极响应党中央向模范人物学习的号召。

（二）积极主动报道社会重大事件、典型人物，营造浓厚、积极的社会舆论氛围

成就性报道和典型报道是舆论引导的主要方式。《光明日报》紧跟时代热点，

就社会重大发展成就和典型人物事迹进行报道，传播正能量，弘扬主旋律。

典型人物宣传方面：1963 年 3 月 5 日，该报及时发出响应，呼应党中央关于向雷锋同志学习的号召，连续发表学习雷锋的专题报道，突出宣传雷锋同志的光辉事迹和伟大精神；1966 年 2 月 8 日，转载新华社通讯《毛泽东同志的好学生焦裕禄》，并就焦裕禄精神刊发多篇报道；1969 年 2 月份，设置《山花灿漫》栏目，专门报道“新人新事新风尚”，数日内刊发短文 13 篇；1978 年 1 月，刊发《科技战线的铁人陈篪》一文，报道陈篪在面对实验中各种困难挫折时从来没有气馁，在钢铁研究中脚踏实地，实事求是，赶超世界水平的先进事迹。

重大事件方面：《光明日报》及时报道我国的重大事件，特别是当时轰动世界的几个“第一”的重大事件。比如，1964 年，我国第一颗原子弹爆炸实验成功；1967 年，我国第一颗氢弹爆炸实验成功；1970 年，我国第一颗人造卫星——“东方红 1 号”成功发射；1975 年，我国当时最大的水电站——刘家峡水电站胜利建成。1976 年 10 月 22 报道成功粉碎“四人帮”反党集团的消息。1978 年 3 月 18 日中国全国科学大会召开。次日，《光明日报》以文图并茂的形式报道了重大事件。这些报道对鼓舞人心、引导群众，唱响社会主旋律发挥着重要作用。在国际关系重大变革方面：基辛格秘密访华后，《光明日报》于 1971 年 7 月 16 日及时转发新华社的消息。

（三）充分发挥其学术特色，加强思想理论引导

“‘与真理同行，与时代同步’是光明日报社的社训。”自创刊以来，《光明日报》便致力于助推学术讨论，中华思想文化领域群星璀璨、百家争鸣的景象成为该报当时的一道靓丽风景。20 世纪 60 年代，在一贯提倡争鸣的《光明日报》上，出现了多次轰动一时的学术争论：1953 年的“为曹操翻案”；1959 年的《胡笳十八拍》著作权争论；1963 年至 1964 年关于“时代精神”之讨论；1965 年关于《兰亭序帖》真伪之辩论；1977 年 10 月 30，刊发《井冈山道路——理论与实践相结合的光辉典范》，提倡一切从具体实践出发，实事求是，理论和实践要相结合。在此期间，《光明日报》历史上最为光辉的一页，非刊发《实践是检验真理的唯一标准》一文莫属（1978 年 5 月 11 日）。该文针对当时全社会思想僵化、教条主义现状，站在理论的高度加以引导，引发了全社会关于思想解放的广泛运动，深刻地改变了中国的历史进程，在社会转型的关键时期起到了“高举旗帜，引领导向”的作用。

二、积极贯彻党的政策主张，以人为本做好舆论宣传工作

舆论引导功能体现在能及时抓住大众对社会中所关心事件的本质，舆论引导的成效取决于舆论宣传工作能否以民为本，凝聚人心，在做好舆论引导工作中，善于倾听百姓呼声，反映群众所盼，为群众利益着想。一直以来，《光明日报》的新闻舆论工作始终与党和人民群众共呼吸、同进步，积极宣传贯彻党和政府的主张、密切联系群众，主动组织开展群众调研工作，在凝聚人心、团结群众，发挥新闻舆论引导方面发挥了十分重要的导向作用。

（一）重视宣传事关群众切身利益的教育改革问题

自创刊以来，《光明日报》高度重视教育问题，不断就高等教育、中小学教育、民族教育等议题刊登报道，发表看法。1950 年 12 月 26 日，组织邀请在京各大学负责人召开座谈会；1951 年组织专文阐释中小学学制改革，刊登少数民族教育任务、路线和方针的讨论；1952 年再次组织邀请专家学者召开交流会，分享近年实施《小学暂行规程（草案）》的经验体会，报道一些小学近些年实行“五年一贯制”的教学改革经验。在此后的数十年间，报社持续关注全国的教育问题，对提升教育质量，减轻师生负担提出宝贵建议。比如 1964 年连续数天刊登 9 篇新闻报道和文章，呼吁政府有关部门和全社会减轻广大学生学习负担，在师生中引起巨大反响。

（二）开门办报，广纳群众来信

1958 年，人民日报社提出“千方百计地利用读者来信，使读者来信真正成为丰富报纸内容的源泉” 的主张。光明日报社也及时跟进，改变了早期“专家办报”“同人办报”的风格，转向开门办报，广开门路，把群众来信作为报道的一大信息来源，大力发展群众通讯员。这不仅拉近了《光明日报》与广大读者群众的距离，也通过汇聚人民群众的意见和声音，营造积极向上议题讨论环境和热烈的社会舆论氛围，起到“自下而上”引导社会舆论的作用。

（三）深入开展“四人帮”揭批运动，在批判的基础上实现舆论引导

粉碎“四人帮”后，中国进入拨乱反正的关键历史时期。全国上下强烈呼吁揭批“四人帮”反动罪行，纠正“文革”中所犯的错误，实现拨乱反正、正本清源。为了回应社会呼声，《光明日报》于 1978 年元旦在头版头条刊登《光明的中国》的新年社论，强调发挥群众的力量，围绕群众关心的不良问题，借助群众的力量，对“四人帮”开展深入的揭露和批驳，并借此进一步明辨是非、

澄清谬误、拨乱反正、解放思想。在此期间，《光明日报》以人民为中心，刊发了大量揭批“四人帮”的报道。

表 7-1　涉及批判“四人帮”评论文章选编

文章类型	文章题目
侨务	《全国侨务会议预备会议狠批“四人帮”，重申党的侨务政策》
经济	《深入揭批“四人帮”我国财政一年大变样》《论按劳分配中的平等和不平等——驳“四人帮”在这个问题上的谬论》
文艺	《一场捍卫毛主席革命路线的伟大斗争——批判“四人帮”的“文艺黑线专政”论》《拨乱反正阔步前进——肃清科教电影领域“四人帮”的流毒和影响》《驳“四人帮”的“题材决定”论》
史学	《斥“四人帮”曲解文义伪造史实的恶劣作风——评唐晓文的“有教无类解》
教育	《揭批“四人帮”抓得紧　上海教育战线气象新》
政治	《驳“需要就是计划”》《深揭狠批“四人帮”团结战斗送瘟神》《“四人帮”是高叫“反复辟”的复辟帮》
对外	《批判“四人帮”所谓“海外关系”问题的反动谬论》
物理	《“四人帮”为何借相对论问题大做文章》
哲学	《利用个性否定共性就是修正主义》
民族关系	《愤怒揭批“四人帮”　加强民族大团结》

注：以上内容总结自 1978 年《光明日报》合订本。

从表中报道主题可以发现，《光明日报》批判“四人帮”的目的，主要在于站在人民的立场上引导人民，实现凝聚人心、提升信心，使我国的发展走上正常轨道。

第三节　响应党的号召，发挥“鸣放”和“监督”的作用

社会监督是报纸的重要职能之一，它与舆论引导职能相辅相成。社会主义革命和建设时期，虽然《光明日报》的办报方针在各个具体阶段有所不同，但其独立思想贯穿始终，对社会各种现象和焦点问题勇于提出知识分子的主张，保持理性批判和实事求是的立场，充分发挥了“鸣放”和“监督”的作用。

一、内容突出“批评与自我批评”，响应“双百”方针

“批评和自我批评”是中国共产党的优良作风，这一作风体现在党和政府对包含《光明日报》在内的各大报纸的工作要求中。1950 年 4 月 19 日，党中央提出了通过报纸媒体开展“批评与自我批评”的决定，提出了报纸批评的目的、原则和方法，确立了当时新闻舆论监督的主要形式。在中华人民共和国成立后，“报纸批评”作为当时的主要政治话语之一，发挥着媒体社会监督的职能。

《光明日报》创刊初期，正值社会主义革命与建设阶段，面对社会变革带来的问题，以“批评与自我批评”内容响应“双百”方针、传达党中央精神、对各行业开展监督、提出建设性意见显得尤为重要。

毛主席《关于正确处理人民内部矛盾问题》的重要讲话在 1957 年 2 月 27 日发表后，各地对讲话精神开展讨论学习。1957 年 4 月的《光明日报》在头版持续刊载了此系列报道，展示了各行各业人士的讨论与批评成果，对各行业人民内部矛盾的解决情况进行监督。以 4 月 24 日为例，在头版《正确处理人民内部矛盾推进社会主义事业》的专栏中，刊载了来自北京、太原、广州等地区的教育界、体育界、文艺界人士的讨论成果，批评中学与大学脱节的矛盾、地方艺术界仍有“一花独放”现象、“体育界尚未争鸣”等问题。4 月 27 日，《在政协北京市委会召开的会议上，体育工作者批评领导机关的工作》的会议报道，反映了民主党派的监督情况。4 月 30 日，报纸头版刊登北京大学教授们批评“宗派主义”和“官僚主义”文章，指出党群工作中存在的不良作风，呼吁大家拆除“党群关系之墙”，以报纸批评的方式对行业内的矛盾解决情况进行监督。

在“整风运动”中，中共中央鼓励知识分子“大鸣大放”，鼓励他们多向党和政府提出意见和建议。《光明日报》积极响应党的有关方针政策，报社总编辑储安平派出大批记者到全国各地开展采访，参与民主党派人士和高级知识分子召开的座谈会，并发表座谈记录 11 次，相关报道共占 12 个版面，约 13 万字。此阶段，《光明日报》成为全国最活跃的民主党派报纸之一。

“文革”期间，大多数报纸相继停办，《人民日报》《解放军报》和《红旗》杂志打造的“两报一刊”成为领导全国舆论的指挥棒。《光明日报》保持着高度的政治站位，大量转载的政治文章占据了主要篇幅，在社会监督方面紧跟中央精神。

1976 年粉碎“四人帮”后，中国新闻传播界逐步恢复了“批评与自我批评”

的优良传统，以新闻报纸为工具，推动各领域的“拨乱反正”进程，发表了大量监督性的宣传报道。1978 年《光明日报》进行改版，坚守科学、教育、文化的宣传战线，保持学术特色，再次鼓励百花齐放百家争鸣，围绕重大理论、学术和思想问题开展辩论。同年 5 月 11 日，《光明日报》头版发表署名文章——《实践是检验真理的唯一标准》，该文从理论视角深入批判了“两个凡是”观点，全面拉开了思想大解放、大讨论的序幕，使报纸重新焕发出“社会监督”的光彩。

二、设置特色栏目《读者来信》，开展互动监督

1948 年 10 月 2 日，刘少奇在对华北记者团发表谈话时指出，新闻舆论工作者要坚持走群众路线，全心全意服务人民，做党和政府联系人民群众的纽带，客观真实地报道社会状况。

《光明日报》自成立便积极开展了建设性的社会监督，其中《读者来信》专栏，担当着沟通读者、媒体、社会其他部门的责任。专栏中的互动监督多以群众意见的形式呈现，形成“发现问题—回应问题—解决问题”的闭环，推动现实问题的解决。

《读者来信》的主体篇幅包括社会问题反映、对本报文章的讨论、勘误，以及对读者监督的回应和改进成果等内容。以 1956 年 5 月 6 日为例，当日的第二版，《读者来信》占约 2/3 的版面，刊登了《新华书店应克服图书发行工作中的缺点》《彻底纠正排斥、刁难复员军人的错误思想》《对本报批评的反应》等六篇来信。其中《新华书店应克服图书发行工作中的缺点》集合了南京群众、河南师范学院学生、河北省某机关学校教师、江西省新华书店支店职员等读者的意见，以报社的名义，反映读者群众的意见与建议，对事业单位、机关、企业进行监督。在《对本报批评的反应》中，刊登了河南省信阳市专署教育科对于《光明日报》批评监督的反馈：“你报 4 月 14 日第二版刊登的‘注意办好县城职工业余教育’一稿，反映了我区在职工业余教育工作中所存在的一些问题，这些情况都是事实。”文中列出了关于工作问题的反思、整改措施与成果，及时公开地回应了来自报纸的监督与批评。

《读者来信》专栏在发展过程中，通过发展通讯员、增加报道刊登量、加强政治引导等方式进一步发挥联系群众和社会监督的职能。

1958 年“大跃进”时期，新闻界开启“读者来信”篇幅的竞赛热潮，《光

明日报》转变风格，开展“开门办报”和“依靠广大群众办报”，仅仅在3个月的时间里，就建立起了500多个通讯组，发展近2000名通讯员，大量刊登读者意见与作品，密切了与广大群众的联系。

《光明日报》站在党报的高度与知识分子的角度上，发挥自身优势，将“读者来信”群众互动与专家办报结合，统筹群众性与专业性，更好地发挥了媒体的社会监督职能。

第四节　聚焦党的文化科教事业，繁荣社会主义文化

作为面向知识分子和广大人民群众的报纸，《光明日报》在办报人员身份、版面设置、内容选题方面都体现了鲜明的文化科教属性。

一、保持民主党派办报渊源，突出知识分子立场

1949年北平解放后，经中共中央讨论决定，由汇集大量高级知识分子的中国民主同盟接手改造原《世界日报》，在黑暗的旧中国即将灭亡、中国革命事业即将取得伟大胜利、新中国前途一片光明的政治背景下，将报名定为《光明日报》。成立初期的《光明日报》社长由民主党派人士担任。在“整风”“双百鸣放”时期，储安平与章伯钧共同牵头研讨了《光明日报》改组事宜，实现民主党派独立办报。

《光明日报》创刊至今71年，经历了从民主党派机关报到作为“党的喉舌”的发展历程，不断向党中央积极靠拢的同时，也保留着知识分子办报所具有的独立、客观、专业性、深度化等优良品格。

知识分子立场体现在办报人与读者两个角度。根据1952年全国新闻工作会议精神，《光明日报》要以科教文化工作作为宣传的核心内容，占版面的1/4。在文教版面大量知识分子读者的基础上，以郭沫若、费孝通、茅盾、钱伟长为代表的精英作者也大力推动着《光明日报》的发展建设，为知识分子报纸履行繁荣文化的职责奠定了基础。

二、版面设置丰富，专刊、副刊各放异彩

《光明日报》在 1955 年元旦，率先创新排版格式，将传统的竖排版变更为横行排版，掀起全国报刊的横排改革热潮。除此以外，《光明日报》在版面设置上积极响应“双百”“鸣放”方针，兼顾多学科多领域的深度与广度。

以 1957 年 4 月 4 日的报纸为例，文字改革专刊（双周刊）在“问题讨论”“读者来信”专栏刊登了《谈谈怎样才能学好普通话》《停止使用异体字》等文章，以多样化的体裁呈现了文字改革带来的成果。从 4 月 21 日到 29 日，头版头条关于鸣放的文章有 3 篇，每期第二版设置固定专栏“放手贯彻‘百家争鸣’的方针”，以《植物学与争鸣》《从遗传学谈争鸣》《从北大“历史问题讲座”说到“百花齐放百家争鸣”》等具体领域问题的讨论为主，十天内“鸣放”主题的文章在各版面一共刊载 25 篇。

在“文革”后的拨乱反正初期，大量报纸仍在履行公式化报道，《光明日报》率先进行改版，把科教文化提到新的高度，重现知识分子办报特色。《光明日报》率先提出加大科技类新闻报道内容，减少一般政经新闻报道量，改变老一辈无产阶级领袖语录的字体和颜色，逐渐减少“毛主席语录”刊登，减少语录的版面分量，直至取消。

《光明日报》在版面内容改革阶段，不仅恢复了多种专刊，也开展新闻策划、新闻集群的探索。面对知识分子读者，“科技战线”“文学”“政治经济学”“哲学”等专刊发挥着更加专业化、垂直化的优势，满足了高级知识分子获取专业知识和科学信息的特定需求。1977 年 10 月期间，以上专刊登载的《“洋为中用”是一个马克思主义的方针——斥“四人帮”反对向外国学习的种种反革命谬论》《学科学，爱科学，用科学——记著名数学家陈景润与小学生的一次亲切会面》《利用自然科学反党是“四人帮”的一大发明》《民主集中制和“四人帮”的诡辩》等文章，突出各专业领域的前沿成果，用生动可读的文风，推动科教文化的发展。1977 年 10 月 10 日，《光明日报》通过集群式的新闻策划，发挥同类新闻的整体优势，以图文并茂的版面集中报道了党校工作情况与理论教育学习，全天四版皆为党校相关内容，使得新闻在报道过程中更加规范化、深度化。

1978 年 5 月 1 日，《光明日报》致信读者，宣布改版。改版以后的《光明日报》将定位于科教文化领域，致力于推动科教发展和社会主义文化的繁荣昌

盛。报纸报道将减少政治性宣传，加大科技、教育领域的路线、方针和政策的宣传，及时介绍国内外科学教育前沿动态，推动科技知识的普及。同时，为了保持其原有知识分子精神家园的风格，更加重视社会科学和文化的专刊、副刊创办，为后续的版面改革与发展奠定基础。

三、内容侧重科教文理，融合理论与实践

社会主义革命和建设阶段的中国社会不断涌现各种新事物，人民内部的矛盾也需要得到充分的认知、讨论与解决，《光明日报》结合自身的学术优势，在理论研讨与实践指导方面不断焕发光彩。

在理论宣传这一重要职能中，党报的特殊地位与作用即在于权威性和引导性：宣传党的路线、方针、政策，以动员和指导群众，指导他们的学习和工作。《光明日报》不仅肩负着“上情下达”的宣传引导职能，也有“下情上达”的“桥梁和纽带”作用，在以科学的理论视角解读政策的同时，也作为桥梁反馈群众的落实情况、疑惑、赞扬与批评 。

面对多行业领域较为分散的知识分子读者，《光明日报》兼顾了深度化与通俗化，理论研讨与实践指导。以拨乱反正期间 1977 年 10 月 18 日的“哲学”专刊为例，刊载了来自中国社会科学院哲学研究所的文章《一伙叫卖唯心史观的贩子——批判“四人帮”在“评法批儒”中鼓吹英雄创造历史的谬论》，文章紧跟社会热点，用马克思主义的科学理论批判“四人帮”，并结合了比拟、举例、对比等写作手法，在保持学术严谨的同时也更通俗易懂，使非哲学领域的读者也能轻松理解，增强了文章的说服力与可读性，更好地引导人民。

《光明日报》自创刊以来至改革开放初期，经历了社会主义改造、双百鸣放、拨乱反正等重要历史阶段，始终不忘初心，在担当“党的喉舌”角色的同时，保持知识分子品格，履行着舆论引导、社会监督、发展科教、繁荣文化的职责，对新中国的科教文化发展繁荣与社会建设起到了重要的推动作用。

第八章　《四川日报》的报道

唐凤英[①]

与四川省人民政府同日诞生的《四川日报》，自诞生之日起就注定是党报事业的一部分。69 年栉风沐雨，《四川日报》始终坚持与党、国家和人民同心同向，与时代同频共振，以铁肩担当履行其作为党报的责任与使命。历史是昨天的新闻，新闻是正在发生的历史。本文以 1952 年至 1978 年的《四川日报》为媒，试图在相关新闻报道的引导下，打开了解新中国成立到改革开放前我国社会主义建设道路的曲折探索时期党的历史的一扇窗。

引　言

1952 年 9 月 1 日，由毛泽东主席亲自题写报名的中共四川省委机关报《四川日报》，与四川省人民政府同日诞生，成为四川地区第一党报，也标志着当时全国最大省份的省报正式诞生。党报是党和政府的喉舌，是党和政府联系人民群众的纽带，党报的新闻报道很大程度上就是党曾经和正在发生的历史的生动记录。1949 年到 1978 年是新中国成立到改革开放前我国社会主义建设道路的曲折探索时期。诞生于 1952 年的《四川日报》，作为党的喉舌，是党的事业的一部分，既是那段历史的记录者，也是那段历史的参与者，始终坚持与党、国家和人民同心同向，与时代同频共振。

---

① 唐凤英，中国社会科学院大学新闻学与传播学系博士研究生。

第一节 《四川日报》与四川省人民政府同日诞生

1950 年 5 月 16 日，西南军政委员会在重庆召开西南区新闻工作会议，时任中共中央西南局第一书记的邓小平出席会议并做《在西南地区新闻工作会议上的报告》，提出了著名的“拿笔杆子实施领导”的思想，并提出要办好地方报纸的要求，指出“办好报纸有三个条件：结合实际、联系群众、批评与自我批评”[①]。这些新闻思想也成为邓小平理论和党的新闻思想的有机组成部分。

1952 年 8 月 7 日，中央人民政府委员会第十七次会议决定：成立四川省人民政府，撤销川东、川南、川西、川北人民行政公署。几乎同时，中共四川省委决定，以《川西日报》《川南日报》的人员、设备为基础，调进《川北日报》《川东日报》部分人员，共同创办《四川日报》。8 月开始筹备，8 月下旬试刊[②]。9 月 1 日，四川省人民政府正式成立。同日，由毛泽东主席亲自题写报名的中共四川省委机关报《四川日报》正式出版。这一天，80067 份《四川日报》创刊号飞向巴蜀城乡。头条是四川省人民政府成立的消息，左下版则配发的社论，社论右边加框刊登了一则 191 字的《本报重要启事》，宣告《四川日报》正式创刊（图 8-1）。因为筹备得较为仓促，新生的《四川日报》

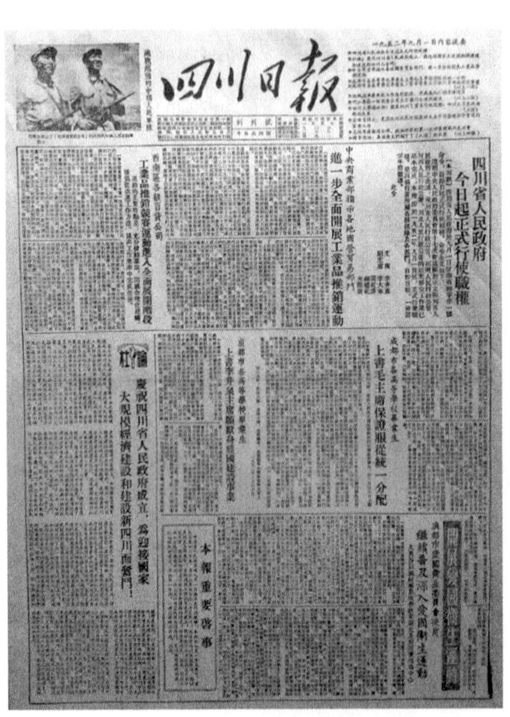
四川日報

四川省人民政府
今日起正式行使職權

進一步全面開展工業品推銷運動

社論
慶祝四川省人民政府成立，為迎接國家大規模經濟建設和建設新四川而奮鬥！

本報重要啓事

上書毛主席保證服從統一分配

繼續普及深入愛國衛生運動

图 8-1 《四川日报》创刊号

① 邓小平：《在西南地区新闻工作会议上的报告》（1950 年 5 月 16 日），《邓小平文选》第 1 卷，人民出版社 1994 年版，第 146 页。

② 余长久：《做强传媒旗舰 打造百年品牌 ——〈四川日报〉60 年历程回顾及展望》，《中国报业》2012 年第 17 期，第 42—45 页。

并无发刊词，其编辑方针也是两个月后才得以确定，即按照邓小平同志所提的要求，“依据联系实际、联系群众、开展批评与自我批评的方针，坚决实行地方化，逐步通俗化，大力提高报纸的思想性”[①]。

1954年西南大区撤销，两年后西康省与四川省合并，原《新华日报》和《西康日报》的部分同志被分配到《四川日报》工作。1960年初，原《四川工人日报》《四川农民报》也与《四川日报》实行合并。此外，该报还陆续吸收了一批地县委通讯干事和大专院校毕业生，用以壮大报社的人才队伍。可以说《四川日报》从诞生之日起就决定了它肩上的使命与责任。到今年，《四川日报》已经走过69个年头，69年栉风沐雨，它始终不渝地与党的事业的发展、人民前进的步伐相伴相随，以铁肩担当记录四川由贫弱走向繁荣兴盛的珍贵历史、讴歌四川人民不懈奋斗的英雄史诗，同时也书写了《四川日报》自身不断发展壮大的辉煌业绩。本文主要考察的是1952年至1978年，《四川日报》是如何发挥党的喉舌作用，与党同生共长，休戚与共。

第二节　重大历史时期的四川实践

作为地方党报，《四川日报》是随着党的事业的发展和形势的变化而成长壮大的。所以几乎可以说，党的每一个重大历史时期的重要活动，《四川日报》都不曾缺席。

一、新中国成立初期的爱国卫生运动

爱国卫生运动是中国特色社会主义事业特别是公共卫生工作的重要组成部分，是我国防控重大传染病的传统法宝。该项运动最早开始于20世纪50年代初期，在反“细菌战”的背景下发起。1952年3月24日，《人民日报》首次使用“爱国的卫生防疫运动”一词对当时的卫生工作进行报道，并号召全国各

① 四川日报：《寻迹一个甲子的历程》，http://dzb.scdaily.cn/2012/08/28/20120828810154082158.htm，2012年8月28日。

地的城市、农村、机关、工厂、学校，都要开展爱国的卫生防疫运动，做好防御细菌战的准备工作，使人人都来参与爱国的卫生防疫运动[①]，可视为正式发起的标志。因该项运动的发起具有强烈的保家卫国的政治目的，全国各级党委、政府都十分重视。四川1952年至1959年的爱国卫生运动大致可分为两个时期。1955年以前，以反“细菌战”为主题；1956年及以后，则以“除四害、讲卫生”为中心。作为党的重要宣传载体，《四川日报》在运动发起早期对其进行了大量的报道。

据学者统计，仅1952年至1955年，《四川日报》对爱国卫生运动的报道就达53篇。其中6篇是转载《人民日报》的相关报道或者刊发中央政府及全国爱国卫生运动委员会的相关指示、精神，其新闻标题如下：《爱国卫生运动取得辉煌成就》（1952年9月25日）、《中央人民政府政务院关于1953年继续开展爱国卫生运动的指示》（1953年1月5日）、《全国各地春季爱国卫生突击运动结束》（1953年5月23日）、《中央爱国卫生运动委员会和卫生部号召各地在春节前进行一次清洁大扫除》（1955年1月4日）、《中央爱国卫生运动委员会指示要求各地开展春季爱国卫生运动》（1955年3月2日）。其余47篇均为针对四川地区运功开展情况的报道，涉及地区有成都、广汉、剑阁、南充、隆昌、宜宾、泸州、射洪、彭县等县市。从报道内容来看，既有关于全省运动开展情况的总体性报道，例如“如以每一节列车载重三十吨来计算，那么，在爱国卫生运动中全省人民扑灭的苍蝇可以装满十八节列车；捕捉的老鼠可以装十六节半列车；清除的垃圾可以装三十九万三千多节列车。新建及维修的下水道联结起来，几乎等于成渝铁路全长的百分之九十”[②]。也有区域性运动情况的生动呈现，如在成都市太和酱园，“过去酱缸、泡菜缸、豆腐乳缸里，无论冬夏，总有白色的蛆虫在蠕动，今年却不同了。四月份，爱国卫生检查组到太和酱园彻底看了一遍，三千多酱缸中一个蛆虫也没有发现”[③]。值得一提的是，《四川日报》还对这次爱国卫生运动存在的不足做了揭露。如在1954年4月的一篇报道中就指出成都市第一人民医院“全院至今还无灭蝇工具，检查组

① 张红芳、张玲：《建国初期全民参与卫生防疫的成功尝试——对〈四川日报〉中爱国卫生运动报道的分析（1952—1955）》，《黑龙江史志》2015年第6期，第56—58页。

② 同上。

③ 同上。

在工作人员厨房发现苍蝇时，一个炊事员同志竟拿洗碗帕去打；一帕下去苍蝇未打到，窗上扬尘四飞。全院凡是蚊虫可能滋生的场所，都没有很好进行打扫。用过的棉花笺也乱丢乱放，不加以处理。特别是门诊部进门的厕所附近最脏最臭；靠墙角有一个很杂乱的垃圾堆。住院部收费处及门诊部卡介苗接种处病员休息地方的椅上，窗上灰尘堆得很厚。该处卫生状况，无论从扑灭五毒或改善环境卫生上说来都很差”①。

2020 年伊始，突如其来的新冠疫情让“爱国卫生运动”再次成为一个热词。习近平总书记在主持召开专家学者座谈会时指出，“爱国卫生运动是我们党把群众路线运用于卫生防病工作的成功实践”“各级党委和政府要把爱国卫生工作列入重要议事日程，探索更加有效的社会动员方式”。在这个特殊时期，再回看新中国成立初期“爱国卫生运动”这段历史，对于我们现阶段爱国卫生运动的开展不无借鉴意义。

二、曲折探索时期的弯路

在中国如何建设社会主义，是一个十分艰难的探索过程，需要经受实践检验。1957 年底开始发动，1958 年全面展开的“大跃进”运动，虽反映了曾长期遭受帝国主义列强欺凌的中国人民，站立起来之后求强求富的强烈渴望，最终的事实却证明它是党在探索中国自己的建设社会主义道路过程中的一次严重失误。

据相关资料记载，1958 年，四川的地方工业正处于大发展时期。由于当时人们对于发展工业存在着种种迷信观念，一提到办工业，总想到洋机器、洋设备和专门技术人才。因此，破除迷信，贯彻执行土洋并举，以土为主的方针，就成为推动地方工业发展的关键。② 所以，当奉节硫黄厂第一个用土办法把硫黄脚渣制成了高级化肥原料——硫黄铵，《四川日报》很快就在头条刊登了《土法也能生产化学肥料》的消息，并配以短评《要善于抓住露头的新事物》，对其大加赞赏和提倡。而后，在奉节经验的启发下，全省其他地方用各种土办法

① 张红芳、张玲：《建国初期全民参与卫生防疫的成功尝试——对〈四川日报〉中爱国卫生运动报道的分析（1952—1955）》，《黑龙江史志》2015 年第 6 期，第 56—58 页。

② 中国人民大学新闻系四川日报实习组：《四川日报的连续报道》，《新闻战线》1959 年第 13 期，第 15—17 页。

制成的各种各样的化学肥料也陆续见诸报端。《四川日报》还配合现场会议，提出“马上掀起土制化肥高潮”的口号，发表了《让土化肥遍布全省》的社论。随着土制化肥的推广，三台县又传出用土办法制成了78种土农药的消息，《四川日报》也很快用专页进行了集中宣传，并发表社论《可贵的启发》论述土法生产的意义。随后，土冶炼，土水泥，土机械等“土办法”就像雨后春笋般涌现了出来。正如当时《四川日报》在总结时所说，“奉节土肥，生在僻壤。报纸一喊，全省名扬。一土见报，百土跟上。两腿走路，青云直上……”足见“大跃进”运动期间新闻报道之“浮夸”。关于这一点，《四川日报》总编室（1982）在做30年的回顾时也提到“本事实求是办报，无哗众取宠之心，这应该是《四川日报》的办报风格”，但“三十年来，《四川日报》在坚持这种实事求是的办报作风中，经历过曲折的道路。应当说，我们报纸从一九五二年创刊到一九五七年的宣传是比较实事求是的。从一九五八年开始，报纸宣传中大刮共产风、浮夸风，这种不实事求是的错误曾经达到了惊人的程度”①。

第三节　党和国家领导人与四川

《四川日报》从创刊开始，始终得到中央和省委领导同志的亲切关怀。如前文所述，毛泽东同志亲自为刊头题字，刘少奇同志在成都会议期间，亲自指示报纸发表有关利用野生植物的社论，中共四川省委根据1958年邓小平同志讲话的精神，要报社发表《论“大集体 小自由”》的评论等。1952年至1978年，党和国家领导人与四川的情缘远不止于此。

一、毛泽东1958年巡视四川

1958年3月，中共中央在成都召开中央有关部门负责人和各省、市、自治区党委第一书记参加的工作会议（又称“成都会议”），毛泽东同志出席并主持会议。会议期间，他先后到成都、郫县、都江堰市（原灌县）、隆昌、重庆

① 本报总编室：《〈四川日报〉三十年（1952—1982）》，1982年，第27页。

等地进行了视察。

成都量具刃具厂于 1958 年 3 月建成投产，是西南第一座、中国第二座现代化精密机具制造厂，也是毛泽东同志视察的第一站。在该厂备料车间的锻工房，他“在一起一落的汽锤旁停下来，仔细地看工人们操作”，并认真听取了当时我国制造的机床以及做量具所用材料的介绍。在铣刀车间，正值交接班的工人们闻讯赶来，“楼上，窗台，机器上到处都挤满了人。‘毛主席万岁’的欢呼声和掌声响成一片”①。

1930 年，毛泽东同志在《反对本本主义》一文中提出了“没有调查就没有发言权”的著名论断。调查研究也成为他一生所倡导的科学工作方法。1958 年 3 月 16 日，他在郫县犀浦乡红光农业生产合作社视察时，不仅走进田间地头，察看田间生产：在菜籽田里，他一边抚摸着菜籽，一边问“一亩田能收多少斤菜籽？”他还走进社员家里，了解日常生活：在一户贫农家里，他用四川话对老婆婆说，“我们摆一摆好不好？”紧接着他又关切地询问老婆婆“什么时候入的社，一家几口，有几个劳动力，交多少公粮，多少统购粮，一年分多少口粮”。在红光社，他还调查了农业社的生产以及除“四害”等情况（图 8-2）。

四川日報
SICHUAN RIBAO
毛主席使红光社大放红光
毛主席接見基伏·斯托伊卡主席
毛主席会见武汉科学技术界人士

图 8-2　《四川日报》对毛泽东同志 1958 年视察郫县红光农业社的报道

① 李映发：《红太阳照亮巴山蜀水——毛主席一九五八年巡视四川》，《四川大学学报》（哲学社会科学版）1977 年第 3 期，第 25—36 页。

我们党和国家在不同历史时期，对水利的地位作用都有过经典论断和精辟阐述。早在 1934 年，毛泽东同志就提出，“水利是农业的命脉”，足见他十分重视水利建设。3 月 21 日，他特意前往都江堰市（原灌县），视察了我国古代著名的水利工程都江堰。

当走到伏龙观的宝瓶口，那里水流湍急，毛泽东同志指着宝瓶口那边的岩石问：“这里的岩石有没有被冲垮的？”听到当时的都江堰管理处处长回答说那是粒岩，很坚硬，他又笑着问，“一百万年以后，可能要被冲毁吧”，就是这个当时大家都答不上来的问题，后来被党和政府列入了议事日程，并组织灌区民工用钢筋混凝土对其进行了加固（图 8-3）。

四川日报

毛主席来到了灌县

图 8-3 《四川日报》对毛泽东同志视察都江堰的报道

党和国家领导人非常关心四川石油、天然气工业发展。继 1958 年 2 月邓小平同志视察隆昌气矿、黄瓜山气田后，毛泽东同志在 3 月 27 日也乘专列到我国第一个利用天然气制造炭黑橡胶原料的隆昌气矿进行了视察，给四川油气战线职工带去了极大鼓舞。

二、邓小平的家乡情

四川是邓小平同志的家乡，是他深深眷念的地方。1952 年到中央工作后，邓小平同志曾先后 9 次回四川视察，关心、支持家乡的革命、建设和改革。在《四川日报》相关报道的基础上，笔者对邓小平同志 1958 年到 1978 年在四川的足迹进行了梳理。

表 8-1　1958 年至 1978 年邓小平同志在四川的足迹

序号名目	时间	地点	事件
1	1958 年 2 月 2 日	隆昌市	视察气矿、新生高级农业生产合作社
2	1958 年 10 月 29 日	剑阁县	到汉阳公社四合大队视察
3	1961 年 2 月 16 日	成都市	考察、参观
4	1963 年初秋	剑门关	视察
5	1965 年 11 月 3 日至 12 月 7 日	四川	秘密视察西南三线建设
6	1965 年 12 月 2 日	攀枝花	到攀枝花工业区视察
7	1978 年 2 月 1 日	成都市	出访尼泊尔，途经成都作短暂停留

在党的七大报告中，毛泽东同志曾指出："我们共产党人区别于其他任何政党的又一个显著的标志，就是和最广大的人民群众取得最密切的联系。"这一点在邓小平同志身上随处可见。回四川视察时，每到一处，他总能很快和当地群众打成一片，很多风趣的对话至今仍为人传颂。例如，在新生农业高级生产合作社视察时，他一句"大家可以随便一点，我也是四川人，老家在川北广安县，说起来都是老乡"，瞬间打破了当时的紧张气氛。在汉阳公社四合大队的那句乡话："我们从上头来，到下头去！"更被传为佳话。

针对大办公共食堂，造成粮食浪费和农民生活不便的问题，1958 年 11 月 8 日，报纸根据邓小平同志在四川的讲话精神撰写了社论《论"大集体，小自由"》（图 8-4），指出"集体和自由是统一的，集体食堂下面应当有自由，而自由又反过来促进集体食堂的巩固和发展，促进人们集体主义思想的成长"①，强调集体化不是人为地事事强求统一，要"给予每个人一些机动"。该评论在当时发挥了积极作用。

① 四川日报：《论"大集体，小自由"》，http://dzb.scdaily.cn/2012/08/28/20120828810154086471.htm，2012 年 8 月 28 日。

社論 論"大集体，小自由"

（下轉十版）

图 8-4　1958 年《四川日报》根据邓小平同志讲话精神发表社论《论“大集体，小自由”》

此外，1958 年，在成都会议期间，周恩来同志和刘少奇同志也曾到成都视察。图 8-5、图 8-6 分别是《四川日报》对周恩来同志视察成都市友谊农业社和刘少奇同志视察成都工厂的报道[①]。

周总理訪問友誼社

图 8-5　1958 年《四川日报》周恩来同志视察成都市友谊农业社

刘少奇同志在成都

在成都量具刃具厂

在西南无线电器材厂

图 8-6　1958 年《四川日报》刘少奇同志视察成都工厂的报道

① 周恩来同志和刘少奇同志视察的图片资料整理自《四川日报》总编室编印的《〈四川日报〉三十年（1952—1982）》。

结　语

“学史以明智，鉴往而知来。”时值建党百年，党史既是最好的教科书，也是最好的清醒剂和营养剂。与四川省人民政府同日诞生的《四川日报》，从诞生之日起，就注定是党的新闻事业不可或缺的一部分。本文以 1952 年至 1978 年《四川日报》的新闻报道为媒，不仅可以回望、梳理党在新中国成立到改革开放前我国社会主义建设道路的曲折探索时期那段特殊的历史，同时也可以看到，这份当时全国最大省份的省报自身的一个发展历程。邓小平同志 1950 年提出，“拿笔杆是实行领导的主要方法”，在福建宁德工作时，习近平同志也明确指出：“善于运用新闻推动工作，实际上是一种领导水平和现代工作方法的表现。”经过百年光荣历练，中国共产党已经从最初的几十人发展壮大到成为拥有九千多万党员的大党。《四川日报》也在 2000 年开启报业集团的发展之路后稳步迈进。未来路上，《四川日报》将继续坚定地与党的事业发展、人民前进的步伐相伴相随，书写奋进新篇章。

第四部分　专题报告

翻天覆地：1978—2012年的媒体报道

第九章　《人民日报》的报道（1978—2012）

朱松林　朱怡婷[①]

《人民日报》作为党报党报排头兵，坚持政治家办报原则，深入宣传党的理论和路线方针政策。从改革开放到党的十八大召开，《人民日报》为适应经济社会发展需求，进行了四次重要改版。第一次改版发生在 1995 年 1 月 1 日，为了缓解社会主义市场经济体制下，人们对信息需求量的激增与报纸版面不足的矛盾，《人民日报》由 8 版增加到 12 版，其中华东版为每日 16 版。2003 年 1 月 2 日的第二次改版延续了第一次的改版宗旨，由 12 版增加到 16 版，其中华东和华南版每日出 20 版。到 2009 年，改革开放已经进行了 30 年，中国的经济发展水平得到了显著的提升，国际交往也不断增多。在这种情况下，当年 7 月 1 日，《人民日报》再次扩版至 20 版，其中新增了一个国际新闻版。到了 2010 年 1 月 4 日，为了进一步在国际舆论市场上赢得与中国综合国力相应的地位，《人民日报》再次增加了一个国际新闻版，并且每日出版的总版数增加到了 24 版。

该阶段的《人民日报》始终保持与党和人民同心同德，与时代发展同频共振。一方面在坚持党性本色，为宣传党的改革开放路线方针和社会主义现代化建设伟大成就鼓与呼；另一方面，积极顺应新闻传播规律，创新内容和版式，为主流媒体的新闻改革树立标杆。

---

① 朱松林，安徽财经大学文学院教授；朱怡婷，安徽财经大学新闻系硕士研究生。

第一节　吹响改革开放号角

随着“四人帮”的粉碎、“文化大革命”的结束，中国十年动乱的局面彻底结束，全国人民迫切希望党和国家从危难中重新奋起。与此同时，世界经济正快速发展，科技进步日新月异。无论是国外局势还是国内局势都促使着中国共产党及时作出政治决议和战略部署以谋求全党全国各族人民光明的前途和命运。在中国面临着何去何从的重大历史关头时，1978 年 12 月，党的十一届三中全会于北京胜利召开。全会重新确立马克思主义的思想路线、政治路线、组织路线。实现了新中国成立以来党的历史上具有深远意义的伟大转折，开启了我国改革开放和社会主义现代化建设的新征程。

一、推动思想解放：阐释十一届三中全会精神

党的重大会议召开，在推动党和国家事业不断发展进步的过程中发挥了重大作用。《人民日报》作为党中央的机关报，是党的重要思想舆论阵地，承担着党的宣传工作职责。在党的重大会议新闻报道中，《人民日报》会针对会议主题、报告中提出的重要思想、政策进行深入阐释宣传。通过评论员文章、社评、时评、权威人士解读等多样化报道形式，全面、准确、生动地传递党的声音，让广大群众正确认识党的路线、方针、政策。

在党的十一届三中全会结束后，《人民日报》对会议进行了大规模的报道和宣传，取得了显著的引导效果。在宣传全会发布的公报上，《人民日报》发表了众多政党军负责人以及知名人士对于学习公报的心得体会，传递了全国军民一致拥护全会公报的欣喜心情。

此外，《人民日报》连续发表社论，深入阐释公报内容。1978 年 12 月 25 日发表的《把全党工作的着重点转移到现代化建设上来》一文，鞭辟入里地分析了全会上这一伟大战略决策的重要意义。揭示了此项重大决策不仅符合我国历史发展进程的客观要求，也反映了党和人民的迫切愿望的现实意义。1979 年 2 月 9 日刊发的《举国上下同心同德搞四化》，继续将现代化建设的宣传引向深入，成为改革发展中凝聚社会共识的一股精神力量。

在党的重大会议报道中，《人民日报》作为党的重要思想舆论阵地，坚定

不移地将党性原则贯穿新闻宣传工作的始终，忠实地履行党的思想、主张的宣传职责，为党和国家事业的发展凝心聚力，发挥桥梁和纽带的作用。

二、推动农业体制改革：宣传家庭联产承包责任制

改革的热潮席卷中国大地，中国的经济体制改革率先从农村突破。中国农民创造了家庭联产承包责任制，即以家庭承包为主要形式的包产到户、包干到户等生产责任制。该制度极大地调动了农民的积极性，解放和发展了农村生产力。

作为党中央机关报的《人民日报》自然将宣传好党的政策作为自己的中心任务，十分注重经济政策的宣传，为农村经济体制改革发挥了重要的推动作用。

在家庭联产承包责任制诞生的初期，“左”的思想束缚了一些干部群体，导致对这项制度认识上的不到位，认为政策放宽过头了，集体经济瓦解了，甚至认为这是资本主义复辟。对于这些议论，《人民日报》坚持正确宣传党的政策，在三中全会刚刚闭幕便发表了社论《解放思想 实事求是》，尤其针对当时一些领导干部对于推行生产责任制的责难指出，不少同志在思想解放方面仍处于僵化和半僵化的状态，这是有害的，不利于对实际工作的开展。社论深度阐释了要实现党的工作重心顺利转移到经济建设必须坚持解放思想、实事求是精神，也为日后各级党委和支部促进群众解放思想的工作指明了正确方向。

1979年初，《人民日报》开辟讨论专栏，开展了为期一年的《怎样加快农业发展》的讨论，为参与生产责任制度的广大农村基层干部群众提供交流经验的公共空间，有利于集思广益，启发和引导干部群众更好地发展农业生产。

随着“大包干”生产责任制的兴起，生产关系也面临着一些新的理论认识问题。《人民日报》针对这些问题积极进行讨论和引导，如《人民日报》发表的《完善生产责任制中的几个认识问题》《正确对待双包制》等文章进一步明确对生产责任制性质的认识。

在对生产责任制的宣传报道中，《人民日报》注重典型宣传，通过对于典型经验的介绍加深了人们对于包干优越性的认识。如1985年10月5日刊登的通讯《今日大寨》中介绍了大寨实行生产责任制后带来的变化，不仅带来粮食的增产，居民收入、生活水平也在逐步提升。

第二节　用中国特色社会主义理论武装全党

1992年10月召开的党的十四大，提出了一个具有全局和长远意义的战略任务，即用建设有中国特色社会主义理论武装全党。作为毛泽东思想的继承和延续，邓小平建设有中国特色社会主义的理论成为我们党领导第二次革命的指导思想。在改革开放和现代化建设的进程中，中国特色社会主义理论应当被广大群众所掌握，使其发展成为全国各民族的精神支柱。因此，为用这一理论武装全党服务，《人民日报》将中国特色社会主义理论作为宣传工作的根本任务和头等大事。

一、宣传十四大精神

《人民日报》对中国特色社会主义理论的宣传自十四大以来主要经历了四个阶段。

在报道宣传初始阶段，《人民日报》将中国特色社会主义理论的形成历程和主要内容作为系统阐述的重点。除了发表相关的社论，还在理论版专门开设《用建设有中国特色社会主义理论武装全党笔谈》专栏。一年之内，专栏共发表了42篇文章用以宣传该理论。其中包括《党的十四大与中国社会主义的前途》《中国社会主义的命运》《全面推进有中国特色社会主义事业的伟大纲领》等文章，皆是站在全局高度撰写的理论力作，为引导广大干部群众学习贯彻党的十四大精神，深刻领会建设有中国社会主义理论的精神并把握其实质要义发挥了巨大的作用。

报道宣传的第二阶段，《邓小平文选》第三卷的出版将中国特色社会主义理论的宣传掀起了一个群众性的新热潮。在这股热潮下，《人民日报》为此新开设了一个专栏《认真学习〈邓小平文选〉第三卷》，该专栏总共刊登了40多篇文章。着重宣传了邓小平同志关于解放思想、实事求是、社会主义本质、社会主义初级阶段等论述。

第三个阶段，在党的十四届三中全会作出《关于建立社会主义市场经济体制若干问题的决定》后，为了推动建设有中国特色社会主义理论向纵深发展，《人民日报》发表了《建立社会主义市场经济体制的行动纲领》《进一步发挥货币政策在宏观经济调控的作用》等文章。强调建立社会主义市场经济制度对于我国现代化建设的必要性和重要性，帮助人们对新制度有清晰的了解，从而使人们的思想认识和行动与十四大精神相统一。

第四个阶段，1994年年初的全国宣传思想工作会议要求坚持“以科学的理论武装人”，把宣传建设有中国特色社会主义理论推向一个新高潮。在这一阶段，《人民日报》有针对性地对改革发展过程中所遇到的热点、难点问题进行分析和解释。其中包括如何处理改革、发展与稳定的关系，全局利益与局部利益的关系，如何坚持公有制为主体等，使建设有中国特色社会主义理论的宣传更深入一步。其中，《什么是社会主义，如何建设社会主义？》等文章受到读者广泛好评。

二、报道西部大开发战略

世纪交替，我国综合国力显著提升，为了解决长期以来中西部地区发展不平衡、不协调的问题，1999年9月，党的十五届四中全会作出了实施西部大开发战略的决策，要求加强对于中西部地区和少数民族地区的基础设施建设和财政支持，以促进中西部地区快速发展。西部大开发战略的实施于2000年全面启动。作为党中央总揽全局的重要战略决策，为实现中西部地区协调发展和最终实现共同富裕形成了重要的推动作用。

《人民日报》始终屹立在时代前沿，坚持围绕中心服务大局，及时传达中央精神和深入阐释每一项重大战略决策部署。作为主流媒体排头兵的《人民日报》，在针对西部大开发战略的宣传中起到主力军的作用，《人民日报》发挥其评论优势，针对西部大开发战略发表了系列评论，从2000年1月24日至5月4日，《人民日报》集中发表了1篇社论，10篇评论员文章，从大局出发宣传阐释西部大开发战略。

2000年1月24日，《人民日报》发表了第一篇西部大开发的评论员文章《重大的战略抉择》，文章强调了实施西部大开发战略对于实现全国区域性协调发展具有重大意义，是一个关系现代化建设全局的战略举措。并指出从现在起要将此战略摆在更加突出的位置。文章还指出各地区、各部门要充分认识实施西部大开发的必要性和紧迫性，将思想和行动统一到中央决策上来。3月23日至5月4日，《人民日报》连续一个月的时间发表“九论实施西部大开发战略”

系列评论员文章。3月23日发表的“九论”开篇之作《把开发热情引导到中央指导方针上来》便强调了西部大开发的整体性，必须服从中央的统一部署，明确了各地区广大干部群众在今后的具体开发过程中要注重对全局利益和长远利益的考量。西部大开发“九论”在选题上有着不同的侧重点，例如《要有长期作战的思想准备》一文中强调长期作战的思想作风，在《产业结构调整是开发的关键》中则强调具体的工作指导。《人民日报》权威、且富有指导性的系列评论不仅给广大读者带来了积极的影响，同时也为其他主流媒体宣传报道西部大开发战略提供了正确的舆论导向作用。

三、报道中国加入世贸组织

2001年12月11日，在历经了15年的艰难谈判后，中国终于正式加入世界贸易组织，成为其第143个成员，中国入世不仅是我国改革开放历史进程中具有重大历史意义的事件，也标志着中国对外开放由此进入了一个新的阶段。实践证明，中国加入世界贸易组织是顺应时代潮流，符合世界全球化趋势的客观现实，使中国经济在全球化趋势下的国际贸易往来中获得参与制定规则和竞争的有利地位，从而开辟了对外开放的新天地，获得更为广阔的发展空间，更进一步加速了经济体制的改革和现代化建设的进程。

《人民日报》发挥其主流媒体的议程设置功能，对于中国“入世”这一重大事件进行了充分报道。在中国寻求加入世贸组织的漫长过程报道中，2001年10月25日至11月25日是各大媒体对于入世报道最为集中的时间段，《人民日报》在这一时期关于“入世”主题的报道共130篇，42篇千字以上的评论，占据各版头条的有10篇。为了充分发挥中国入世这一议题的重大价值，《人民日报》专门开设了“走进WTO”的专题。在报道视野上突破了以往经济类报道平面单一的报道模式，对中国入世进行了立体报道。报道形式上，既有动态的消息也有静态的深度报道。报道内容更是涉及国民经济及社会生活的各个领域。

在中国正式加入世贸组织前后一周，即2001年11月6日到11月19日这个时间段的相关报道中，《人民日报》刊发了17篇有关国际舆论积极评价中国的“入世”报道，而对中国“入世”事件本身及国内评价的报道只有9篇。《人民日报》更多传递的是中国“入世”大受国际社会欢迎的信息。在国际舆论的报道的叙事框架中除了表现出“世界欢迎中国”之外，更多的是“世界需要中国”“中国‘入世’是件在国际上影响深远的大事”。《人民日报》在中国入世当天发表了社论《中共改革开放进程中具有历史意义的一件大事——祝贺我国加入世界贸易组织》中明确提出，“入世”标志着“我国对外开放事业进入一个新的阶段”。这件“我国现代化建设中具有历史意义的大事，必将对新世纪我国经济发展和社会进步产生重要而深远的影响”。

第三节　凝聚众志共克时艰

在社会发展过程中，难免会遭遇危及到人民生命财产安全的灾难性事件。媒体报道灾难性事件时，不仅要提供准确、及时的信息，也要切实承担起社会责任，发挥舆论引导作用，树立媒体的社会公信力。

一、凝心聚力　抗击非典

2003年2月中下旬，我国非典疫情大暴发，短短两个月波及了全国26个省、自治区和直辖市。给人民的生命健康安全和国民经济造成了严重冲击。在严峻的非典疫情考验下，党和国家领导人正确领导全国各族人民统一思想战线，发挥万众一心、众志成城、团结互助的精神，携手共克时艰，最终取得了抗击非典疫情的阶段性重大胜利，充分彰显了我国社会主义制度的优越性。

《人民日报》在这场抗击非典的硬仗中充分发挥了党报的舆论示范作用。抗击非典宣传报道历时两个多月，《人民日报》共刊登关于非典防治的稿件2780篇，发表各种言论文章171篇。开设了《奋战在抗非典第一线》《每日疫情通报》等13个专栏。不仅如此，《人民日报》所做的针对非典疫情的内参以其高质量、高水准为党中央各级领导作出决策提供了重要参考价值。

在对非典疫情的宣传报道中，《人民日报》坚定不移地贯彻中央宣传工作精神，并始终牢牢把握正确的舆论导向，引导全国各族人民思想和行动与中央的部署相统一。为大力宣传胡锦涛同志倡导的“万众一心、众志成城、团结互助、和衷共济、迎难而上、敢于胜利”的精神，《人民日报》充分报道了抗非典各条战线上涌现出来的英雄人物以及他们的感人事迹。如长篇通讯《非常时刻的勇士——献给奋战在抗击非典一线的护士们》于护士节当天推出，高度赞扬了奋战在抗击非典一线工作的护理工作者崇高的奉献精神，起到了很好的鼓舞人心的宣传效果。

在宣传报道中，《人民日报》不仅注重作为党报的严肃性、权威性，同时也在新闻报道中落实“三贴近”原则，以增强了报道的吸引力、感染力。如《当非典来袭的时候 生命依旧》《不必返乡避非典——一位偷偷返乡民工的心声》《非典时期——一个小学生独自生活的23个日夜》等文章反映了非典疫情笼罩下不同群体的真实心声，真切动人的文章深深打动着每一位中国人。

随着各地疫情防控渐次收尾，《人民日报》便开始将对于抗击非典报道的热度逐渐转移到常规的经济、工作报道中，评论中《一手抓防治非典 一手抓经济建设》准确传递出党中央的精神，强调要坚持“两手抓”，一手抓非典疫情防治工作，一手抓全党和全国人民坚持经济建设这个中心不动摇，致力于搞好经济建设，实现预期发展目标。

《人民日报》在重大突发性公共卫生事件面前始终站稳政治立场，担负起党和政府、人民的耳目喉舌的崇高职责，配合党中央带领全国人民凝心聚力，共同抗击非典疫情的艰巨任务中发挥了很好的舆论引导作用。

二、众志成城　抗震救灾

2008年5月12日14时28分，四川汶川发生8级的特大地震。这是新中国成立以来破坏性最强、波及范围最广、救灾难度最大的一次地震。受灾群众4625万人，灾区总面积约50万平方公里。在地震发生后，胡锦涛总书记立即作出指示，全面部署抗震救灾工作。全党全军全国各族人民众志成城、迎难而上，迅速开展我国历史上救援速度最快、动员范围最广、投入力量最大的抗震救灾斗争，最大限度地挽救受灾群众生命，最大限度地减低了灾害造成的损失，谱写了感天动地的英雄凯歌。

《人民日报》在灾难性报道中始终将以人为本作为核心价值导向，把生命价值置于首位。在汶川地震报道中，《人民日报》发文《温家宝乘直升飞机进震中汶川强调把救人摆在抢险救灾工作的第一位》《胡锦涛前往四川重灾区北川县看望受灾群众》及时向受灾群众传递政府关怀。

2008 年 5 月 20 日，一篇以日记形式记录的报道《抗震七日》深深打动了每一位中国人，文章将党和政府在地震中持续救援行动的点点滴滴记录下来，在这份日记式报道中，人们看到的是中国力量和中国速度，给深处灾难困境中的人们带来了心理慰藉和信心鼓舞。

除此之外，《抗震救灾要坚持以人为本》《灾害面前要以人为本》等报道充分表明了党和政府在整个救援行动中"生命至上""人民生命高于一切"的执政理念。同时，也彰显了《人民日报》在突发性灾难报道中的人文关怀责任。

第四节　报道十八大　擘画新时代

2012 年 11 月 8 日，中国共产党第十八次全国代表大会在北京召开。作为一次"继往开来"的大会，不仅总结了过去五年的工作成就和不足、十年的奋斗历程，还指明了未来发展的方向"我们党将举什么旗、走什么路、以什么样的精神状态、朝着什么样的目标继续前进"。除此之外，十八大实现了中央领导集体的新老交替，产生了全新一届中央领导集体。从此，中国特色社会主义进入新时代，为实现中华民族伟大复兴中国梦而奋斗。

作为党的喉舌，及时、准确、全面地传递党的声音是《人民日报》的政治责任所在。十八大期间，《人民日报》更是集全社之力，每天不间断地向读者传达党代会的信息，宣传阵势堪称前所未有，在党代会报道上画下了浓墨重彩的一笔。

十八大期间，《人民日报》共发表了 302 篇报道和大会相关的报道。在版面数量上，《人民日报》在周一至周五开设有 24 个版面，周六周日日开设 16 个版面，报道会议的总版面有 152 个。

报纸栏目设置灵活多样，新增了"代表话民生""红船观澜""新语""代表心声""纵横""聚焦"等栏目。此外，在栏目设置上紧贴十八大报告的内容，如十八大报告中强调了生态环境议题的重要性，指出必须牢固树立尊重自然、顺应自然、保护自然的生态文明理念，基于此，《人民日报》在十八大报道中还设置了"代表议生态文明""绿词点击"两个有关生态环境的栏目。

十八大召开，《人民日报》的新浪微博官方账号@《人民日报》也首次介入了党代会的宣传报道，实现了传统媒体与新媒体融合互补。在十八大报道中@《人民日报》共推送101条和会议相关的内容。开幕当天，11月8日，关于大会@《人民日报》共推送了24条微博。在报道内容的形式上也呈现多样化，既有关于会议的实时报道，也有关于普通民众心声的报道、报告解读的报道、振聋发聩的评论等，报道范围覆盖各个领域，一定程度上满足了不同用户的信息需求。报道形式上，以文字和图文报道为主，其中文字报道有40条，占报道总量的39.60%，图文报道有61条，占报道总量的60.40%。

除此之外，《人民日报》充分发挥党报的评论优势，借助新媒体渠道扩大其影响力，实现新闻宣传和舆论引导。@人民日报通过“你好，明天”“微评论”“微议录”“微倡议”等评论栏目，占领了舆论的制高点，在新媒体平台形成强势焦点，成功将网民的注意力聚焦在十八大报道的议程当中。@人民日报为民众积极参与政治议题的讨论提供了交流和表达意见的平台，使得十八大召开期间，网络空间对大会热点议题的讨论始终保持着浓厚的民主氛围。

第十章　《光明日报》的报道（1978—2012）

吴文汐　祁　悦[①]

《光明日报》作为中共中央主办的思想文化大报，历史悠久，定位清晰，自创办以来始终把握正确方向，明确自身定位，积极开拓进取，充分发挥了记录、点评、监督、引导的作用。“与真理同行，与时代同步”，这是《光明日报》始终坚持的信条。自 1978 年十一届三中全会至 2012 年党的十八大胜利召开，在改革开放和社会主义建设新时期，《光明日报》始终坚守党性、坚守职责，用心记录党在各个时期的伟大探索与辉煌成就。本文通过分析《光明日报》的报道，再现 1978 年至 2012 年党领导全国各族人民建设有中国特色的社会主义，实现中华民族伟大复兴的光辉历程，同时也彰显了党领导下主流大报的使命和担当。

第一节　理论政策的解读者

作为党和国家联系广大知识分子的桥梁和纽带，《光明日报》在党的理论政策宣传上始终走在前列，紧跟党中央的理论创新与发展，及时宣传、实事求是、全面深刻。在《光明日报》的精心策划报道下，党的重要思想政策与重大会议

① 吴文汐，东北师范大学传媒科学学院（新闻学院）副教授，公共传播与社会治理研究中心主任、博士；祁悦，东北师范大学传媒科学学院（新闻学院）硕士研究生。

有了生动的呈现和精辟的解读。

一、真理标准大讨论吹响改革号角

党的十一届三中全会召开前夕，《光明日报》刊登特约评论员文章《实践是检验真理的唯一标准》，文章中指出“实践不仅是检验真理的标准，而且是唯一的标准”[①]。这篇文章刊登后在全国范围内引发了一场关于真理标准问题的大讨论，引起了社会各界的热烈反响。十一届三中全会对这场大讨论给予了高度评价，称“这对于促进全党同志和全国人民解放思想，端正思想路线，具有深远的历史意义”[②]。

12 月 13 日，邓小平同志作了题为《解放思想，实事求是，团结一致向前看》的重要讲话，这个重要讲话成为十一届三中全会的主题报告。[③]12 月 24 日，在十一届三中全会顺利闭幕后，《光明日报》刊载《中国共产党第十一届中央委员会第三次全体会议公报》一文，对会议决议与全党工作重点进行了宣传报道。党的十一届三中全会标志着中国进入改革开放和社会主义现代化建设的历史新时期，中国共产党从此开始了建设中国特色社会主义的新探索。[④]

二、东方风来满眼春　改革开放迈出新步伐

1992 年邓小平同志到南方视察并发表了重要谈话，这次谈话对中国整个社会主义现代化建设事业具有重大而深远的意义[⑤]。3 月 30 日《光明日报》刊登《东方风来满眼春——邓小平同志在深圳纪实》，该篇报道聚焦邓小平同志南方谈话的主要内容，集中篇幅对讲话的重要部分进行详细报道，并且充分肯定了改革开放以来深圳取得的成就。31 日《光明日报》刊登大量邓小平同志在广东考察的新闻图片，生动地呈现出邓小平同志考察谈话的风采。邓小平同志的南方谈话不仅在经济体制改革方面指明了方向，而且也对十四大的胜利召开

---

① 光明日报. 实践是检验真理的唯一标准 [N].1978-05-11（1）.

② 张政. 在接续奋斗中谱写高质量发展的光明篇章 [J]. 新闻与写作，2021（4）：86—90.

③ 光明网.【奋斗百年路 启航新征程】党的十一届三中全会——实现伟大转折 开启伟大征程 [EB/OL].（2021-03-01）[2021-06-24].https://m.gmw.cn/baijia/2021-03/01/34652084.html.

④ 中国共产党新闻网. 1978 历史大转折——十一届三中全会的台前幕后 [EB/OL].[2021-07-16]. http://cpc.people.com.cn/GB/64162/134580/134581/index.html.

⑤ 中国共产党简史编写组编著. 中国共产党简史 [M]. 北京：人民出版社 中共党史出版社，2021，第 102 页.

起到了指导作用。更重要的是，邓小平同志的此次南方谈话高屋建瓴地对当时党和国家的命运与发展做出了重要指示，本次南方视察活动对于我国的社会主义现代化建设而言也具有非常重大的意义。

1992 年 10 月 12 日，党的十四大在北京顺利举行，同日《光明日报》在第一版刊登社论《把有中国特色的社会主义事业全面推向前进——热烈祝贺党的十四大隆重开幕》。十四大期间《光明日报》完整刊登江泽民同志在十四大上所做的报告全文，该报告提出了 90 年代改革和建设的主要任务，并指出“就其引起社会变革的广度和深度来说，是开始了一场新的革命”[①]。《光明日报》还刊发了名为《改革是一场新的革命　要依靠改革解放发展生产力》等文章，报道了与会代表们对十四大报告进行的学习与讨论。本次大会认真总结了自 1978 年改革开放以来的经验，明确了党和国家 90 年代改革发展的主要任务。

1997 年 9 月 12 日至 28 日，中共十五大在北京圆满举办。在大会上，江泽民同志进行了名为《高举邓小平理论伟大旗帜，把建设有中国特色社会主义事业全面推向二十一世纪》的重要报告。《光明日报》不仅刊登了报告全文，更发表了《学习贯彻落实十五大精神　推动经济和社会全面进步》等文章，报道了十五大代表对会议精神的学习与探讨。作为世纪之交一次承前启后、继往开来的重要会议，十五大报告中第一次使用了“邓小平理论”这一科学概念，并将“邓小平理论”确立为党的指导思想写入党章，这也是本次大会的重要理论贡献。此外，党和国家领导人在会上对思想理论、经济建设、法制建设、文化建设等方面都做出了重要指示，为 21 世纪的中国特色社会主义伟大事业的推进指明了方向。

三、“三个代表”指引全面建设小康社会征程

2002 年 11 月 8 日中共十六大在北京召开，“三个代表”重要思想在本次大会上正式被确立为党的指导思想。此次大会还提出了全面建设小康社会的奋斗目标。围绕“三个代表”重要思想，《光明日报》刊发名为《贯彻“三个代表”重要思想要坚持“四个必须”》的文章，还将会议代表围绕“三个代表”重要思想展开的讨论汇总形成报道，以《把全面贯彻“三个代表”重要思想写

---

① 光明日报. 十四年伟大实践是一次新的革命 [N].1992-10-13（2）.

入党章是广大党员的心愿和亿万人民的心声》为名进行了发表。除此之外，《光明日报》还深入挖掘典型，比如聚焦中国民航的发展，刊发《在“三个代表”思想指引下创造民航辉煌》，报道了中国民航在“三个代表”重要思想指导下取得的辉煌成绩。

十六大报告中还提出，要在21世纪头20年，集中力量全面建设惠及十几亿人口的更高水平的小康社会①，《光明日报》发表名为《全面建设小康社会的奋斗目标》等文章，对党中央全面建设小康社会的重要指示进行了全方位报道。此外，《光明日报》还刊登《与时俱进全面建设小康社会》《“全面建设小康社会”的目标令人鼓舞》等文章，报道了人大代表、中央国家机关干部职工等群体学习十六大报告后对全面建设小康社会的美好期待，纷纷表示要认真落实各项任务，为全面建设小康社会做出贡献。作为中华民族跨世纪的理想与目标，全国人民在中国共产党的领导下积极投身到小康社会的建设中来，为全面建设小康社会不懈奋斗。

四、坚持“科学发展观” 构建社会主义和谐社会

2003年，非典的发生和蔓延过程暴露出了我国高速发展中存在的新问题，正是在这样的现实背景下，为解决“实现什么样的发展、怎样发展”这一重大问题，时任中共中央总书记的胡锦涛同志提出了“科学发展观”这一重要思想。在同年10月举行的十六届三中全会上，“科学发展观”第一次在党的正式文件中被完整提出，《光明日报》针对这一重要思想刊登了系列报道，如《科学发展观的人文底蕴》《论科学发展观》等，积极就“科学发展观”展开讨论和研讨，充分凸显出科学发展观的重要性。十六届五中全会后，党中央继续深入宣传“科学发展观”，为积极响应党中央的号召，加强对于“科学发展观”的宣传工作，《光明日报》连续发布多篇文章，如《论发展》《论开放》等，这些文章一经发表就引发了社会各界的热烈反响。为贯彻落实“科学发展观”，党中央提出建设资源节约型社会。为此，《光明日报》开展《节约箴言》专栏，积极响应国家政策号召，并开拓创新，结合自身定位，从文化视角对相关思想

---

① 光明日报. 与时俱进全面建设小康社会 [EB/OL].（2002-11-09）[2021-07-01]. https://www.gmw.cn/01gm-rb/2002-11/09/02-CF64A6A4EC13034448256C6B0082D278.htm.

政策进行解读与宣传。

2006 年 10 月 8 日至 11 日，党的十六届六中全会胜利召开，会上提出构建社会主义和谐社会的重大战略目标与政策措施，《光明日报》刊发名为《论建设和谐文化》的文章，对什么是和谐文化、怎样建设和谐文化[①]进行了科学回答。除此之外，《光明日报》还刊登了《探索与构建和谐社会目标相适应的社会分层理论》《法治对于构建和谐社会具有重要意义》《构建和谐　人人有责　人人共享》等文章，从学术理论视角探讨了和谐社会构建的相关问题，充分体现了《光明日报》的理论性、学术性特点。《以改革促进和谐　以发展巩固和谐》《和谐社区量化的背后》《解读锁金村和谐指标》等文章则聚焦我国建设和谐社会已取得的成绩和典型，为相关工作的开展提供了方向。

2007 年 10 月，在党的十七大会议上，中国特色社会主义理论体系被首次提出，会上还对此做了全面概括，同时大会也对实现全面建设小康社会这一目标作出了全面部署。大会开幕当天，《光明日报》头版刊登《党的十七大举行预备会议和主席团第一次会议》等系列报道，推出“党的十七大特刊”并发表特刊发刊词。《光明日报》十七大特刊分为“文艺家视野中的建设成就”“盛会华章”“美术作品”“会内会外”“代表风采”五个主题，以点带面，对十七大进行了全方位的报道，聚焦党和国家取得的巨大成就以及十七大上重要的会议精神。同时，《光明日报》还刊发了《贯彻落实科学发展观维护社会和谐稳定》《十七大代表三人谈：深入贯彻落实科学发展观》《十七大代表热议“推动科学发展，促进社会和谐”》等文章，通过专家、学者、人大代表畅谈科学发展观，探讨如何抓住机遇，促进社会的和谐、科学发展。

五、弘扬“红船精神”　走在时代前列

2005 年 6 月 21 日，《光明日报》发表了习近平同志的一篇名为《弘扬“红船精神”走在时代前列》的文章。文中，习近平同志首次提出“红船精神”，并对这一中国共产党的源头精神进行了详细、全面、有深度的阐释。文章中指出，

① 光明日报. 论建设和谐文化 [EB/OL].（2006-10-09）[2021-07-16]. https://www.gmw.cn/01gmrb/2006-10/09/content_489374.htm.

"红船精神"对党的先进性建设具有重要意义[①]，我们应当在新的实践中继承和弘扬"红船精神"[②]。"红船精神"不仅是凝聚党员的重要力量，更是实现中华民族伟大复兴中国梦的强大精神动力[③]。《光明日报》始终走在宣传党的思想的最前沿，充分彰显了其思想文化大报的定位与特色。

六、马克思主义理论研究取得丰硕成果

2012年11月，党的十八大实现了中央领导集体的新老交替，这是进入全面建成小康社会决定性阶段召开的一次极为重要的大会，从此一系列理论创新与实践创新相继展开，中国特色社会主义迈进新时代。在十八大召开前夕，《光明日报》充分发挥理论宣传的特色，报道了马克思主义理论研究与建设工程的丰硕成果[④]，《凝聚在马克思主义旗帜下——一级学科设立助推马克思主义理论"三进"纪实》等文章，充分彰显了《光明日报》面向知识分子的办报定位。与此同时，《光明日报》先后发表了近百篇关于马克思主义理论研究的报道与文章，如《如何提炼社会主义核心价值观》《高扬马克思主义理论伟大旗帜》等[⑤]。《光明日报》还在"光明专论"上刊发了《在中华民族伟大复兴中增强理论自觉、理论自信》等文章，对中国特色社会主义道路、理论体系、制度特点及规律进行解读，突出宣传党的十六大以来中国特色社会主义理论体系建设的重大进展和重要成果[⑥]，在宣传马克思主义理论在我国取得的丰硕成果的同时为十八大的召开营造良好的舆论氛围。

十八大召开期间，《光明日报》推出《欢庆党的十八大特刊》，开辟专版、专栏，邀请著名专家学者解读十八大的新思想、新方向，走近代表专栏采访各界人大代表。会后《光明日报》仍然对十八大的重大理论跟进报道，同时发表了《高举旗帜　继往开来》等文章，形成了专家学者讲理论、领导干部说政策、

---

① 光明日报. 弘扬"红船精神" 走在时代前列 [EB/OL].（2005-06-21）[2021-07-16]. https://www.gmw.cn/01gmrb/2005-06/21/content_254696.htm.

② 同上.

③ 光明网. 习近平同志2005年6月21日在《光明日报》发表文章 [EB/OL].[2021-07-16]. https://topics.gmw.cn/node_115855.htm.

④ 马兴宇. 充分认识 深度解读 创新宣传——光明日报深化党的十八大精神理论宣传的若干认识 [J]. 新闻与写作，2013（1）：11-13.

⑤ 同上.

⑥ 同上.

基层群众谈体会的多层次、立体化的理论宣传格局与氛围。[①]

第二节　经济发展动态的记录者

《光明日报》始终密切关注国家的经济发展动态，及时报道中央经济工作会议精神，深刻解读国家的经济政策，讲述党领导经济工作的艰难探索与辉煌成就。

一、推进经济体制改革　城乡发展双管齐下

1982年至1984年，党中央连续发出3个有关农村工作的“一号文件”，家庭联产承包责任制迅速推向全国，农民的生产积极性得到极大提高。《光明日报》刊登了《把农民的自主权与国家计划协调起来》《国营经济占主导地位　发展多种经济形式》《稳定家庭承包制是生产力发展的需要》等系列报道，对政策进行了全面的解读和阐释，强调农村建立的多种形式的生产责任制必须长期坚持下去。《光明日报》还着重就科学技术的应用发表了一系列报道，如《要使农民富必须抓技术》，还开办了《依靠科学技术　发展农业生产》专栏，集中报道了国内各省市的农业经济发展情况与取得的成绩。

1984年10月20日，十二届三中全会成功举办，在本次大会上《关于经济体制改革的决定》顺利通过。10月21日《光明日报》头版刊登题为《加快以城市为重点的整个经济体制改革　更好地开创社会主义现代化建设新局面》的文章，并将《中共中央关于经济体制改革的决定》全文刊登，及时、详细、全面地向读者解读了进行经济体制改革的必要性，与此同时，《光明日报》开辟了“学习《中共中央关于经济体制改革的决定》的体会”专栏，刊登专家学者的学习体会，如《原有经济体制模式形成原因和改革的必要性》等，对经济体制改革从理论、实际等多方面进行了研究与探讨。此外，《光明日报》还运用

① 马兴宇. 充分认识　深度解读　创新宣传——光明日报深化党的十八大精神理论宣传的若干认识[J]. 新闻与写作，2013（1）：11-13.

典型案例对经济体制改革做了生动解读，《邯郸经济联营的形式多种多样》与《变单一生产型为生产经营型,北京市服装三厂由濒于停产变为产品供不应求》两篇文章，以邯郸、北京改革经济发展形式的具体实践为例，积极宣传经济体制改革，为政策的落地营造了良好的舆论氛围。

二、建立社会主义市场经济体制 促进经济发展

1992年10月，党的十四大召开，提出将建立社会主义市场经济体制作为我国经济体制改革的目标，《光明日报》刊登《建立社会主义市场经济机制是理论上的重要突破》等文章。社会主义市场经济理论的确立，不仅能够保证社会主义的性质，而且可以进一步促进经济的发展。[①]1993年11月15日《光明日报》刊登名为《中共十四届三中全会在京举行》的报道，文章中重点报道了会议通过《中共中央关于建立社会主义市场经济体制若干问题的决定》这一重要决策，并于17日刊登了该决定原文。本次会议将经济体制改革目标和基本原则进一步具体化，制定了建立社会主义市场经济体制的总体规划，提出了基本框架。此外，《光明日报》还策划了系列报道邀请各界专家学者对社会主义市场经济进行了分析和讨论，社会主义市场经济体制的提出与建立是我国经济发展的重要组成部分。

三、深化国有制企业改革 建立现代企业制度

党的十五大提出国有企业改革与脱困三年目标，以建立现代企业制度为方向的国有企业改革攻坚由此全面展开。《光明日报》刊发《要加快推进国有企业改革》《继续调整和完善所有制结构是经济体制改革的重大任务》，对江泽民同志相关发言进行整理。《光明日报》还对与会人大代表进行采访，发表名为《我们对搞好国有企业充满信心》的文章，侧面对十五大经济相关的政策精神进行了宣传。1999年底，《光明日报》做了国有大型企业扭亏增盈的报道。《从潜龙在渊到腾空跃世》《浙江国企：战略性调整出成效》《建材行业调整结构实现增长》等报道反映了党领导下国企改革创新的成就，为国企的发展营造了良好的舆论环境。

① 光明日报. 建立社会主义市场经济机制是理论上的重要突破 [N].1992-10-13（3）.

四、加入世贸组织　深度拥抱世界经济

2001 年，历经 15 年的谈判，中国加入世贸组织的决定被通过，这是中国共产党准确把握时代发展趋势的重大决策。《光明日报》刊发的《中国需要 WTO WTO 需要中国》等关于中国加入世贸组织的系列文章，从国内经济发展、世界经济市场、重要历史意义等角度深度剖析了入世带来的重要影响。2001 年 11 月 12 日《光明日报》头版头条刊登了转载自新华社的文章《江主席签署中国加入世贸组织批准书》，文章中指出，依据世贸组织的相关规则，中国将于 12 月 11 日正式加入世界贸易组织。《光明日报》发表了采访世贸组织总干事迈克·穆尔的文章《"中国入世是一个里程碑"》，称"中国加入世贸组织，是多边贸易体制历史上一个里程碑"①。此外，《光明日报》还汇总了国际新闻媒体对中国加入世贸组织的相关报道，发表了题为《国际社会高度评价中国入世》的文章②。这些报道都反映了国际社会对中国加入世贸组织的积极态度。

第三节　文化科教政策的宣导者

自创办以来，《光明日报》虽然有过几次改版，但其面向知识分子，聚焦知识、文化、理论的定位始终不变，文化科教始终是《光明日报》的重点报道领域之一，党领导下社会主义精神文明的建设历程，"科教兴国"战略的实施在这份大报上都有着详细的记载。

一、社会主义精神文明建设为改革发展注入精神动力

早在 1981 年 2 月，《光明日报》评论员就曾发布评论文章《建设精神文明是现实提出的重大任务》，分析了进行精神文明建设的现实需求和重要意义。1982 年十二大召开，大会强调了建设社会主义精神文明的重要性，《光明日报》

① 光明日报. "中国入世是一个里程碑"[EB/OL].（2001-11-12）[2021-07-02]. https://www.gmw.cn/01gmrb/2001-11/12/03-93ACBA8A1BCAF73148256B0100818A42.htm.

② 光明日报. 中国改革开放进程中具有历史意义的一件大事 [EB/OL].（2001-11-11）[2021-07-02]. https://www.gmw.cn/01gmrb/2001-11/11/02-35CC5BAC110FFF9B48256B0100057153.htm.

刊登名为《社会主义精神文明是社会主义重要特征》《今后五年要普及理想、道德、纪律教育》等文章，对大会报告进行了摘录和总结。此外，《光明日报》还从多个角度阐释了报告精神，一方面发表了《共产主义思想是社会主义精神文明的核心》《精神文明建设要抓好两手》等评论员文章，另一方面，从人大代表、军队、专家学者等群体出发，对报告精神进行了阐释，如《要大力建设以共产主义思想为核心的精神文明》《人民军队要作建设精神文明的标兵》《论社会主义精神文明建设的总体原则》等文章。

作为建设社会主义精神文明的重要举措之一，20 世纪 80 年代初，“五讲四美三热爱”活动在全国广泛开展起来，《光明日报》对此进行了报道，如《全国总工会、共青团中央、全国妇联、全国文联、中央爱卫等九单位倡议开展“五讲”“四美”文明礼貌活动》，刊登了倡议书原文。《光明日报》评论员对此发表评论文章《大家都来建设文明礼貌之校》。此后，全国中小学工会思想政治工作经验交流会发起针对教师的“五讲四美”倡议，《光明日报》刊登题为《关于建设社会主义精神文明　开展“五讲四美”为人师表活动倡议书》。在社会各界的倡议和推动下，中央成立“五讲四美三热爱”委员会，《光明日报》也对此进行了报道。《今年要普遍大力开展建设城乡各种文明单位的活动》对“五讲四美三热爱”委员会的会议重点内容进行了报道，强调了该活动在社会主义精神文明建设中的重要性。

20 世纪 90 年代，在党中央“两手抓，两手都要硬”的指导方针下，大力发展中国特色社会主义文化成为当时的工作重点。在 1996 年 3 月 5 日至 17 日举办的八届全国人大四次会议上，精神文明建设被列入国民经济和社会发展总体规划。《光明日报》针对李鹏同志在会上做的讲话发表文章《要加强精神文明建设和民主法治建设》，此外《光明日报》还报道了两会中外记者招待会上政协委员关于精神文明建设的回答，发布了《政协四委员就加强精神文明建设答记者问》。《光明日报》关于精神文明建设的系列报道全面阐释了相关工作的主要内容，起到了释疑解惑，凝聚共识的作用。

1996 年 10 月，党的十四届六中全会通过《中共中央关于加强社会主义精神文明建设若干重要问题的决议》。对此《光明日报》发布社论《社会主义精神文明建设的里程碑》，刊登《人民日报》社论《开创精神文明建设的新局面》，10 月 11 日发布《中共十四届六中全会在京举行》，重点强调了会上涉及精神文明建设的内容。《光明日报》还聚焦各行各业对于《决议》的学习，采访了工人群体、青年人、专家学者等不同群体，推出专版《树立正确的世界观、人生观、价值观 加强精神文明建设》。此次会议后，各种群众性精神文明创建活动在全国蓬勃开展，青年志愿者行动，“希望工程”等活动，进一步得到各界的积极响应，《光明日报》也随之刊发了《希望工程的记录》《希望工程全面升级》《青年志愿者在行动》等报道，密切关注相关活动，加大精神文明建设的宣传力度。

1996 年 12 月中宣部等十部委发布开展“三下乡”活动的通知，1997 年“三下乡”活动正式开展，一直延续至今，在一定程度上促进了我国农村经济发展和精神文明建设。《光明日报》对这一活动进行了持续的报道。《“三下乡”活动》《“三下乡”的成功实践》《流动医院 成长课堂》《用知识和爱心回报社会》等文章报道了学生群体在党和国家的号召下积极开展“医疗下乡”的活动，突出了他们对农村医疗卫生工作的贡献。《让“三下乡”成为“常下乡”》《“三下乡”活动暖民心》《“三下乡”服务农村群众》等报道聚焦“三下乡”活动对农村精神文明建设的重要作用，关注农村群众的精神文化需求。

将建设有中国特色的社会主义文化作为党在社会主义初级阶段基本纲领的重要组成部分，这是党的十五大在精神文明建设领域的一个重要贡献。十五大后《光明日报》刊登了大会报告原文，着重阐述了“有中国特色社会主义的文化建设”，推出了《迎接新的文化建设高潮》《努力创建有中国特色社会主义文化》等报道，聚焦文化界相关人士对十五大报告的学习和探讨，充分体现其紧密联系知识分子的定位和特点。这一时期，党中央把加强思想道德建设摆上重要位置，十四届六中全会后，《光明日报》评论员发表评论文章《加强以为人民服务为核心的道德建设》。2001 年 9 月，中共中央印发《公民道德建设实施纲要》，提出要形成和发展社会主义道德体系。①《光明日报》刊登《中宣部负责同志就宣传贯彻〈公民道德建设实施纲要〉答记者问》《志愿服务在公民道德建设中发挥积极作用》等报道，积极响应了党中央关于贯彻落实《公民道德建设实施纲要》的要求，大力宣传纲要精神，推动公民道德建设活动的开展。

进入新世纪，建设社会主义文化强国成为党的重大战略决策，党的十七届

① 编写组. 中国共产党简史 [M]. 北京：人民出版社 中共党史出版社，2021：310—312.

六中全会通过关于文化建设的重要文件。对此《光明日报》发布光明专论，刊登《中国特色社会主义文化发展道路》《吹响文化大发展大繁荣的时代号角》《文化产品对社会道德的影响力》《中国文化建设的历史方位——兼论文化自信》等一系列报道，对社会主义文化建设进行了详细解读与报道，充分体现出《光明日报》文化大报的性质与站位。

党的十六届六中全会提出了建设社会主义核心价值体系的任务。《光明日报》刊登了《建设社会主义核心价值体系的文化意义》《社会主义核心价值体系是兴国之魂》等多篇报道，多角度、全方位地对社会主义核心价值观进行了报道。《光明日报》还邀请相关领域专家学者进行解读和探讨，充分体现出社会主义核心价值观在我国思想文化建设领域中的重要地位。

二、“科教兴国”战略　全面落实科技是第一生产力

1995年5月6日，中共中央、国务院做出《关于加速科学技术进步的决定》，“科教兴国”战略正式提出，《光明日报》刊登该决定全文，充分体现出了《光明日报》对于“科教兴国”战略的高度重视。与此同时，《光明日报》还刊登了《人民日报》社论《科教兴国》，强调实施“科教兴国”战略的重要意义。实施“科教兴国”战略是全面落实科学技术是第一生产力的战略决策，推动了我国经济建设的进一步深化与生产力的新飞跃。

三、科技创新助力前沿科技领域获重大突破

科技创新为经济发展提供动力，而经济的腾飞也为科技进步创造条件。2005年，中央提出建设创新型国家，2012年又进一步提出实施创新驱动发展战略，国家加大科技投入，在载人航天、探月工程等重要领域实现重大突破。2003年10月16日，《“神舟”五号飞船发射成功》一文出现在《光明日报》头版。这是我国首次成功发射载人航天飞船，《光明日报》还特别为此推出专版，用7篇稿件将“神舟五号”成功发射的激动与喜悦表达得淋漓尽致。2005年10月12日，“神舟六号”载人航天飞船成功发射，《光明日报》科技周刊全版面聚焦航空航天，回顾了我国航天事业的发展轨迹，整合新华社的内容，对话专家，从更加专业、更加理论化的角度解读“神舟六号”的成功发射。2007年10月24日中国第一颗绕月探测卫星“嫦娥一号”发射成功，《光明日报》

于次日用两个版面对“嫦娥一号”的成功发射进行了报道，其中更运用独具《光明日报》特色的书法作品和绘画作品表达了对探月工程的美好祝福。2008年9月28日，《光明日报》推出《神七特刊》，“神舟七号”开启航天新时代。2010年10月2日，《光明日报》头版报道了“嫦娥二号”发射成功，并推出《嫦娥二号特刊》。2012年6月18日、24日，“神舟九号”与“天宫一号”成功进行自动交会对接和航天员手控交会对接，《光明日报》6月19日科教新闻版面全版刊登“神九”“天宫”相关报道。不论是在航空航天领域还是在其他前沿科技领域，《光明日报》始终聚焦我国科技领域的重大创新与突破，不仅报道尖端科技的发展成果，更积极发挥科普功能，以通俗易懂的方式拉近广大人民群众与科技前沿领域的距离。

第四节 社会民生变迁的观察者

全心全意为人民服务是党的根本宗旨。民生工作始终是党的重点工作之一。党和政府在促进经济发展的同时始终重视保障改善民生和发展社会事业，致力于实现幼有所育、学有所教、病有所医、老有所养、住有所居、弱有所扶，切实解决群众关心关注关切的重点难点问题。

一、义务教育惠及全体人民

1986年4月12日，第六届全国人民代表大会召开，《义务教育法》通过，4月18日《光明日报》头版刊登社论《提高全民素质的根本大法》，在第三版刊登了《中华人民共和国义务教育法》与时任国务院副总理的李鹏同志对义务教育法草案的说明。与此同时，《光明日报》采访了全国政协副主席、人大法律委员会副主任雷洁琼与贵州人大代表，发表了题为《用法律的约束力和强制性保证九年义务教育的实施》等文章，对《义务教育法》进行了全面解读，让读者进一步了解相关法律的制定。在2006年6月举行的十届全国人大常委会第二十二次会议上，修订后的《义务教育法》通过。30日《光明日报》刊登了修订后的《义务教育法》原文，并发表文章《义务教育法回应社会热点作重要修订》，说明此次《义务教育法》的修订是对社会关注的热点教育问题的回应和补充。

二、构筑覆盖全民的社会保障网

建立和完善社会保障体系是全面建设小康社会的重要目标。自改革开放以来党和国家就积极推进社会保障制度改革与社会保障体系的建立。1993 年 11 月，党的十四届三中全会通过《中共中央关于建立社会主义市场经济体制若干问题的决定》。该决定提出，“建立多层次的社会保障制度，为城乡居民提供同我国国情相适应的社会保障”[①]。十六大期间《全面建设小康社会是全党全国人民共同心愿》《全面建设小康社会，开创中国特色社会主义事业新局面》等报道中都提到了社会保障体系建设所取得的显著成效。十七大期间，胡锦涛同志在报告中指出，人民生活显著改善，城乡居民最低生活保障制度初步建立，贫困人口基本生活得到保障。[②]《光明日报》上刊登的《“病有所医”并不遥远》《十七大新闻中心举行“民生与和谐社会”集体专题采访》等报道聚焦社会保障体系，充分彰显了党和政府在建立健全社会保障体系上的努力与决心。2012 年，我国已建立世界上最大的社会养老保险体系，基本形成了覆盖城乡各类群体的更为宏大的社会保障体系框架。[③] 十八大指出社会保障是保障人民生活、调节社会分配的一项基本制度。[④] 刊载于《光明日报》上的题为《养老保险如何迈向“统一”之路》一文就三大养老保险的“统一”进行了翔实的报道，此外《光明日报》还采访了人社部社会保障研究所所长金维刚，发表了名为《统筹，大势所趋》的报道，指出了城乡医疗保障未来的发展方向。

---

① 人民日报. 中共中央关于建立社会主义市场经济体制若干问题的决定 [EB/OL].[2021-07-06]. http://www.people.com.cn/item/20years/newfiles/b1080.html.

② 光明日报. 过去五年是改革开放和全面建设小康社会取得重大进展的五年 [EB/OL].（2007-10-16）[2021-07-02]. https://www.gmw.cn/01gmrb/2007-10/16/content_683789.htm.

③ 中国组织人事报.【特刊】织牢世界最大社会保障网 [EB/OL].（2021-06-30）[2021-07-02]. https://www.thepaper.cn/newsDetail_forward_13391714.

④ 光明日报. 养老保险如何迈向“统一”之路 [EB/OL].（2012-12-05）[2021-07-02]. https://epaper.gmw.cn/gmrb/html/2012-12/15/nw.D110000gmrb_20121215_1-10.htm?div=-1.

三、众志成城共克时艰

面对自然灾害、传染病的威胁，在党中央领导下，全国上下团结一心，众志成城，一方有难，八方支援，充分发挥集中力量办大事的制度优势，取得了一次又一次的胜利。在这一过程中，党积极探索建立和完善应急管理体制，进一步提升应对和处置突发公共事件的能力，保障群众生命财产安全，保持社会稳定。在灾难面前，《光明日报》始终坚守着党媒应有的社会职责，从事件报道到典型挖掘，客观真实，凝聚人心。

2003 年非典疫情暴发，在党中央的领导下，全国上下万众一心抗击非典。《光明日报》发表《中国政府完全有能力控制非典型肺炎》等文章，反映出党中央对非典疫情的高度重视与有力应对。《北京市多渠道普及“非典”知识》《上海防范非典型肺炎“不漏一个疑点”》《北京、广东、山西、内蒙古扎实做好非典防治工作》等文章报道了在党中央的领导下各地积极抗击非典疫情的举措。《温家宝到北京佑安医院看望参加非典型肺炎防治工作的医务人员》《军事医学科学院研究出“非典”快速诊断技术》《北大医学部成立“非典”攻关研究领导小组》《面对非典医者无畏》等文章则着重报道了医护人员与军人在抗击疫情中做出的巨大贡献。

2008 年年初我国南方遭遇大范围灾害性雨雪天气，冰雪灾害期间，《光明日报》连续 30 余天刊载相关报道，《干群同心　抵御雨雪冰冻灾害》等新闻报道聚焦雪灾后在党中央领导下铁道部、发改委、农业部等中央机构及基层组织的应对措施。雪灾时间临近春节，各部门在党中央的指挥下全力维护社会稳定，为南方同胞过上一个幸福年做出了不懈努力。《光明日报》还聚焦抵御雪灾中涌现出的典型人物，如《广州春运铁警“联合兵团”背后的故事》《冰雪挡不住真情》《党旗映雪红　警徽暖人心——安徽交警党员群体抗风雪保畅通记事》《风雪路 同舟渡——全国公安干警帮助群众应对雨雪灾害纪实》等，报道了全国公安、交警、列车员等一线工作者顶风雪、冒严寒守护人民生命财产安全的感人事迹，他们也被称为“风雪中最可爱的人”。《光明日报》多角度、全方面对雪灾进行了跟踪报道，让读者感受到了雪灾中党的关怀与人民群众的支持。

2008 年 5 月 12 日汶川地震，《光明日报》大篇幅报道抗震救灾内容，开设抗震救灾专版。6 月 10 日《光明日报》推出抗震救灾英雄谱专版，对于抗震救灾过程中涌现的英雄事迹进行报道，弘扬了社会主义核心价值观，体现了中国人民众志成城，战胜灾难的信心与决心，也展现了共产党员为人民无私奉献的精神。

第五节　生态文明建设的倡导者

保护和建设好生态环境，实现可持续发展，是我国现代化建设中始终坚持的一项基本方针。[①]《光明日报》密切关注相关政策、法规的出台，积极报道全国各省市在生态文明建设中取得的显著成果。

一、环境保护成为基本国策　环境治理初显成效

1983 年 12 月，在国务院召开的第二次全国环境保护会议上，保护环境被定为我国基本国策。1984 年 1 月 1 日《光明日报》发表文章《全国环境保护会议在京开幕》，对会议主要内容进行了报道。根据会议报告，《光明日报》还发布了报道《我国部分城市环境状况有所改善　长江珠江等主要水系污染已减轻》，指出北京、上海、杭州、苏州、桂林等城市环境质量有所改善，水域污染的治理也取得了重大进展。

二、实施可持续发展战略　着手建设生态工程

1994 年，我国提出可持续发展的总体战略、对策和行动方案。1996 年发布的相关文件中曾明确提出“实施可持续发展战略，推进社会主义全面发展”[②]。对此，《光明日报》先后发布一系列相关报道，如《积极实施可持续发展战略》《把实施可持续发展战略放在更突出的位置》等，大力宣传可持续发展战略，突出其重要的战略地位。

① 光明日报. 全国生态环境建设规划 [EB/OL].（1999-01-07）[2021-07-03]. https://www.gmw.cn/01gm-rb/1999-01/07/GB/17930%5EGM2-0703.HTM.

② 全国人民代表大会常务委员会. 中华人民共和国国民经济和社会发展“九五”计划和 2010 年远景目标纲要 [EB/OL].（1996-03-17）[2021-07-16]. http://www.law-lib.com/law/law_view.asp?id=96394.

1999 年 1 月 7 日，《光明日报》刊登了《全国生态环境建设规划》全文。规划指出，保护和建设好生态环境，实现可持续发展，是我国现代化建设中必须始终坚持的一项基本方针。[①] 生态环境保护作为功在当代利在千秋的重要工程，始终是推动我国可持续发展的重要组成部分。1997 年 11 月我国发布《中国自然保护区发展规划纲要》，开展水土流失的综合治理，启动天然林保护等工程，开展生态环保工作的力度逐年加大。其中，三北防护林建设工程是生态保护工作的代表性工程之一。《光明日报》对此展开了跟进报道，刊登了系列文章，如《加强"三北"防护林建设》《神州劲吹绿色风》《新疆初步形成绿洲综合防护林体系》等，报道了三北防护林工程自启动以来取得的成绩。此外，《光明日报》还挖掘工程实施过程中涌现的先进典型，如《三北防护林大军中的一支劲旅》，报道了三北防护林重点建设单位内蒙古伊盟机械化造林总场的突出成绩。

三、建设资源节约型和环境友好型社会

2005 年 3 月 13 日，中央人口资源环境工作座谈会顺利举行，"建设资源节约型、环境友好型社会"在本次座谈会上被首次提出。《光明日报》刊登名为《扎扎实实做好人口资源环境工作　推动经济社会发展实现良性循环》的新闻报道，报道了此次会议的主要内容。党的十六届五中全会胜利召开，正式将建设资源节约型、环境友好型社会确定为一项战略任务。随后几年内《光明日报》刊登了多篇相关稿件，如《环境友好与科学发展》《作家在建设环境友好型社会中大有可为》《努力建设环境友好型社会》《以马克思主义生态观为指导　构建环境友好型社会》等多篇文章，对该政策进行持续的解读与宣传。

四、生态文明建设战略的提出与发展

2007 年十七大召开，明确提出生态文明建设，《光明日报》推出相关报道，如《跨入生态文明新时代》，从什么是生态文明、如何建设生态文明以及推进生态文明建设的重大意义等角度全面解析了生态文明建设。除此之外，《光明

① 光明日报. 全国生态环境建设规划 [EB/OL].（1999-01-07）[2021-07-03]. https://www.gmw.cn/01gm-rb/1999-01/07/GB/17930%5EGM2-0703.HTM.

日报》充分发挥自身挖掘典型、报道典型的特长，刊发了《十七大倡导生态文明　我干劲倍增》，对优秀党员赵永亮积极响应生态文明建设的事迹进行了报道。

十八大报告完整而系统地论述了生态文明建设战略，生态文明建设正式被写入党章。《光明日报》发表了文章《大力推进生态文明建设》，报道了十八大报告中的相关内容，并邀请北京交通大学马克思主义学院院长韩振峰对报告精神进行解读，发表了名为《把生态文明建设摆在突出地位》的文章。此外，《光明日报》还发表了对代表进行专访，如采访山东东营市委书记姜杰的文章《发展要打上“生态印记”》。

五、“南水北调”工程功在当代利在千秋

作为改善我国淮海地区生态状况、改善北方地区水资源条件的重要工程，南水北调受到了党和政府的高度重视。南水北调工程构想于1952年，1979年3月《光明日报》就曾刊登过《谈南水北调中东线方案》的文章。2002年12月27日东线正式开工，《光明日报》发表了题为《南水北调开工　千秋功业心系几代人　旷世篇章笔落京苏鲁》的文章。之后，《光明日报》对于通水与阶段性成果都进行了及时报道，如《南水北调中线工程开工》等。《河南启动南水北调丹江口库区移民安置工作》《移民张吉芳的幸福生活》等报道聚焦南水北调工程中的移民工作与移民群体，体现了党和国家对移民群众的关心与照顾，不仅保证了移民群众的正常生活，更让移民群众在新家过上了幸福日子。《光明日报》还关注南水北调工程中的杰出典型，如《他与移民心贴心——记湖北省丹江口市移民干部刘峙清》，记录了优秀党员刘峙清在南水北调工程移民过程中的感人事迹。《光明日报》邀请了中国水利史研究会会长撰文《人水和谐，中华“水事”的千年追求》，从学术角度对南水北调工程进行了全新解读。

第六节　国防军事成就的见证者

军事作为国家发展和国家实力的重要体现，《光明日报》十分注重对国防

军事的报道。重大军事活动、主要军事调整、军人模范典型等都是《光明日报》报道内容的重要组成部分。

一、人民子弟兵勇担重责　保家卫国

1979 年 2 月 17 日至 3 月 16 日中国边防部队实施对越自卫反击战，《光明日报》对本次战争给予了高度重视，刊登了《扣马山激战》《北部湾海面上的暴行》《越方在云南边陲城镇河口不断挑衅》《奋起还击　保卫边疆》《“中国人民解放军，真好！”》等报道，对越方的行为进行强烈谴责，同时充分展现了我方军队英勇作战、保家卫国的精神。

进入 21 世纪，全军武警部队也出色完成了一系列急难险重任务，这在《光明日报》上也有着详细的记录。《全军和武警部队坚决贯彻胡主席重要指示全力以赴投入抗震救灾》《武警救援医疗队开赴四川地震灾区》《生命诠释其本义，是坚持》《青海省预备役步兵旅官兵机场接运灾区伤员》等文章报道了在重大灾难面前武警官兵听党指挥，抢险救灾的英勇事迹。中国军队还参与多个国家联合军事演习、联合国维和行动及赴亚丁湾、索马里海域的护航任务，《军舰索马里护航彰显中国维护世界和平》《联合国欢迎中国派军舰赴索马里海域护航》《肩负大国责任　凝聚世界目光》等报道都充分展示了中国军队在维护世界和平中做出的巨大贡献，充分展示了中国军队正义之师、文明之师、胜利之师的风采。①

二、精简整编　推进军队现代化

1997 年，党的十五大宣布，中国将在 3 年内再裁减军队员额 50 万，通过此次调整精简，军队向合成和小型化、轻型化、多样化的方向迈进一步。②《光明日报》发表文章《把军队的革命化、现代化、正规化建设提高到一个新的水平》，对裁减军队员额 50 万进行了报道。除此之外还刊登了《江泽民同志的报告是纲领性文献》，将刘华清同志在解放军代表团分组讨论时的发言进行了整理发表，对我国的国防和军队建设政策进行了解读。

---

① 光明网. “肩负大国责任　凝聚世界目光”[EB/OL].（2009-12-26）[2021-07-04]. https://www.gmw.cn/01gmrb/2009-12/26/content_1028465.htm.

② 编写组. 中国共产党简史 [M]. 北京：人民出版社 中共党史出版社，2021：316.

2003年9月1日，江泽民同志出席国防科学技术大学50周年庆典活动时宣布裁减我军员额20万。9月2日《光明日报》对此进行了报道，发表名为《党中央中央军委决定我军再裁减员额20万》的文章，指出裁减员额的重大决定将推进中国特色军事变革，加速我军现代化建设。①

三、建设信息化军队

信息化在现代战争中的作用日益突出，2004年，中央军委提出把军事斗争准备的基点放在打赢信息化条件下的局部战争上，《光明日报》对此发布了《信息化：中国特色军事变革的突破口》《信息化浪潮呼唤军事创新》等文章，聚焦信息化条件下以信息技术为核心的新军事变革②，邀请部队中的相关专家对新时期的军事战略方针进行解读。2012年9月，我国第一艘航空母舰“辽宁舰”正式交付海军。③《光明日报》图文并茂，对这一事件进行了生动翔实的报道。

第七节　促进祖国和平统一的宣传者

实现祖国的和平统一是海内外中华儿女的共同心愿。党和政府也始终把实现祖国完全统一作为矢志不渝的历史使命。香港与澳门的顺利回归不仅印证了“和平统一，一国两制”方针的可行性，也为解决台湾问题提供参考。《光明日报》详细记载了祖国统一大业的进程，大篇幅报道了香港回归、澳门回归的历史性时刻，图文并茂，烘托出举国欢庆的热烈氛围，与此同时，关注台湾问题，对“台独”分裂活动予以坚决抨击，积极宣传党和政府的对台政策，是促进祖国和平统一的重要宣传力量。

---

① 光明日报.党中央中央军委决定我军再裁减员额20万[EB/OL].（2003-09-02）[2021-06-24].https://www.gmw.cn/01gmrb/2003-09/02/01-77931E83BAC4109448256D940081AF21.htm.

② 光明日报.信息化：中国特色军事变革的突破口[EB/OL].（2004-05-18）[2021-07-05]. https://www.gmw.cn/01gmrb/2004-05/18/content_29279.htm.

③ 编写组.中国共产党简史[M].北京：人民出版社 中共党史出版社，2021：366.

一、香港回归　祖国统一的重要一步

1997年，香港回归，完成了实现祖国统一的重要一步。《光明日报》对此给予了高度重视，连续两天头版报道相关内容，7月1日头版发布《中英香港政权交接仪式在港隆重举行》《中华人民共和国香港特别行政区政府成立》《江泽民率中国政府代表团抵达香港》《国务院举行庆祝香港回归盛大招待会》，报道了香港回归的全过程及相关的重要事件。此外，《光明日报》还报道了全国各地隆重庆祝香港回归的景象，展现了全国人民迎接香港回归的喜悦，如《百年期盼终实现　神州大地尽欢腾　首都各界隆重庆祝香港回归祖国》《天安门广场十万群众　彻夜庆祝香港回归》《深圳　见证历史的时刻》《重庆　双重喜庆齐欢腾》《广州　火树银花不夜天》等。《创造香港美好未来》《香港回归第一天》等报道表达了对回归后香港未来的期待和希望。《外国各界人士对香港前途充满信心》《国际舆论对香港回归反应热烈》等报道表达了国际社会对香港回归的祝福以及对香港未来的信心。

二、澳门回归　祖国统一的又一里程碑

1999年12月20日，澳门胜利回归，这是祖国统一道路上的又一座重要里程碑。《光明日报》对此进行了大篇幅的报道，12月20日《光明日报》头版刊登《中葡澳门政权交接仪式在澳隆重举行》《江泽民率中国政府代表团抵达澳门》等文章。《光明日报》还发表社论《统一大业的历史丰碑——热烈庆祝澳门回归祖国》，充分阐释了澳门回归的重大意义，表达了对澳门回归的祝福与喜悦。澳门的胜利回归又一次有力验证了“一国两制”的优越性与可行性，为祖国和平统一大业的完成提供了重要参考。

三、两岸和平统一的美好期盼

1992年11月，“九二共识”达成；1993年4月，汪辜会谈顺利举行并签署四项协议，两岸关系迈出了重要一步。此后，针对日益猖獗的“台独”分裂活动，党中央采取果断措施，开展斗争。《光明日报》针对台湾问题刊登《江泽民谈海峡两岸关系》，坚决反对一中一台，坚持一个中国的原则。面对“台独”分裂活动，《光明日报》报道《港澳86个社团举行反“台独”大会》。面对李登辉分裂祖国、企图破坏祖国和平统一的言论，《光明日报》予以坚决抨击，

转载《人民日报》评论员和新华社评论员共同发表的文章《国际社会绝无“台独生存空间”》等，有效打击了“台独”分子的嚣张气焰，表达了推进祖国和平统一的决心。《中国和平统一是大势所趋》《全国人大全国政协外委会分别发表声明支持中国政府抗议法国向台出售战斗机》《我外交部发言人指出美不应当支持台湾当局分裂祖国》《俄强调对台问题立场不变　泰总理重申一个中国政策》等报道充分展现了党和政府坚决维护祖国统一的坚定立场。1995年11月至1996年3月，人民解放军在台湾海峡和台湾附近海域进行三次大规模军事演习，《捍卫祖国统一是人民军队的天职》《我军海空实弹演习圆满成功》等报道充分显示了中国军队优秀的作战能力以及中国政府和中国人民维护国家主权和领土完整的决心。2005年3月，《反分裂国家法》的通过将我国对台政策推进到“以法遏独、以法促统”的新阶段。与此同时，中共中央积极推动两岸政党交流，2005年4月29日，胡锦涛同志在北京会见连战，此次会面实现了60年来中国共产党和中国国民党主要领导人之间第一次历史性握手，在这个重要的历史节点，《光明日报》刊发了《一甲子的握手》《连战的“母校”情节》《珍惜与胡锦涛的首次对话交谈》等报道，对这一历史时刻做了全方位多角度的记录。此次会谈后，国共两党达成一系列共识，发表了《两岸和平发展共同愿景》。对此，《光明日报》又发表《携手推动两岸关系和平发展　同心实现中华民族伟大复兴》《开创两岸关系和平发展的前景》等报道，展现了党和政府争取和平统一的立场以及反对“台独”、捍卫国家主权和领土完整的决心。

结　语

从1978年十一届三中全会到2012年党的十八大召开，中国共产党领导中国人民在实现中华民族伟大复兴的征途上攻坚克难，奋勇前进，取得了辉煌的成绩。对内，党牢牢把握时代的发展脉搏，在政治、经济、文化等领域带领中国人民取得了巨大的成就；对外，面对风云变幻的国际社会，在中国共产党的领导下，我们抓住机遇、迎接挑战、拥抱世界，中国在国际社会上的地位与影响力显著提升。在这一历史阶段，《光明日报》作为中央党报，始终牢牢坚持党性原则，坚持马克思主义新闻观，与党和国家同频共振，坚持做好政策宣传、思想引领的工作，报道国家社会发展脉络中的重要节点，阐释党的政策精神，传递党和政府的声音，反映人民群众的心声，坚持正确舆论导向，与时代同行，成为这段光辉历程的忠实记录者。

第十一章 《南方日报》的报道（1978—2012）

陈南先[①]

广东是我国改革开放的排头兵、先行地、实验区。2020年广东省地区生产总值110760.94亿元，排名全国第一。自1989年开始，广东GDP连续32年居全国首位。1992年，邓小平同志到南方视察时，鼓励广东要赶超“亚洲四小龙”，率先实现现代化。到2020年，广东完成了对亚洲四小龙的全数超越。[②]这是一个了不起的成就。

广东是我国第一经济强省，第一人口大省、第一工业大省、第一外贸大省、第一财政大省，也是中国的报业大省和强省。《南方日报》就是广东报业的领头羊。“1949年10月23日，《南方日报》创刊于祖国的南大门广州。从此以后，以其权威性、公信力和高品质著称的南方日报，确立了其在华南地区主流政经媒体的地位，它是广东唯一主打高端读者群的权威政经大报，以主流新闻和深度报道见长。”[③]

习近平同志在中共十九大所作的报告指出“中国特色社会主义进入了新时代”“中华民族迎来了从站起来、富起来到强起来的伟大飞跃”。历史见证了这个翻天覆地的变化，“飞跃是质的变化，民族独立、民族富强、民族复兴是

① 陈南先，广东技术师范大学文学与传媒学院教授、硕士生导师、博士。

② 林小昭：《2020年GDP十强省份揭晓：广东赶超亚洲四小龙》，http://news.china.com.cn/2021-01/29/content_77166811.htm。

③ 陈南先：《南方报业传媒集团社会责任报告》，黄晓新、刘建华、邸昂主编《中国传媒社会责任研究报告》（2018—2019）第57页，中国书籍出版社，2019年7月第1版。

中华民族发展过程中不同阶段质变的标志”[①]。广东是我国先富起来的典型，《南方日报》为这个历史进程（1978—2012）作了浓墨重彩的记录。盘点这段历史，对我们学习中共党史、新中国史、改革开放史、社会主义发展史都有重要的启发意义。

第一节 坚持拨乱反正 平反冤假错案

十年“文革”结束以后，各项工作逐渐走上正轨。作为中共广东省委机关报的《南方日报》，在解放思想、广开言路、拨乱反正、平反冤假错案、推动改革开放方面起了不可替代的作用。

1978 年 5 月 11 日，《光明日报》发表特约评论员文章《实践是检验真理的唯一标准》，这标志着一场决定中国历史走向的思想解放运动拉开了序幕。5 月 13 日《南方日报》全文转载了这篇文章。中共广东省委在全国各省市自治区最早一批表态，旗帜鲜明地支持真理标准大讨论，有力地推动了广东干部群众的思想解放。十年“文革”期间，甚至在 1949 年以后，在“左”的错误路线的主导下，我国各条战线都造成了一批冤假错案。

1978 年 7 月 13 日，《南方日报》发表《雏鹰展翅迎风浪——记青年工人庄辛辛同“四人帮”英勇斗争的事迹》，同时配发了评论《光明磊落，无私无畏——向反潮流英雄庄辛辛同志学习》。7 月 14 日，中共广州市委召开庄辛辛同志彻底平反大会。1976 年 4 月 8 日，24 岁的广州半导体材料厂青年电工庄辛辛写了“支持邓小平，打倒张春桥、姚文元、江青”的信件，分别寄给《人民日报》和《红旗》杂志，后被判处有期徒刑 15 年。广东省委、广州市委坚持实事求是的原则，大力平反冤假错案。以实际行动落实“解放思想，开动机器，团结一致向前看”。

1979 年 2 月 7 日，《南方日报》头版刊登报道《省委召开“李一哲”案件平反大会》，轰动海外的“李一哲”案件到此告一段落。报道旗帜鲜明地传达

① 周小毛：《中华民族站起来、富起来、强起来的强大支撑》，《湖南日报》，2019 年 6 月 30 日 06 版。

了省委的决定："李一哲"不是反革命集团，他们的大字报不是反动大字报。在处理"李一哲"问题上的错误由省委承担，进行自我批评。"李一哲"案可以追溯至1974年11月10日，李正天、陈一阳、王希哲等几位青年将一张名为《关于社会主义的民主与法制——献给毛主席和四届人大》的大字报贴在广州最繁华的北京路路口，大字报署名"李一哲"。大字报从头到尾67张纸，长达2.6万字。大字报一出街，立即轰动广州，继而迅速传遍全国。江青当时对此评价，这是"解放后最反动的文章"。在那种情势下，广东省委定性这是一张"反动的大字报"，组织全省批判。文章主要作者被捕入狱，一批受牵连的干部和青年也受到隔离审查和内部批判。

1978年4月，刚到广东工作的习仲勋同志主持了"李一哲"案件平反工作。他数次召开会议研究"李一哲"案件，并报告党中央。1978年12月30日，经省委决定，省领导吴南生和王宁分别到监狱与"李一哲"案主要成员逐一谈话。很快他们被全部释放。1979年2月6日下午，广东省委召开群众大会，公开为"李一哲反革命集团"平反。有关"李一哲"案件平反的报道与评论，对尚处于改革之中的全国来说，显得非常珍贵。在那个特殊的时期，《南方日报》的报道首先让改革在思想上迈出了一大步，激荡起广东人变革创新的诉求。《南方日报》能在当年大胆配合、支持"李一哲"案件平反并向全国发出自己的声音，也是很勇敢的。"李一哲"案件以后，习仲勋还推动处理了"广东'地方主义'案等重要案件，为'文革'中被迫害致死的林锵云、朱光、周小舟、邓文钊、冯燊、饶彰风等人平反。在习仲勋的领导下，广东先后有20多万人得到平反，有助于广东迅速走出'文革'阴影，使得我党在人民心中的形象焕然一新，为实现党的工作重心转移到经济建设上来做了重要铺垫"。[①] 在习仲勋诞生100周年之际，省长朱小丹说："他亲自主持和推动广东各条战线拨乱反正，平反了一系列冤假错案，把广东的工作重点迅速转移到以经济建设为中心的正确道路上来，为广东改革开放的启动奠定了坚实的思想和组织基础。"[②]

① 黄硕忠：《习仲勋与广东改革开放》，《百年潮》，2019年第9期。

② 朱小丹：《在纪念习仲勋同志诞辰100周年座谈会上的发言》，《南方日报》，2013年10月16日第2版。

第二节　大胆解放思想　积极推动改革

改革开放初期，《南方日报》坚定了“报纸要念经济建设的经”这一目标，把经济报道放在突出显要的位置上，使报纸从阶级斗争的工具转变成为经济建设服务。

刘超业《沙坪公社坚决废止“土政策”》（1977 年 11 月 25 日）是最早报道改革开放的新闻作品之一。这篇报道有着明显的贬抑旧制、鼓励改革的色彩。稍后，刘超业又组织通讯员写了《“土政策”实在要不得》《要党的政策不要“土政策”》，自己写了《落实党的政策必修旗帜鲜明》等评论。这组关于沙坪公社废止“土政策”的报道，迅速传遍南粤大地，《人民日报》也进行了转载，不少农民群众手拿《南方日报》作为落实党的政策的依据。

程生的《洲心的启示》（1978 年 12 月 10 日），报道了清远县洲心公社在冬种生产中，在建立作业组的基础上，实行定人工、定产量、定成本、超额奖励的生产责任制。1978 年开始的那场改变中国命运的改革，最先从农村开始涌现，农业生产责任制开始在农村推行。“家庭联产责任承包制”成了那一年的关键词。《南方日报》的这篇报道，肯定生产责任制，让农民吃下“定心丸”。据统计，单是关于广东农村的家庭联产承包制，《南方日报》就发表了数百篇稿子。这些报道立场鲜明，鼓舞人心。进入 1980 年代以后，《南方日报》更是发表了许多影响深远的关于农村改革的新闻报道。如陈绍儒、郭集展《胆从识来——访大面积承包鱼塘的社员陈志雄》（1981 年 5 月 15 日）、李民英、岑祖谋《耕者有其田，农民穷变富》（1982 年 11 月 22 日）、王启聪、钟洛然《农村茶馆小记》（1983 年 6 月 6 日），这些新闻报道经《人民日报》等主流媒体转载以后，对解放思想，发展经济更是起到了不可忽视的作用。

《南方日报》在国企承包制的报道上不遗余力，一些先行者成为报纸的宣传典型。十一届三中全会后，广东清远县（当时还属于韶关地区）地方国营企业扩大企业自主权，实行超额利润提成，当时在广东省是个创举，在全国也是率先改革的典型。但是各方面的议论纷纷，持反对意见者也不少。1979 年 8 月召开的广东省工交会议上，与会者就清远县的经验展开了一场大辩论，习仲勋同志出席并认真听取了大家的发言。1979 年 8 月 16 日《南方日报》在头版头条报道了这场辩论——黄淑儒《一场关于扩大企业自主权的辩论》。稍后，《人民日报》也在头版转载了这篇报道。随后，《南方日报》迅速开展了关于扩大企业自主权的大讨论。

为企业“松绑”呼吁，《南方日报》勇当先锋。由许守梁、梁志刚、王德宽采写的《广州供电局撤销“三八”带电作业班》（1979 年 10 月 14 日），报道了广州市供电局坚持实事求是，不搞形式主义，撤销了已成立九年的我国第一个女子线路带电作业班的做法。稿子见报以后，立即在全国引起巨大反响。翌日，《人民日报》《解放军报》《光明日报》《工人日报》等中央报刊及 10 多家省级报刊全文转载。全国妇联负责人说：感谢《南方日报》记者采写的这篇好文章，对我们的工作帮助很大。这篇稿子后来在 1979 年全国首届好新闻评比中荣获二等奖。作者之一王德宽回忆说，这篇文章对当时真理标准问题的讨论、解放思想起到一定的推动作用。① 当年在“男同志能做到的，女同志也能做到”的观念指导下，全国搞了许多类似的劳民伤财的“三八”班组。《南方日报》广开言路，打破禁锢，为发展经济做出了重要贡献。这也跟时任中共广东省委书记习仲勋密切相关。习仲勋同志在广东主持工作时间不长，只有 2 年 8 个月（1978 年 4 月—1980 年 11 月），但他“为广东的改革开放和建设发展殚精竭虑、呕心沥血，以巨大改革勇气和忘我奋斗精神，带领广东人民率先投入改革开放的历史洪流，推动广东改革开放‘先走一步’，在我们党探索中国特色社会主义道路的重大历史关头，充分体现了共产党人解放思想、实事求是、开拓奋进的大无畏革命胆略和气魄”②。

第三节　把握时代脉搏　引领发展方向

1978 年以来，中央三代领导核心都多次视察广东，做出许多重大决策。《南方日报》把握时代脉搏，引领发展方向，把党的方针政策及时传达到千家万户。

---

① 谢庆裕：《供电局会议上抓出生动典型》，杨兴锋、王春芙主编《南方日报新闻经典 60 年 60 篇》第 71 页，南方日报出版社，2009 年 12 月第 1 版。

② 朱小丹：《在纪念习仲勋同志诞辰 100 周年座谈会上的发言》，《南方日报》，2013 年 10 月 16 日。

邓小平同志 1977 年、1982 年、1984 年、1985 年、1992 年先后五次来粤考察工作。邓小平每次广东之行，《南方日报》都做了及时的报道。该报摄影部主任梁伯权每次都拍摄并发表了大量珍贵的照片。尤其是邓小平 1984 年、1992 年的广东之行，产生了极大的影响。1984 年 2 月 2 日，农历大年初一，《南方日报》在头版刊发消息《邓小平同志视察深圳、珠海特区》。2 月 3 日，《南方日报》又在头版刊发李通波的通讯《特区人民的喜讯——记邓小平同志视察深圳、珠海经济特区》。1984 年 1 月 24 日至 29 日，邓小平视察了深圳、珠海特区，通过实地考察，邓小平对特区的发展感到满意，他为深圳题词："深圳的发展和经验证明我们建立经济特区的政策是正确的"，为珠海题词："珠海经济特区好"。在经济特区飞速发展，引起国内外广泛关注的同时，也不断遭到外界的怀疑甚至责难。邓小平同志的题词，为经济特区的发展力排众议，"一锤定音"，给特区人民，给全国人民巨大的鼓舞。

1992 年 1 月 19 日至 29 日，改革开放的总设计师、88 岁高龄的邓小平同志先后视察了深圳、珠海、顺德、广州，发表了一系列重要讲话，明确回答长期困扰和束缚人们思想的许多重大认识问题，再度指明了我国坚持改革开放、加快经济建设的正确方向。3 月 18 日，《南方日报》以整版篇幅彩色印刷，刊登梁伯权拍摄的邓小平在广东的照片。邓小平南方之行的消息率先以新闻摄影的形式隆重见诸报端。1992 年 3 月 21 日和 23 日，《南方日报》分别在头版头条发表了《邓小平同志在"先科"人中间》和《邓小平说：我要握握年轻人的手》。这两篇通讯展现了邓小平同志关心科技发展、寄望年轻人的殷切心情。陈锡添的新闻名篇《东方风来满眼春》就是在《南方日报》的启发下撰写出来的。① 可以说春天的故事是从广东唱响的，邓小平同志 1992 年南方之行，掀起了改革开放的又一波高潮。

2000 年 2 月 21 日至 25 日，江泽民同志南下广东考察工作，2 月 20 日下午江泽民出席了广东省高州市领导干部"三讲"教育会议并发表重要讲话。此后，他又到深圳、顺德和广州市考察工作。2000 年是我国经济特区建立 20 周年。他在深圳指出要在干部群众中开展"致富思源、富而思进"的教育活动。2 月 25 日上午，江泽民在听取了广东省委的工作汇报之后，发表重要讲话，向全党

① 陈南先：《不信东风唤不回——1992 年邓小平视察广东的宣传报道述略》，《岭南传媒探索》，2021 年第 3 期（总第 181 期）。

郑重提出了“三个代表”重要思想，回答了“建设什么样的党，怎样建设党”这个关乎中国前途命运的问题。《南方日报》发表了江泽民广东之行的大量报道，姚伟新的《江泽民总书记在广东》（2000 年 2 月 27 日 C1 版）抓拍了许多珍贵的镜头，这一组照片在 2001 年被评为广东新闻一等奖。

2003 年 4 月 10 至 15 日，胡锦涛同志不顾个人安危，亲临广东抗非一线。他先后考察了湛江、深圳、东莞、广州。4 月 14 日上午，胡锦涛在广东省疾病预防控制中心动情地说：“广东部分地区发生非典型肺炎疫情后，我们感到很揪心，既为群众的身体健康和生命安全受到严重威胁感到焦急，又为广大医务工作者做了大量艰苦细致工作，使许多患者尽快恢复健康而欣慰。”在这次视察中，胡锦涛提出了科学发展观的问题。他要求广东加快发展、率先发展、协调发展，在全面建设小康社会、率先基本实现社会主义现代化的进程中，努力在社会主义物质文明、政治文明、精神文明建设方面都交出优异的答卷，继续当好改革开放的排头兵。2003 年 4 月 18 日《南方日报》第 1 版发表了杨健、王垂林《情系南粤万木春——胡锦涛总书记考察广东纪实》的长篇通讯。其最大的价值在于细节和片段，最大的看点是忠实地记录了科学发展观的思想源头诞生全过程。在之后的系列报道中，《南方日报》率先报道广东学习实践科学发展观先试先行，得到广泛的好评。①

2008 年 7 月 20 日上午，温家宝总理在深圳康佳集团调研。27 岁的女科研人员管伟离总理最近，她在交谈中向温总理提出给企业科研人员赠言鼓励的请求。温总理欣然答应返京后写好寄来。“好！咱们来一个勾手约定。”这个转瞬即逝的镜头，被记者陈健抓拍到了。于是，摄影新闻《勾指相约》发表在 7 月 21 日头版。8 月下旬，温家宝总理的题词“用创新赢得尊严”送到了康佳集团。这是约定，更是期许。②

从1978年至2012年30多年来，我党的许多次重大思想解放、重大理论创新，都与广东这块热土密切相关。《南方日报》是这些重大事件的在场者、见证者、记录者。

---

① 王雨吟：《激情不改，只因自豪在胸》，杨兴锋、王春芙主编《南方日报新闻经典 60 年 60 篇》第 229—230 页，南方日报出版社，2009 年 12 月第 1 版。

② 黄颖川：《总理“温情承诺”记者瞬间抓拍》，杨兴锋、王春芙主编《南方日报新闻经典 60 年 60 篇》第 278—279 页，南方日报出社，2009 年 12 月第 1 版。

第四节　报道体育盛会　打造南国形象

有“南国明珠，千年商城”之称的广州，除了每年春秋两次举办的“中国进出口商品交易会”（广交会）以外，在新时期还举办了几场全国乃至世界瞩目的体育盛会。体育盛会的成功举办，提升了广州、广东的知名度、美誉度，广东人敢为人先，勇立潮头，创造了许多可圈可点的成绩，《南方日报》通过全方位的报道，把岭南故事、南国的声音传递到神州大地和世界各地。

第六届全国运动会（六运会），1987年11月20日至12月5日在广州举行。被誉为“中国的洛杉矶奥运会”的六运会是在我国改革开放的新形势下召开的。六运会让开放的中国迎来了首次市场化运作的全运会。它改变了此前“政府包办全运会”的历史，通过市场化运作吸引办赛费用，大大减轻了政府的经济压力。六运会开创了多个第一：出现了第一个吉祥物“阳阳”；第一次有了会歌《中华之光》；六运会会徽、吉祥物的专利权第一次以商品经营的形式出现在富士等公司产品的包装上；第一次发行体育彩票。[①] 在体育赛事领域，广东人也是敢为天下先的。

全国第九届运动会（九运会），2001年11月11日至11月25日在广州举行，这是新千年我国举办的第一个规模盛大的全国综合性体育盛会，广州也成了第二次举办全国运动会的省会城市。九运会展示中华民族昂首阔步走进新时代的精神风貌。《南方日报》报业集团与九运会组委会共同编辑出版的《九运快报》，是九运会组委会指定的九运会机关报。《九运快报》随《南方日报》一同出版和发售，《九运快报》从2001年8月11日开始出版，每周一期。《九运快报》设有要闻、九运城、竞技场、热点采风、娱乐、交通旅游等专版，涵盖有关九运会的政治新闻、体育新闻、经济新闻、社会新闻等内容，还开辟读者参与的空间，加强媒体和读者的互动。[②] 此外，南方网还专门开辟了“九运频道”。九运会的志愿者成了广州的一道亮丽的风景。赛后，组委会举行了“情满九运”——广州地区青少年精神文明创建系列活动总结表彰大会。[③]

---

① 朱小龙、金朱玺：《广东六运会堪称中国的洛杉矶奥运会》，《南方日报》，2012年7月13日。

② 戴学东：《南方日报报业集团与九运会组委会精诚合作》，《南方日报》，2001年8月10日。

③ 秦文纲、林艳萍、杨绍伟、周志坚：《广州举行“情满九运”表彰大会 九运志愿者获嘉奖》，《南方日报》，2001年12月14日。

2010年广州举办了第16届亚洲运动会。这是继1990年北京举办的第11届亚运会以后，我国第二次举办的亚洲体育盛会。亚运会由广州市主办，汕尾市、佛山市、东莞市协办，于当年11月12日至27日举行，其开闭幕式均在广州海心沙岛进行，这是历史上亚运会首次走出体育馆举行开闭幕式。广州亚运会的主题是“激情盛会，和谐亚洲”，“一起来，更精彩！”是志愿者的口号。大会共设42项比赛项目，是亚运会历史上比赛项目最多的一届。亚运会的吉祥物有5个，为历届亚运会中数量最多的吉祥物。其形象是运动时尚的五只羊。亚运会宣传推广了广州的形象、风景、美食、人文等众多资源，也为广州留下了丰厚的、有形和无形的遗产。很多国际友人知道广州，正是始于这届亚运会。

广州还举办了几个著名的世界体育单项比赛项目，如2002年5月汤姆斯杯、尤伯杯世界羽毛球团体锦标赛在广州举行，这是“汤尤杯”首次在中国举办。2008年2月，广州举办了第49届世乒赛。《南方日报》进行了详尽的报道。1978年以来，广州足球也是其他国家和地区认识、了解羊城的重要媒介。

2011年8月12日至23日，第26届世界大学生夏季运动会在深圳举行，这是深圳走向世界极好的机遇。《南方日报》刊登了许多图文并茂的稿子，如鲁力、周游、何俊的《大运会背后的精彩是观众无限欢呼》（2011年8月24日）。

《南方日报》对这些重大体育赛事进行了成功的报道，弘扬了“更高、更快、更强”的体育精神，推动了全民健身运动的开展，传递了南国声音，打造了岭南形象。

第五节　加强舆论监督　情系百姓冷暖

《南方日报》有刊发批评报道的传统。这种干预生活、为民请命的批评稿件针砭时弊，激浊扬清，收到了很好的社会效果。这些批评报道见报以后，有些群众甚至燃放鞭炮以示高兴。

朱葆春《张副主任的“本事”和“花园别墅”》（1981年9月18日头版），揭露的是新会县人大常委会副主任张永枢违规占用土地在老家盖豪华别墅的事情。10天后，《人民日报》予以全文转载。这篇稿件荣膺当年全国好新闻通讯奖。这是《南方日报》刊发的最成功的批评报道案例之一。1984年8月8日，《南方日报》头版发表《上亿斤粮食是怎样损耗的？——黄埔进口粮食转运点剖析》，同日的报纸还配发了评论员文章《应该追究谁的责任》，当日《人民日报》在《今日首都和各省市区报纸要目》栏摘要中登了这一消息。这篇批评报道有力地推动了问题的解决，相关违法违纪人员得到了应有的惩处。

批评性的报道是反腐斗争的一种形式，在广东省委的支持下，《南方日报》反不正之风的报道做得有声有色有效果，既有头版头条重头稿，又有“快意南方剑”这样的批评报道栏目，还有“南海潮”等一事一议的小栏目，使批评报道的形式多样而不呆板。

《一起流氓案照出人们的不同脸谱》（1988年6月21日第1版），是该报系列报道的第一篇。5个流氓分子在长途汽车上肆无忌惮地调戏、猥亵7个外出务工的恩平姑娘，司机和其他乘客都装聋作哑，默不作声。这群流氓后来在恩平当地群众和司法机关的追捕下被绳之以法，司机也获包庇罪。整个系列报道伸张了正义，呼唤了人们要有见义勇为的良知，该系列报道后来荣获广东省1988年度好新闻一等奖。

批评报道是一柄利剑。明辨方位，掌握进退的，是南方报人对时局的精准判断。《烈火燃起的思考——深圳“8·5”爆炸事故备忘录》（1993年8月10日头版），这篇突发事件报道，记者通过深入的采访，归纳了五个引人深思的火灾原因：危险品仓库选址不当；化学危险品混存混放；相关人员缺乏专门知识；消防设施不完善；消防队伍装备太差。这场大火造成的直接经济损失高达1.5亿元。报道内容丰富，在讴歌救火英雄的同时，努力还原事件的真相。报道一经刊出，即轰动全国，纷纷转载。此文后来获得广东新闻奖特别奖。

1996年8月5日《南方日报》头版头条刊发了韩浩的《雷州市渔民出海遇难　水产局领导见死不救》的新闻稿，同时还配发了评论《钱重要，还是人命重要？》。这篇报道后来获得了1996年度广东新闻一等奖及第七届中国新闻奖二等奖。这种为民请命，替民发声的批评报道，具有强大的生命力。1997年10月15日，《南方日报》头版头条发表了曹柯的《雷州水利局官职大批发》的报道，稿子由读者来信和调查附记组成。情况令人震惊：雷州水利局一天违规发出通知任免47人。通过读者来信和记者的调查，揭开了一出官场闹剧的“画皮”。记者曹柯回忆说，这是“中国式调查”的典型案例，其特点和优势是，抓大放小，速战速决。[①]

2005 年 12 月 26 日，《南方日报》A02 版发表了刘茜等的《三问北江镉污染》，三个问题直截了当，直指事故发生的根本原因——仅仅是工人违规操作吗？小冶炼厂排污能否管得住？能否杜绝污染再次发生？这起广东历史上最大的污染事故，引来了国内外众多记者关注报道，这考验着政府的应急管理能力。这篇深度报道后来获得了 2005 年广东新闻奖通讯类一等奖。记者采访扎实，分寸把握得当，在关键时刻很好地回答了社会普遍关注的问题，也体现了党报的权威性和正确的舆论引导作用，缓解了民众的恐慌情绪，为政府稳定人心起了很好的沟通作用。

胡锦涛同志指出："要拓宽民主渠道，保障人民的知情权、参与权、表达权、监督权。"这对报社进行此类报道，提供了理论支撑。胡锦涛还说："坚持科学执政、民主执政、依法执政，推进决策科学化、民主化，最广泛地动员和组织人民依法管理国家事务和社会事务、管理经济和文化事业。"《南方日报》就是这样，加强舆论监督，引领舆论潮流，关心民众冷暖，鞭挞社会乱象，这是新闻人"铁肩担道义，妙手著文章"的生动体现。

第六节　深入挖掘采访　凸显新闻价值

《南方日报》善于挖掘新闻背后的新闻，擅长凸显新闻事件体现的思想价值。王进江、赵南坚、崔向红的《中英街上活雷锋——记共产党员陈观玉》发表在 1996 年 3 月 2 日头版，同时配发了评论《一面学雷锋的旗帜》。这篇通讯有 6000 余字的篇幅，将抒情旋律和理性思辨熔于一炉，在社会上引起巨大反响，因为在社会主义市场经济发展过程中，社会价值日益多元化，如何挖掘和推广道德模范和先进典型，以教育青年一代，凝聚道德共识，这是意识形态领域的重大课题。陈观玉被报社隆重推出以后，她被赋予了符号意义：一方面，

① 许蕾：《中国式调查 犀利之剑穿透潜规则》，杨兴锋、王春芙主编《南方日报新闻经典 60 年 60 篇》第 167 页，南方日报出版社，2009 年 12 月第 1 版。

她唤醒了人们对雷锋以及他所代表的那个红色时代的美好记忆；另一方面，她也代表了中华民族传统美德在市场经济环境下的传承和发扬。这也充分说明“两手都要抓，两手都要硬”在广东是完全可以实现的目标。①《南方日报》等媒体挖掘的、感动中国人物丛飞等先进人物的事迹，也具有同样的思想内涵。

1999年6月3日头版头条发表了段功伟、方宁、张伟程、黄和龙采写的《为了一个受伤弟兄》，它摒弃了表扬好人好事新闻稿的套路，深入挖掘了新闻背后的思想价值。这篇通讯讲了一个感人的故事：在武汉“广广蛇府”打工的江海水不慎被毒蛇咬伤，餐馆老板黄海达不惜重金，包专机连夜送他到广州抢救。其间，数百人爱心接力，过程一波三折，结局荡气回肠。《南方日报》同时配发了评论《新时期的真情颂歌》。《为了一个受伤弟兄》引发了一场“包机救人告诉我们什么”的大讨论，全国多家媒体或转载或跟进报道。“《南方日报》连发三篇评论员文章，三论包机救人的启示，分别从市场经济条件下的义利之辨、新形势下的劳资关系、新型人际关系方面总结和提升包机救人的内涵。”②这篇通讯获得中国新闻奖三等奖和广东新闻奖一等奖，这种深入人心的典型报道，是精神文明建设的生动教材。它不禁让人联想到1960年2月28日《中国青年报》刊发的通讯名篇《为了六十一个阶级弟兄》。

2004年8月20日，在邓小平诞辰100周年前夕，《南方日报》推出《南方的怀念——邓小平百年诞辰特刊》，这期特刊包括封面共12个版面，分11个专题回顾了邓小平同志的一生。《南方日报》还在稍早前推出了《南方的怀念》的姐妹篇——大型系列报道《追寻春天的故事》，采访以邓公故里四川广安为首寻之站，接着进入巴黎、百色、淮海、重庆、江西、北京、上海、香港，采访工作前后花了半年多的时间。系列报道出炉以后，好评如潮。“有章法，有奇文，有猛料”，是大家对这一系列报道的高度评价。③

2010年是我国经济特区成立30周年继往开来的重要历史节点。中共中央政治局委员、广东省委书记汪洋当年年初对特区的建设发展提出了广为人知的

① 袁丁：《以情动人 写活人物典型》，杨兴锋、王春芙主编《南方日报新闻经典60年60篇》第153-154页，南方日报出版社，2009年12月第1版。

② 郑佳欣：《包机救人 感动中国》，杨兴锋、王春芙主编《南方日报新闻经典60年60篇》第177页，南方日报出版社，2009年12月第1版。

③ 蔡华锋：《纪念小平 南方热土捧深情》，杨兴锋、王春芙主编《南方日报新闻经典60年60篇》第234页，南方日报出版社，2009年12月第1版。

“三道题”：三十而立，特区立起了什么？迎接特区成立三十年，特区要做什么？未来三十年，特区要干什么，怎样再创特区新辉煌？作为中共广东省委机关报，南方日报全力以赴，集团主要领导精心策划，以一篇篇浓墨重彩的报道，拉开了纪念特区成立三十周年报道的序幕。① 2010 年 9 月 6 日，深圳举行特区成立三十周年庆典，胡锦涛同志出席大会并发表重要讲话。庆典当天，《南方日报》推出了“特区改变中国”和“复兴中国 鹏城天下”两大特刊，62 版的大手笔，这在党报的特刊报道中创造了历史。其中“30 年三十人”“30 年三十事”“30 年三十企”“30 年三十词”，成了解码特区 30 年的关键字眼。②

《南方日报》善于策划重大主题报道，又善于多兵种联合作战，2012 年 9 月 12 日开始，《南方日报》推出了“深入走转改，喜迎十八大”大型报道活动。主题包括“科学发展 成就辉煌”“南粤足迹”“党代表在基层”“科学发展两地行”“绿道兴奋点”“从生活一线看经济形势”“图说广东”等系列，以“走转改”的形式呈现南粤大地喜迎十八大的新气象、新变化。③ 2012 年 11 月 5 日，南方报业传媒集团隆重举行十八大报道团队出征仪式。报社组成强大的报道团队，以大兵团联合作战的方式，以高昂的政治热情和强烈的历史责任感，展开全方位、多渠道、深层次报道，形成多声部大合唱。④ 南方报人给带来了许多关于十八大的精彩报道。

结　语

《南方日报》是我国省级党委机关报中版面最多的报纸。1990 年获中国记协授予“全国新闻先进集体”称号，1991 年荣获广东省人民政府授予的“先进集体”称号。1998 年 3 月，建立自办发网络，获得巨大成功，荣获“中国

① 方一庆：《对特区而立的最好纪念》，《南方日报》，2010 年 10 月 22 日。

② 李晓敏：《三十而立，为深圳立传》，《南方日报》，2010 年 10 月 22 日。

③ 王玉梅：《广东省广东省委宣传部庹震：立足改革开放沃土　宣传战线大战线大有可为》，中国新闻出版网 / 报，2012 年 10 月 30 日。

④ 雷辉：《南方报业举行十八大报道团队出征仪式　用全媒体手段准确充分报道盛会》，《南方日报》，2012 年 11 月 6 日。

报业（经营管理）创新奖”。1998 年 5 月 18 日，南方报业传媒集团正式挂牌运作，这是我国最早成立的省级党报报业集团。2005 年 7 月 18 日，南方日报报业集团更名为南方报业传媒集团。多年来在其办报理念“高度决定影响力”的指引下，南方报人锐意进取，守正创新，取得了骄人的成绩，仅以 2019—2021 年三年间“世界品牌大会”公布的《中国 500 最具价值品牌》，我们就知道《南方日报》的实力非同一般：2019 年，其品牌价值为 452.16 亿元，总排名为第 119 位；2020 年，其品牌价值为 513.78 亿元，位列榜单第 119；2021 年，其品牌价值以 589.36 亿元，品牌价值位列榜单第 120。

《南方日报》（1978—2012）是新中国从站起来到富起来这个历史阶段的忠实记录者、传播者，其在报业所创造的业绩必将载入共和国新闻事业之史册。

第五部分　专题报告

惊天动地：2012 年以来的媒体报道

第十二章　《人民日报》的报道（2012 年以来）

许丽华[①]

《人民日报》不忘初心、牢记使命，在新时代号角下，一路积极求索，认真履责，发挥党媒的旗帜和喉舌作用，其对中国重大新闻事件的报道，勾画出十八大以来党领导中国走进新时代的伟大历史。

第一节　定国良策

社会主义政治制度，既是中国特色社会主义政治发展道路的主体内容，也是当代中国发展进步的根本保证。党的十八大以后提出和实施的维护一国两制、从严治党、依法治国、脱贫攻坚等政治主张和举措既体现了我国政治制度的优越性，又不断推进社会主义政治制度自我完善和发展，为党和国家兴旺发达、长治久安提供了更加完善的制度保障。

一、一国两制，行稳致远

“一国两制”是指在一个中国的前提下，国家主体坚持社会主义制度不动摇，台湾、香港、澳门保持原有的资本主义制度，长期不变。“一国两制”

① 许丽华，云南民族大学文学与新闻学院副院长、博士。

是邓小平同志为实现祖国和平统一，而提出的重大战略决策和科学构想。自党的十八大以来，在以习近平同志为核心的党中央的领导下，“一国两制”取得了丰富的实践成果。

2014年8月31日，第十二届全国人民代表大会常务委员会第十次会议通过了《关于香港特别行政区行政长官普选问题和2016年立法会产生办法的决定》为香港行政长官选举明确了制度框架和法律保障。2014年9月28日，香港爆发了非法“占中”事件，中央政府积极支持香港特别行政区政府依法处理，避免更进一步的冲突发生，维护了香港的稳定。2016年2月，香港旺角发生暴乱事件，多名警员和记者受伤。在中央政府的支持和决策下，香港警员专业、迅速、高效地平息了事件。2019年香港发生“修例风波”，反中乱港势力公然鼓吹“港独”“自决”“公投”等主张，破坏国家统一。在出席金砖国家会议时，习近平主席强调，香港持续发生的激进暴力犯罪行为，严重践踏法治和社会秩序，严重破坏香港繁荣稳定，严重挑战“一国两制”原则底线。止暴制乱、恢复秩序是香港当前最紧迫的任务。在党中央的正确领导和香港特别行政区政府的积极努力下，“港独”分子被严肃处理，香港恢复了往日的繁华与平静。2020年5月28日下午，十三届全国人大三次会议以高票表决通过《全国人民代表大会关于建立健全香港特别行政区维护国家安全的法律制度和执行机制的决定》。

党的十八大以来，一系列的实践活动已经表明“一国两制”是香港、澳门、台湾行稳致远的“压舱石”，“一国两制”的底线不容侵犯。

二、领土主权，不容侵犯

习近平主席曾在多个场合强调，中国决不会坐视国家主权、安全、发展利益受损，决不会允许任何人任何势力侵犯和分裂祖国的领土。这显示了中国共产党和中国人民对维护领土主权的坚定决心。

2012年中菲爆发黄岩岛事件，2013年和2014年菲方又相继多次发动国际仲裁程序挑衅中国，中方相继设立海南省三沙市管辖西沙、中沙、南沙群岛的岛礁及海域，此外中国还依据国际法以及《联合国海洋法公约》不参与仲裁程序，维护国家领土与主权。2012年中日爆发钓鱼岛争端，《人民日报》在社论中强调钓鱼岛自古以来就是中国固有领土，中日纷争皆因日方窃岛而来。2012

年 9 月中国海监编队在钓鱼岛海域巡航，2013 年 11 月 23 日，国防部宣布划设东海防空识别区，包含钓鱼岛附近相关空域，维护国家领土主权。2020 年 6 月，中印边境爆发冲突，并有人员伤亡。《人民日报》先后发表《中印边境冲突完全在印方》《英雄屹立喀喇昆仑》等文章。中国边防部队英勇无畏、勇敢反击，坚决捍卫了国家的领土主权安全。2020 年在纪念中国人民志愿军抗美援朝出国作战 70 周年大会上，习近平主席强调："中国永远不称霸、不扩张，坚决反对霸权主义和强权政治。我们决不会坐视国家主权、安全、发展利益受损，决不会允许任何人任何势力侵犯和分裂祖国的神圣领土。一旦发生这样的严重情况，中国人民必将予以迎头痛击！"

三、大国外交，全球治理

面对错综复杂、风云变幻的国际局势，中国坚定高举和平、发展、合作、共赢的旗帜，坚守和平、发展、公平、正义、民主、自由的全人类共同价值，以习近平总书记为核心的党中央始终秉持人类命运共同体的大国外交战略。

自十八大召开以来，我国外交工作取得了非凡的成就，"大国外交""主场外交"成为新的亮点。2013 年，习近平总书记同美国总统奥巴马、俄罗斯总统普京举行会谈，并先后出席了二十国领导人峰会、亚太经合组织领导人非正式会议、上海合作组织峰会、金砖国家领导人会晤等重大多边活动，推动我国外交事业迈上新台阶。2013 年秋天，习近平总书记在访问哈萨克斯坦、印度尼西亚时，提出了建设"丝绸之路经济带"和"21 世纪海上丝绸之路"的倡议。此后"一带一路"成为推动构建人类命运共同体的重要实践平台。2014 年 APEC 会议在北京成功举办，彰显了新时代中国负责任的大国风范。2015 年 12 月亚投行正式成立，中国在经济外交上取得重大进展。不断深入参与全球治理也成为中国外交新的趋势。2016 年 9 月 G20 峰会在杭州成功召开，主场外交成为推动外交事业向前迈进的重要力量。2017 年新年伊始，习近平主席在达沃斯世界经济论坛年会和联合国日内瓦总部发表重要演讲，针对全球发展阐述"中国主张"，引起国际舆论关注。2017 年夏，我国成功举办"一带一路"国际合作高峰论坛，与参会各国共商合作大计，共建合作平台，共享合作成果。2019 年习近平总书记出访 7 个国家，参与了 G20 峰会、金砖国家峰会、上合组织峰会，以"元首外交"为引领，推动构建全球命运共同体。2020 年在新冠疫情肆虐的背景下，“云外交”成为新的亮点。习近平主席以“云外交”的形式同各国领导人和组织负责人会晤，出席 22 场重要多双边活动，为国际抗疫树立了合作攻艰的榜样、为世界经济注入复苏的动力，为全球发展指明前进方向。

2021 年中国外交工作继续构建新型国际关系、主动参与全球治理、积极增进各国互相理解、继续构建人类命运共同体。

四、依法治国，健全法治

法治兴则国兴，法治强则国强。执政兴国，离不开法治支撑；社会发展，离不开法治护航；百姓福祉，离不开法治保障。党的十八大以来，以习近平同志为核心的党中央将法治建设列为党政工作的重点，将全面依法治国纳入“四个全面”战略布局，我国法治建设开启了新时代。

2014 年 10 月，党的十八届四中全会作出了《中共中央关于全面推进依法治国若干重大问题的决定》，这是党中央在新形势新任务下作出的治国理政战略部署，开启了中国法治建设的新时代。2015 年初召开省部级主要领导干部学习贯彻十八届四中全会精神全面推进依法治国专题研讨班，对“依法治国”做出具体部署与安排。2015 年 3 月，第十二届全国人大三次会议举行，会议审核通过《关于修改〈中华人民共和国立法法〉的决定》。2017 年 3 月，第十二届全国人大五次会议表决通过《中华人民共和国民法总则》，该部法律的制定不仅实质性地开启了民法典的制定步伐，而且表明我国法律体系不断完善。2018 年成立中央依法治国委员会，是推进新时代全面依法治国的战略举措，具有十分重要的意义。2020 年 5 月，十三届全国人大三次会议审议通过《中华人民共和国民法典》，中国民事保障以法律制度确立下来，法治建设迎来全新时代。2020 年 11 月，党历史上首次召开中央全面依法治国工作会议，会议上将习近平法治思想明确为全面依法治国的指导思想。

2021 年两会，在人民网的调查中，“依法治国”登上两会热词榜首，这显示了全国人民对法治建设的关注。

第二节　砥砺前行

我国改革开放后 30 余年的经济建设取得了举世瞩目的成就，十八大以后为了更好地促进经济发展，一系列经济体制改革的措施相继出台。2012 年 12 月，习近平总书记在广东考察时，用“深水区”明确标注当今中国改革开放所处的历史方位，拉开了全面深化改革的大幕。

一、深化改革，扩大开放

（一）中国（上海）自贸区成立

为了顺应全球经贸发展新趋势，实行更加积极主动的开放战略，2013 年 9 月 29 日，中国（上海）自由贸易试验区正式成立。试验区范围涵盖上海市外高桥保税区、外高桥保税物流园区、洋山保税港区、上海浦东机场综合保税区、金桥出口加工区、张江高科技园区和陆家嘴金融贸易区七个海关特殊监管区域，总面积 120.72 平方公里。中国（上海）自贸区的成立是探索我国对外开放新路径和新模式的重大举措，旨在推动加快转变政府职能和行政体制改革，促进转变经济增长方式和优化经济结构，以期在全国范围内形成可复制、可推广的经验，培育我国面向全球的竞争新优势。上海获准制定浦东新区法规。

2021 年 6 月 10 日，十三届全国人大常委会第二十九次会议表决通过《关于授权上海市人大及其常委会制定浦东新区法规的决定》。浦东新区作为国内最早成立的国家级新区，在 1990 年 4 月 18 日宣布开发开放后，一直走在改革开放的前沿。此次上海获准制定浦东新区的法规，不仅为特区的创新发展提供了法治保障，更加快了其打造“社会主义现代化建设引领区”的步伐。全国人大的授权决定使得浦东新区开发开放的制度供给能力得到了前所未有的提升，也为浦东新区乃至整个上海的改革发展提供了前所未有的机遇。

（二）京津冀协同发展

2014 年作为全面深化改革的元年，2 月 26 日，习近平总书记主持座谈会，确定把京津冀协同发展上升为重大国家战略。该战略的核心是将京津冀三地作为一个整体协同发展，以疏解非首都核心功能、解决北京“大城市病”为基本出发点，努力形成京津冀目标同向、措施一体、优势互补、互利共赢的协同发展新格局。将京津冀协同发展上升为国家战略不仅是推进区域发展体制机制创新的需要，也是探索完善城市群布局、优化开发区域发展提供示范和样板的需要，在探索生态文明建设、促进人口经济资源环境相协调等方面意义重大。

（三）设立雄安新区

2017 年 4 月 1 日，中共中央、国务院印发通知，决定设立国家级新区河北雄安新区。党的十八大后，以习近平同志为核心的党中央以有序疏解北京非首都功能为基本出发点，加强顶层设计，提出京津冀协同发展战略。经过 3 年的扎实谋划、积极推进，京津冀协同发展实现良好开局。雄安新区的设立，是我国深入推进京津冀协同发展作出的又一项重大决策部署，是继深圳经济特区和上海浦东新区之后又一具有全国意义的新区，有利于进一步疏解北京非首都功能，探索人口经济密集地区优化开发新模式，调整优化京津冀城市布局和空间结构，培育创新驱动发展新引擎。

（四）改革国企增强活力

为增强国有企业的活力和国有经济的控制力，促进经济持续快速健康发展，2018 年 3 月国资委发布《关于开展“国企改革双百行动”企业遴选工作的通知》，同年 8 月，在深化试点的基础上逐步部署国企改革“双百行动”，选取百余户中央企业子企业和百余户地方国有骨干企业，深入推进综合性改革；2020 年 5 月 22 日，国务院总理李克强在发布的 2020 年国务院政府工作报告中提出，要提升国资国企改革成效，实施“国企改革三年行动”，落实国有企业改革“1+N”政策体系和顶层设计。此次改革主要聚焦完善中国特色现代企业制度、推进国有资本布局优化和结构调整、积极稳妥推进混合所有制改革、激发国有企业的活力等 8 个方面的重点任务，有力有序有效推进各项改革工作，确保改革三年行动高质量如期完成。

二、转型升级，调整结构

（一）“互联网 +”成为新经济形态

“互联网 +”是十八大之后提出的一种新的经济形态，指的是通过互联网信息技术与传统产业的联合，优化生产要素、更新业务体系、重构商业模式，最终实现经济的转型与升级。 2015 年 7 月 4 日，国务院正式印发《国务院关于积极推进“互联网 +”行动的指导意见》，2020 年 5 月 22 日，李克强总理在 2020 年政府工作报告中提出，“全面推进‘互联网 +’，打造数字经济新优势”。目前，“互联网 +”已经实际应用于政务、金融、民生、交通、医疗、教育等多个领域，并与云计算、物联网、大数据等新一代信息技术相结合，共同促进国民经济的进一步提质、增效与升级。

（二）5G 是未来的助推器

2017 年世界移动通信大会发出宣言：通过 5G 测试，推动 5G 全球统一标准，共建 5G 全球统一生态。2019 年 6 月 6 日，工信部向中国电信、中国移动、中国联通、中国广电发放 5G 商用牌照，标志着中国正式进入 5G 商用元年。相较于 2G、3G、4G 系统主要服务于通信，5G 的出现使“万物互联”成为可能，市场迎来了一个“真正意义上的融合网络”。5G 的经济舞台在于对所有产业的影响与驱动，农业、工业、服务业将依托 5G 实现产业结构升级，成为智能农业、工业智造、智能商务，并创造出规模经济效益。未来在 5G 方面的进一步研发，有利于中国在未来数据浪潮的竞争中立于潮头，占据领先优势。同时，5G 也将在未来的 10 年、20 年里成为全球经济持续增长的助推器。

（三）新能源列入战略新兴产业

十八大将生态文明建设纳入中国特色社会主义事业总体布局，为可再生新能源在中国的发展提供了广阔的空间。过去 30 年里，中国能源需求的急剧增长打破了长期以来自给自足的能源供应格局，中国能源供给对国际市场的依赖逐渐增高。可再生能源的应用与推广不仅可以在一定程度上缓解环境压力，还可相对减少中国对进口能源的依赖程度，提高我国的能源、经济安全。近 10 年来，我国新能源的实际应用主要体现在新能源汽车产业的发展，党的十八大报告指出，把发展新能源汽车列入发展战略性新兴产业、推进经济结构战略性调整之中。未来新能源的持续发展也将从推进技术进步和增强市场竞争力两方面入手，不断完善扶持引导政策。

第三节 九天揽月

“深化科技体制改革，推动科技和经济紧密结合，加快建设国家创新体系”，是党的十八大做出的重要部署。十八大以来，中国在科技创新方面取得了一系列的成果，中国天眼 FAST，量子通信卫星、载人航天、探月、蛟龙、超算等重大科技成果相继问世。

一、睁开天眼，探索宇宙

（一）“中国天眼”FAST 是世界上最大的单口径射电望远镜

2011 年 3 月 25 日，FAST 工程开工建设，2016 年 9 月 25 日竣工，并进入调试观测阶段。2017 年 11 月 24 日，人民网发文《“天眼”睁开，为“人类命运共同体”做注脚》，以“天眼”总工程师、首席科学家南仁东为线索，介绍了 FAST 工程的由来与发展及其成就，并将“中国天眼”称为宇宙观测“利器”。截至 2020 年 11 月，“中国天眼”设施运行稳定可靠，取得一系列重大科学成果，发现脉冲星数量超过 240 颗，基于“中国天眼”数据发表的高水平论文达到 40 余篇。据新华社 2021 年 1 月 4 日报道，“中国天眼”将于 2021 年 4 月 1 日正式对全球科学界开放，征集来自全球科学家的观测申请。2021 年 4 月 29 日，《人民日报》发文《“中国天眼”有多牛？FAST 总工程师为你解读》，介绍 FAST 基本原理，创新设计理念，繁复的建设过程及未来的探索方向，向公众展示“中国天眼”对未来星际导航的意义。

（二）“墨子号”实现卫星和地面之间的量子通信

2016 年 8 月 16 日 1 时 40 分，我国在酒泉卫星发射中心成功将世界首颗量子科学实验卫星“墨子号”发射升空。这将使我国在世界上首次实现卫星和地面之间的量子通信，构建天地一体化的量子保密通信与科学实验体系。据人民网报道，该项目首席科学家潘建伟说：“使用量子卫星，点对点传输，可以做到 1 秒钟传送 100k 密钥数据；以后提高到 1 兆或 10 兆密钥，这将极大推动量子通信实用化。”他同时展望说，如果经过 5 年努力，可以得到量子卫星“星座”。“像北斗一样，很多颗量子卫星在空中，将改变我们在信息安全上非常被动的局面。”2017 年 6 月 16 日 “墨子号”在国际上率先成功实现了千公里级的星地双向量子纠缠分发。

（三）载人天地往返取得突破性成就

2013 年 6 月 11 日 17 时 38 分，“神舟十号”载人飞船发射升空，“天宫一号”与“神舟十号”载人飞行任务是我国组织实施的第五次载人航天飞行。人民网以《神十来了——载人天地往返首次应用性飞行》为标题进行专题报道，专题中特别设置“系统结构”部分，对此次载人航空中所应用的八大系统利用新闻报道的形式一一解构，让公众系统了解载人航空技术。2016年10月17日7时30分，“神舟十一号”载人飞船成功驶向太空。《人民日报》发布报道《神舟十一号为什么如此重要？》介绍“神舟十一号”是未来我国空间站建设和运营的重要基础，在此之后，中国将进入空间站时间。2021年6月17日，9时22分，“神舟十二号”载人飞船发射升空，顺利将3名航天员送上太空。15时54分，“神舟十二号”成功对接于天和核心舱前向端口，与此前已对接的“天舟二号”货运飞船一起构成三舱（船）组合体，整个交会对接过程历时约6.5小时。这是天和核心舱发射入轨后，首次与载人飞船进行的交会对接。18时48分，聂海胜、刘伯明、汤洪波先后进入天和核心舱，这标志着中国人首次进入了自己的空间站。人民网发布专题报道“筑梦天宫——神舟十二号载人飞船出征”，从台前幕后多个角度展现我国航天科技成果。

（四）探月工程系列项目获得圆满成功

2014年11月1日6时42分，载人返回飞行试验返回器在内蒙古四子王旗预定区域顺利着陆，我国探月工程三期载人返回飞行试验获得圆满成功。据《人民日报》，有关专家称，这标志着我国已全面突破和掌握航天器以接近第二宇宙速度的高速载人返回关键技术，为确保“嫦娥五号”任务顺利实施和探月工程持续推进奠定了坚实基础。2018年5月21日，《人民日报》发布报道《嫦娥四号任务中继星成功发射 将搭建地月“鹊桥”》，当日5时28分，我探月工程“嫦娥四号”任务“鹊桥”号中继星发射升空，“鹊桥”号中继星承担“嫦娥四号”着陆器和巡视器与地球间的通信和数传任务。2018年6月14日11时06分，“鹊桥”中继星成功实施轨道捕获控制，进入使命轨道。2019年1月3日10时26分，“嫦娥四号”探测器自主着陆在月球背面，实现人类探测器首次在月球背面软着陆。2019年1月11日，“嫦娥四号”着陆器与“玉兔二号”巡视器正常工作，在“鹊桥”中继星支持下顺利完成互拍，地面接收图像清晰完好，中外科学载荷工作正常，探测数据有效下传，搭载科学实验项目顺利开展，达到工程既定目标，标志着“嫦娥四号”任务圆满成功。2020年12月17日，“嫦娥五号”返回器携带月球样品在内蒙古四子王旗预定区域安全着陆，探月工程“嫦娥五号”任务取得圆满成功。2020年11月25日，人民网发文《中国探月故事》以“嫦娥五号”任务成功完成为背景，“中国航天人”为线索，介绍一代代中国航天人在月球探测领域创造的“中国特色”，留下的“中华印记”，为人类航天发展做的“中国增量”。据新华社 2021 年 4 月 25 日报道，“嫦娥六号”任务预计 2024 年前后实施，或将继续月背征途。

（五）实现了我国首次地外行星着陆

新华社 2020 年 4 月 24 日报道，中国行星探测任务命名为“天问（Tianwen）系列”，首次火星探测任务命名为“天问一号”，后续行星任务依次编号。2020 年 7 月 23 日 12 时 41 分，我国首次火星探测任务“天问一号”探测器发射升空。2020 年 7 月 27 日《人民日报》19 版发文《火星，我们来了》解释了“天问”命名的由来，介绍火星的基本情况，火星探索情况等等，人类对火星的好奇和向往，反过来深深影响着人类对自然科学、人文科学等重大命题的思索。2021 年 2 月 10 日晚间，“天问一号”探测器实施火星捕获制动，成为我国第一颗人造火星卫星，实现此次任务“绕、着、巡”目标的第一步，成功开启环绕火星模式。5 月 15 日 7 时 18 分，“天问一号”探测器成功着陆于火星乌托邦平原南部预选着陆区，我国首次火星探测任务着陆火星取得成功。同日，《人民日报》发文称“天问一号”任务突破了第二宇宙速度发射、行星际飞行及测控通信、地外行星软着陆等关键技术，实现了我国首次地外行星着陆，是中国航天事业发展中又一具有重大意义的里程碑。

二、蛟龙入海，诺奖摘星

（一）蛟龙号刷新中国深度

2012 年 6 月 28 日《人民日报》报道《“蛟龙”再次刷新“中国深度”》，蛟龙号载人下潜 7062 米，刷新“中国深度”。2013 年 11 月 3 日《人民日报》09 版报道《我国首个实验型深海移动工作站完成总装》，由中国船舶重工集团公司承担研制的我国首个实验型深海移动工作站完成总装，即将展开水下试验。我国是继美、法、俄、日之后世界上第五个掌握大深度载人深潜技术的国家。未来，深海移动工作站是世界深海科研发展的主要方向。2020 年 11 月 10 日，我国全海深载人潜水器“奋斗者”号在马里亚纳海沟成功坐底，深度 10909 米。11 月 16 日，《人民日报》海外版发文《“奋斗者”深潜超万米 “全海深”中国今梦圆》评价万米级载人深潜器“奋斗者”号是中共十九届五中全会后首个进入公众视野，接受实战考验的新的“大国重器”，其首战告捷和堪称完美的表现彰显了中国日益增强的自主创新能力和科技自立自强取得的新成就。2020 年 11 月 28 日，“奋斗者号”全海深载人潜水器随“探索一号”科考船胜利返航。2021 年 3 月 16 日，“奋斗者号”全海深载人潜水器交付活动在三亚举行，中科院深海所正式负责“奋斗者号”的后续运维与管理。

（二）屠呦呦获诺贝尔生理学或医学奖

2015 年，瑞典卡罗琳医学院 10 月 5 日在斯德哥尔摩宣布将 2015 年诺贝尔生理学或医学奖授予中国女药学家屠呦呦，以及另外两名科学家威廉·坎贝尔和大村智表彰他们在寄生虫疾病治疗研究方面取得的成就。2015 年 10 月 6 日，《人民日报》评价屠呦呦获诺奖：以自信，以自省。有些人还在坚持“诺贝尔科学奖这次有没有照顾中国人”的疑问，这种缺乏信心的表现已经不合时宜——科学大奖并不会照顾任何人，只要有了足够的资格，自然就会被关注到。另一方面，屠呦呦代表中国大陆科学家的诺贝尔奖首破纪录，也是对那些希望毕其功于一役的速成论者的提醒。科学有自己的科学规律，最忌的就是急功近利。它无法严格地用投入去预测产出，不是简单的资源叠加就能创造出新事物，也很难按部就班达到预定的目标。这是中国科学家因在本土进行科学研究而首次获得诺贝尔科学奖，既是中国医学界迄今为止获得的最高奖项，也是中医药科研成果获得的最高奖项。2019 年新华社 6 月 17 日报道，屠呦呦及其团队经过多年攻坚，在青蒿素“抗疟机理研究”“抗药性成因”“调整治疗手段”等方面取得新突破，于近期提出应对“青蒿素抗药性”难题的切实可行治疗方案，并在“青蒿素治疗红斑狼疮等适应症”“传统中医药科研论著走出去”等方面取得新进展。

第十三章 《浙江日报》的报道（2012 年 11 月以来）

庞 承[①]

浙江，是中国革命红船起航地，改革开放先行地，习近平新时代中国特色社会主义思想重要萌发地。在中国共产党的百年历史上铸成红色根脉，书就重彩华章。

2012 年，党的十八大召开，中国进入了新时代。浙江省委坚定不移沿着“八八战略”指引的路子走下去，一任接着一任干，一张蓝图绘到底，干在实处、走在前列、勇立潮头。

作为浙江省委机关报，浙江日报及其所属媒体贯彻好宣传好中央和省委精神，通过浓墨重彩的报道，记录下中国特色社会主义新时代浙江发展的轨迹，展示出浙江人民在党的领导下为民族复兴奋斗的风采。

第一节 忠实践行“八八战略”

浙江一直走在改革开放的前沿，凭借显著的发展成绩、丰富的创新经验，书写了中国特色社会主义在浙江的生动实践。进入 21 世纪，走在全国前列的

① 庞承，浙江日报社社长助理，浙江日报研究院院长。

浙江率先遇到“成长的烦恼”。2003 年 7 月，时任浙江省委书记习近平同志以马克思主义战略家的宽广视野和远见卓识，完整系统地提出了“发挥八个方面的优势，推进八个方面的举措”的“八八战略”，擘画了浙江加快推进社会主义现代化进程的蓝图。

党的十八大以后，浙江历届省委都把“八八战略”作为引领浙江发展的总纲领、推进浙江工作的总方略。同时高度重视对习近平同志在浙江工作期间形成的一系列重要思想观点和重大决策部署的研究宣传。

2014 年 4 月 4 日，《浙江日报》以 3 个版篇幅，刊登浙江省委理论学习中心组文章《中国特色社会主义在浙江实践的重大理论成果——学习〈干在实处　走在前列〉和〈之江新语〉两部专著的认识和体会》，近 1.8 万字，系统阐述学习习近平系列重要讲话精神和两部专著的认识和体会。此后 4 月 8 日至 11 日，连续在头版重要位置刊发 4 篇评论员文章，题目为《切实增强学习的自觉性和紧迫性》《努力把握思想脉络和科学体系》《不断改造我们的主观世界》和《真学真懂真信真用》。

2015 年 5 月 30 日，《浙江日报》刊发长篇通讯《一步一履总关情——习近平总书记在浙江考察纪实》，记录了此前习近平总书记考察浙江，登海岛、进社区，看企业、访农户，问民生、谋发展，体现了心系群众、一心为民的伟大情怀。6 月 1 日，《浙江日报》头版发表社论《亲切的关怀　巨大的鼓舞——论肩负起“干在实处永无止境，走在前列要谋新篇”新使命》。

2017 年 10 月上旬，《浙江日报》以空前篇幅，推出“溯源新理念　大潮起之江——习近平总书记在浙江的探索与实践”8 篇重大主题报道，共分“创新篇”“协调篇”“绿色篇”“开放篇”“共享篇”“文化篇”“改革篇”“党建篇”，每篇报道 4 个版，2 万余字，追溯习近平总书记推进中国特色社会主义在浙江创新发展的思想脉络和实践轨迹。截至 10 月 16 日 7 时，经 @ 浙江日报、@ 浙江在线两个官方微博推送的相关主题报道博文影响人数累计达 7342.75 万人次。

党的十九大以后，浙江开展“习近平新时代中国特色社会主义思想在浙江的萌发与实践”重大课题研究。2018 年 7 月 19 日起，在“八八战略”实施 15 周年之际，《浙江日报》连续刊登“习近平新时代中国特色社会主义思想在浙江的萌发与实践”研究成果及实践案例。40 个版面篇幅，近 26 万字。从经济、区域协调发展、“三农”、法治、文化、民生、社会治理、生态文明、全面深化改革、党的建设10个方面，系统梳理了习近平同志在浙江的理论创新、实践创造与习近平新时代中国特色社会主义思想间的内在联系。浙江日报2020年起推出的《“三个地”理论周刊》，打造展示学习研究新思想的重要平台。其中开展的“我在之江学新语”征文活动，共征集文章400多篇。

2021年3月，《浙江日报》刊登了“习近平科学的思维方法在浙江的探索与实践”重大课题研究成果，共分战略思维方法、历史思维方法、辩证思维方法、创新思维方法、法治思维方法和底线思维方法6个子课题，围绕习近平同志当年在浙江的创造性实践及其取得的历史性成果进行研究、提炼。这一重大理论成果还以访谈视频、长图、H5等新媒体呈现手段，通过浙江日报的各个新媒体端口飞入寻常百姓家。

习近平总书记留给浙江的宝贵理论财富、实践财富和精神财富，是浙江改革发展取之不尽、用之不竭的动力和源泉。

第二节　建设“两富”“两美”新浙江

2012年6月，省第十三次党代会召开，确立了努力建设物质富裕、精神富有现代化浙江的奋斗目标。同年省委十三届二次全体（扩大）会议提出干好“一三五”、实现“四翻番”。“四翻番”是指第一阶段到2020年，实现全省生产总值、人均生产总值、城镇居民人均可支配收入、农村居民人均纯收入四个指标分别比2010年翻一番。

浙江日报同步推出“创业创新成就辉煌”系列报道，多视角报道全省人民深入实施“八八战略”和“创业富民、创新强省”总战略，全面建设小康社会，大步迈向现代化的巨大成就和精神风貌。2012年5月23日，推出“科学发展看浙江”系列报道，记录浙江人民践行科学发展观、创业创新的丰硕成果。7月24日，开设“推进科学发展　建设‘两富’浙江”专栏，相继推出20多篇《从“两创”迈向“两富”的报告》，展现了浙江各地人民创业创新、奔赴“两富”美好明天的精神风貌和生动实践。

一、创新驱动　转型升级

2013 年 5 月，省委十三届三次全体（扩大）会议决定，把全面实施创新驱动作为经济转型升级的首要战略。

同月，《浙江日报》推出“打造浙江经济升级版”的栏目，《让浙江制造“重”起来》《科技特派员上山种菜》等通讯，反映各地轰轰烈烈的转型升级行动。9 月 4 日，推出“浙江都市经济圈发展巡礼”系列报道，用全新视角报道浙江打造升级版经济。

2013 年，浙江省委十三届四次全体（扩大）会议审议通过了《中共浙江省委关于认真学习贯彻党的十八届三中全会精神　全面深化改革再创体制机制新优势的决定》，提出以“四张清单一张网”建设为总抓手，推进治理体系现代化建设。

2014 年 9 月 17 日，《浙江日报》一版通讯《咬定青山不放松——我省以权力清单撬动政府改革》写道：去年 11 月，我省启动了以“权力清单”为基础的“三张清单一张网”建设，又于今年 7 月在全国率先部署“责任清单”工作，逐步形成“四张清单一张网”的总抓手——政府权力清单、企业投资项目负面清单、财政专项资金管理清单、责任清单，浙江政务服务网。这标志着我省政府自身改革进入了一个以权力清单制度为突破口、推进政府治理现代化的新阶段。

2015 年 12 月 24 日，《浙江日报》头版刊发消息《户户建档立卡　一户一策帮扶　浙江提前高标准消除绝对贫困》。报道提出，继 1997 年率先实现贫困县摘帽、2002 年率先实现贫困乡镇摘帽后，浙江省率先实现绝对贫困人口脱贫，成为全国第一个完成脱贫攻坚任务的省份。

2016 年 4 月，省委十三届九次全体（扩大）会议审议通过了《中共浙江省委关于补短板的若干意见》，《浙江日报》刊登这一重要文件时，用图表列出了要重点补齐的六大短板：补齐科技创新短板、补齐交通基础设施短板、补齐生态环境短板、补齐低收入农户增收致富短板、补齐公共服务有效供给短板、补齐改革落地短板。同时，《浙江日报》推出了栏目“贯彻省委全会精神　拉高标杆补齐短板”。4 月 8 日、9 日，《浙江日报》推出《优化软环境　当好店小二——“浙商回归补短板”述评（上）》《合力补齐要素短板——“浙商回归补短板”述评（下）》，讲述全省各地积极探索优化软环境、合力补齐要素短板的大胆实践。6月7日，《浙江日报》推出“浙江经济：怎么看、怎么办”系列报道，着力探讨按照省委全会精神找短板、补短板。7月14日，头版刊发《打响全面深化改革“当头炮”》，报道了省委、省政府的决心：全面深化改革必须撕开几个口子，重中之重是深化政府自身改革。政府自身改革是牵一发而动全身的核心环节，是撬动经济社会各领域改革的“当头炮”。

二、三改一拆　五水共治

2005年，习近平同志在浙江安吉提出了“绿水青山就是金山银山”的科学理念。党的十八大把生态文明建设纳入中国特色社会主义事业“五位一体”总体布局。在持续推进生态文明建设方面，浙江作为“绿水青山就是金山银山”理念发源地也走在全国前列。

2012年7月10日，《浙江日报》上刊出了两组治水系列报道：“抓治水促转型 护民生”“走基层·治水攻坚进行时”，首篇名叫《打好治水攻坚战》。反映各地治水的新经验、新成效、新变化、新气象。

2013年至2015年，浙江在全省深入开展旧住宅区、旧厂区、城中村改造和拆除违法建筑（简称“三改一拆”）三年行动。

2013年3月22日的《浙江日报》一版上，可以看到新推出的“‘三改一拆’在行动”专栏，专门报道各地“三改一拆”进展情况。首篇刊登消息《今年拆违3000万平方米》，发出了“三改一拆”的号角。

浙江作为江南水乡，也存在着人均水资源量低，分布不平衡，污染严重等问题。2012年连续发生浙商在微博上出钱邀请温州当地环保局长下河游泳的轰动新闻。2014年，浙江省委提出“五水共治”，治污水、防洪水、排涝水、保供水、抓节水一起治理，既扩投资又促转型，既优环境更惠民生。2014年1月3日，《浙江日报》头版推出“打好五水共治攻坚战”专题，及时报道全省各地以“五水共治”为突破口深化改革，推动转型升级的新举措新成效。2月25日，《浙江日报》开设“治水拆违大查访”专栏，连续报道省政府“三改一拆”“五水共治”督查组分赴全省各地开展的督查工作。

特别值得一提的是，《浙江日报》从2014年3月3日至7月8日，以图表漫画形式连续刊发了101期“五水共治、百城擂台”专版，展现了全省11个市和90个县（市、区）“五水共治”的时间表、任务书和路径图。3月25日，浙江新闻客户端上做的《夏宝龙的“五水共治”路线图》，用漫画形式和 6 个图表，把“五水共治”行动一目了然地呈现出来，受到时任省委书记的表扬。

2015 年 3 月 31 日，《浙江日报》推出《绿水青山就是金山银山——浙江践行这一科学论断十年纪事》报道，反映习近平同志在安吉首次提出“绿水青山就是金山银山”发展理念后，10 年来全省干部群众发展观、政绩观、价值观、财富观发生的深刻嬗变。9 月，浙江省委、省政府开展新一轮“811”美丽浙江建设行动，加快建成美丽中国的“浙江样板”。

2017 年 8 月，浙江日报新媒体播发融媒短视频《一句话　让山水美如诗》，形象展示浙江践行“绿水青山就是金山银山”理念取得的新成就，“唯美大片”全网播放量 1336.5 万次。

三、打造铁一般干部队伍

全面从严治党一直在路上。按照中央统一部署，2013 年到 2014 年，浙江开展党的群众路线教育实践活动。2015 年，开展“三严三实”专题教育。2016 年，开展“两学一做”学习教育。为推动干部队伍建设，浙江还专门提出要培养“狮子型”干部。2016 年 11 月，省委通过了《中共浙江省委关于认真学习贯彻党的十八届六中全会精神，从严加强干部队伍建设的决定》，提出了全面从严加强干部队伍建设，努力打造绝对忠诚、干事担当、干净自律、充满活力的铁一般干部队伍。12 月 6 日的《浙江日报》上，便刊登了对省委组织部有关负责人的专访，题目叫《打造浙江铁军，如何出大招》。

《浙江日报》长期以来围绕全面从严治党进行了大量采访报道，这些报道还体现了党媒工作者走基层、转作风、改文风的努力。比如 2013 年 1 月 16 日，《浙江日报》重点栏目“热点面对面”进行改版，按照“走转改”要求，着眼民生视角，讲实话，关注广大群众普遍关注的热点问题。12 月 6 日，推出“走基层·改革浙江行”专题报道，多路记者深入基层采访报道，首篇报道《阳光政务有温度——探访杭州南肖埠社区便民服务》。

浙江涌现出的优秀共产党员和干部典型层出不穷。比如 2018 年 1 月 18 日，《浙江日报》头版刊发《海岛上，办事只需找阿芬——记嵊泗县人社局洋山分局干部倪芳芬》，记录倪芳芬同志十几年如一日，努力让群众办事最多跑一次，认真办好每一件小事的故事。同年 5 月 15 日，刊发《好支书卓彦庆突发脑溢血去世，乡亲们含泪呼唤——阿土书记，你别走！》一文，展现山区薄弱村——龙游县石佛乡大力山村党支部书记卓彦庆生前一心为民办实事的光辉形象。这些典型均得到时任省委书记批示肯定。

2018 年，《浙江日报》在一版开设建设性舆论监督栏目“一线调查”，记者深入基层一线，开展调查采访。《这个非法砂场为什么关不掉》《记者监督报道后被移出联系群　西湖景区风度何在？》等报道广受社会关注。

第三节　水平全面建成小康社会

2017 年 10 月，党的十九大围绕“两个一百年”奋斗目标，对决胜全面建成小康社会、开启全面建设社会主义现代化国家新征程作出战略部署和安排。

浙江省委第十四次党代会提出高水平全面建成小康社会、高水平推进社会主义现代化建设（“两个高水平”）。同时，还提出建设富强浙江、法治浙江、文化浙江、平安浙江、美丽浙江、清廉浙江等“六个浙江”的具体奋斗目标。

一、“最多跑一次”改革

浙江省委、省政府对“八八战略”中“进一步发挥浙江的体制机制优势”方面，创造性地提出并实施“最多跑一次改革”。

在 2016 年 12 月 28 日，《浙江日报》一篇现场通讯标题就是《省委经济工作会议首邀 15 位民营企业家进会场，大家听到这五个字笑了——“最多跑一次”》，通讯生动地描述道：“这五个字，我一下子就记住了。”当话筒递到正泰集团股份有限公司董事长南存辉手中时，这位风云浙商称“非常感动”。他的话立刻引起了在座其他浙商的共鸣：“这个好，我们举双手赞成。”好在哪里？南存辉认为，“最多跑一次”的提出，等于倒逼政府减权放权，变成真心服务企业的“店小二”。

2017 年，浙江全面启动“最多跑一次”改革，促进各部门简政放权、放管结合、优化服务，从而提升办事效率，改善发展环境。到 2017 年底，“最多跑一次”在浙江的实现率达到 87.9%，满意率达到 94.7%。从 2018 年开始，浙江大力推进经济调节、市场监管、社会管理、公共服务、环境保护、政府运行数字化，把数字化转型先发优势转化为强大治理效能。

2018年1月2日，《浙江日报》推出“新时代　新征程·改革进行时”专栏，反映浙江全面深化改革的生动实践。当日刊登系列调查报道，首篇《深化改革的“关键一跃”　浙江“最多跑一次”改革调查》。2月2日，推出“新春走基层·感受新气象”专栏，带回沾泥土、带露珠、冒热气的生动故事。

正如《浙江日报》评论《最多跑一次的意义》所说：“最多跑一次”，就是浙江政府通过优化政府供给，以自身改革撬动经济社会各领域改革的“支点”，也是向企业、向百姓作出的郑重承诺。

2018年1月23日，中央全面深化改革领导小组第二次会议上，审议了《浙江省“最多跑一次”改革调研报告》，中央深改办建议向全国复制推广。同年3月，写入了政府工作报告。

二、长三角一体化发展

早在2003年3月，时任浙江省委书记的习近平同志就率领浙江省党政代表团开启了对上海、江苏的学习考察之旅。按照“跳出浙江发展浙江”的区域协调发展战略，深入推进长三角区域协同发展一直是浙江构建区域开放的重要抓手。2014年12月，《浙江日报》刊登了《长三角三省一市主要领导座谈会召开》的消息，提出争创长三角一体化发展新优势。2017年，在浙江代表团分别考察沪皖后，7月20日，《浙江日报》刊登了长篇综述《取沪苏皖真经　谱浙江之新篇》，文章结尾热情洋溢：一个活力充沛、实力雄厚的长三角，将在中华民族伟大复兴征程中留下鲜明印记！

2018年11月，长三角区域一体化发展上升为国家战略。2019年5月，中央政治局会议审议了《长江三角洲区域一体化发展规划纲要》。《浙江日报》推出了“长三角纪行”“长三角新闻”等栏目。同年11月，长三角生态绿色一体化发展示范区正式揭牌。2020年8月，习近平总书记在合肥主持召开扎实推进长三角一体化发展座谈会，要求勇于担当、主动作为、大胆突破。《浙江日报》与这则消息同天配发通讯《三个数字背后的长三角》，就“一个二维码背后的一体化密度、125次拜访中的创新交往、268万件事背后的制度创新”，讲述了长三角一体化快速生长的新速度、新温度、新气度。

2021年1月4日,《浙江日报》头版刊登了《奏响“长江之歌”浙江篇章——我省推动长江经济带建设纪实》，提出浙江将积极主动作为，把参与和服务长江经济带发展与全省融入长三角一体化发展有效结合起来，全省域、全方位参与长江经济带高质量发展。5月，长三角自由贸易试验区联盟成立，成为长三角高质量一体化发展又一新平台。

三、合力战“疫”

2020年1月，新冠疫情不期而至，浙江省委、省政府第一时间启动重大突发公共卫生事件一级响应，成立省防控工作领导小组，统筹推动全省疫情防控工作。

1月26日起，每天出版的《浙江日报》大力宣传疫情防控工作，成为事实上的“抗‘疫’特刊”。先后推出“在磨难中成长　从磨难中奋起”“深化‘三服务’　着力破‘七难’”“党旗在防控一线飘扬”“湖北战‘疫’　浙江力量”等专栏，尤其是推出了“大考——浙江抗疫特别报道”，及时传达权威声音，增强打赢战“疫”的信心决心。

浙报集团记者王坚颖，大年初一就随浙江援助武汉紧急医疗队奔赴武汉，并进入隔离病房，直播浙江医疗队队员在抗“疫”一线的真实状况。《浙江日报》记者胡元勇也随浙江省医疗队赴对口支援的湖北荆门采访，发回大量抗“疫”一线视频新闻和独家新闻，充分体现了浙江为全国大局的贡献和担当。

随着形势的变化，浙江省委、省政府及时调整抗疫策略，作出“一手抓疫情防控，一手抓复工复产”“两手都要硬，两战都要赢”的决策部署。在疫情防控工作中，浙江创新运用“一图一码一指数”开展精密型智控，以“疫情图”与“复工图”精准推进复工复产。

《浙江日报》疫情初起时高密度推出20多篇评论员文章，《把“十个最”落到实处》《紧紧依靠群众　筑牢铜墙铁壁》《管得住是硬道理》《全国一盘棋　我们共担当》《坚定信心勇担当　化危为机赢两战》《巩固成果　扩大战果》等，从中可以看到疫情变化不断调整的政策措施及其宣传重点。

在疫情最紧张的时候，从《浙江日报》上还可以看到许多暖心的正能量故事《治愈一名患者，增加一份信心》《在最危险的地方，绽放微笑》；好做法《浙江战“疫”首创“一图一码一指数”》；好典型《守好这一关，来不得丝毫马虎》等。进入复工复产阶段，又开设“在磨难中成长　从磨难中奋起”专栏，推出《绝不让一张订单延误》《闯过去，就能成为最亮的那 颗“星”》等报道，充分展示了浙江企业不畏艰险、化危为机的精神风貌。浙江日报所属新媒体在抗疫中生产了一大批融媒体产品，包括“五色图”动态变化的动图设计、西湖大学科学家解密新冠病毒侵染人体那一刻的“一图读懂”等，都成为全网转发的爆款产品。专门开辟的辟谣平台，累计发布辟谣信息 1475 条，总点击量达 1.1 亿次。

2020 年 3 月 2 日，浙江抗疫从一级响应转为二级响应，《浙江日报》10 个版的《大考——浙江抗疫特别报道》特刊，平实地记录了浙江 40 多天全民抗疫的方方面面，进一步凝聚人心，增强打好常态化抗疫持久战的信心。

第四节　探索建设共同富裕美好社会

2020 年 4 月 3 日，《浙江日报》刊登长篇通讯《春风又绿江南岸——习近平总书记在浙江考察纪实》。正值统筹推进疫情防控和经济社会发展的特殊时期，习近平总书记亲临浙江考察，赋予浙江“努力成为新时代全面展示中国特色社会主义制度优越性的重要窗口”的新目标新定位，为浙江实现更好发展指明了战略方向、提供了战略指引。

6 月，省委十四届七次全体（扩大）会议审议通过《中共浙江省委关于深入学习贯彻习近平总书记考察浙江重要讲话精神，努力建设新时代全面展示中国特色社会主义制度优越性重要窗口的决议》。11 月，省委十四届八次全体（扩大）会议审议通过《关于制定浙江省国民经济和社会发展第十四个五年规划和二〇三五年远景目标的建议》，提出了新发展阶段浙江必须担负起“五大历史使命”，争创社会主义现代化先行省。

在《浙江日报》浙江新闻客户端制作的长图上，描绘着浙江要建设的十个现代化先行：努力实现数字赋能、产业体系、科技创新、农业农村、对外开放、省域治理、文化建设、生态文明、公共服务和人的现代化先行。

一、数字化改革

2021 年春节过后上班第一天，浙江召开数字化改革大会，全面推进数字化改革。浙江省委将数字化改革作为新发展阶段浙江改革的重大集成创新和全面深化改革的总抓手，旨在通过打造“整体智治、唯实唯先”现代政府，构建党建统领的整体智治体系。

“冲锋号”很快在《浙江日报》上吹响。2021 年 2 月 19 日起，浙江日报新媒体栏目“潮声”连续 4 天在头版推出评论，分别以《一次重大集成创新的硬核改革》《瞄准“四梁八柱”抓落实》《数字化改革要用好系统观念》《顺应大势　主动学习》为题，论述如何推进改革。《牛年首个工作日　浙江为何召开这场高规格大会？》《读图丨全面推进数字化改革　浙江要聚焦五大方面》等新媒体产品纷纷呈现，帮助广大干部群众“拎重点”。

随着数字化改革逐步深入，2021 年 2 月 22 日，《浙江日报》头版推出“全面推进数字化改革”专栏，首篇通讯《我省依托“浙冷链”严守进口食品安全关　一个二维码背后的治理跃迁》，记录了一张二维码可以追溯一块冻牛排从生产到运输到走向百姓餐桌的全过程，第二篇通讯《我省打造安全生产风险防控和应急救援平台　风险在线感知　防控心中有“数”》，讲述企业生产车间里的温度异常，最先知道消息的是几百公里之外的“浙江省安全生产风险风控和应急救援平台”，这些现场事例生动描述了数字赋能疫情防控、安全生产等场景化应用。3 月初，《慈溪现代农业加速新跃迁——看，数字这样改变农业》，展现浙江农业的未来模样。浙江日报、浙江新闻客户端还推出“数字化改革在基层”“数字化改革在身边”栏目，《一个智能电表实时守护独居老人》《杭州这家酒店床品、抹布装上“神器”！混擦马桶就会“报警”》《断桥人流量超 900 就限流怎么做到的》等等，深入浅出地传播数字化改革所带来的各项新变化。

数字化改革是要把数字化、一体化、现代化贯穿到党的领导和经济、政治、文化、社会、生态文明建设全过程各方面。为此，浙江日报还搭建“晾晒台”“赛马场”，激发各地比学赶超、奋勇争先的改革氛围，进一步激发各地的改革热情、创新活力。同时用新闻和评论等方式，及时提出当前数字化改革还存在的普遍问题、共性难题，提出科学、专业的意见建议。

二、高质量发展建设共同富裕示范区

2021 年 6 月 11 日，《浙江日报》以多个版面套红刊登了《中共中央、国务院关于支持浙江高质量发展建设共同富裕示范区的意见》。第二天，浙江省委十四届九次全体（扩大）会议审议通过《浙江高质量发展建设共同富裕示范区实施方案（2021—2025 年）》，高质量发展建设共同富裕示范区成为浙江省忠实践行“八八战略”、奋力打造“重要窗口”的核心任务，为新发展阶段浙江的高质量发展、竞争力提升和现代化先行注入强劲动力。

《浙江日报》以系列评论《坚决扛起使命，不负殷切嘱托》《学透精神，把握精髓》《一场深刻的社会变革》《以目标任务牵引激发创造性张力》《跑好示范区建设“第一程”》五论高质量发展建设共同富裕示范区，开展对省委全会精神的解读、阐释，同时开展了“红船边，向总书记报告”“共同富裕新征程”等大型新闻行动，反映浙江各地在高质量发展建设共同富裕示范区中的创新之举。为了让共同富裕体现共建共享的特征，浙江省委还要求广泛动员社会各界参与出谋划策，《浙江日报》推出了“共同富裕出实招”栏目，首篇《乡村振兴，“头雁”带动“群雁”飞》讲述浙江开化县完善导师帮带制度推动村庄共富。2021 年 5 月，为深化区域协调发展，念好新时代山海经，浙江出台《支持山区 26 县跨越式高质量发展的实施方案（2021—2025）》。《浙江日报》推出栏目“聚集山区 26 县奔富路”，《小山村“出山记”》等来自偏远山区基层的新闻报道，生动展示高质量建设共同富裕示范区带来的变化。

社会主义现代化先行省建设行稳致远，建设共同富裕美好社会已扬帆起航。浙江，在被习近平总书记赋予了“成为新时代全面展示中国特色社会主义制度优越性重要窗口”这一新使命后，将以更大的决心与毅力忠实践行“八八战略”、奋力打造“重要窗口”，争创社会主义现代化先行省，打造出经济高质量发展高地、三大科创高地、改革开放新高地、新时代文化高地、美丽中国先行示范区、省域现代治理先行示范区、人民幸福美好家园，到 2035 年基本实现高水平现代化，成为新时代全面展示中国特色社会主义制度优越性的重要窗口。

第十四章 《农民日报》的报道

李晓玲[①]

农业在我国国民经济中处于基础地位。《农民日报》诞生在中国农村改革起航之际，40多年来始终与农村改革同步。本文对《农民日报》创刊至今重点报道的领域、内容及形式进行梳理与剖析，这些报道可以涵括改革开放以来中国共产党团结带领人民在农村大地上进行的生动实践，这段历史在党的百年奋斗史中占有举足轻重的地位，可以为读者提供党史学习教育的学习资料。本文紧扣媒体的社会责任担当，从《农民日报》的思想政策宣传、重大会议报道、经济社会报道等舆论引导和社会监督着手，分析其不同时期不同的着眼点和报道方式，总结其一以贯之的宗旨和理念，为传统媒体提升舆论引导力提供参考。

第一节 《农民日报》基本情况

1980年4月6日，《中国农民报》在农村改革的风云际会中应运而生。是我国历史上第一张面向全国农村发行的报纸，是一份全国性、综合性的中央级报纸。1985年1月1日更名为《农民日报》，1989年，《农民日报》社成建制划归农业部（现农业农村部）领导。

“做党的宣传喉舌、农民的知心朋友”是《农民日报》始终遵循的办报宗旨。创刊40余年来，《农民日报》秉承“崇农立言，惟仁求真”的价值理念，

① 李晓玲，昆明广播电视台记者，研究方向为新闻媒体业务。

及时宣传党的三农路线方针政策，深入报道各地农业农村工作中的创新实践，热情讴歌农民群众和基层干部的伟大创造，目前已成为农业农村系统领会三农政策的重要渠道、亿万农民群众获取三农信息的重要平台、社会各界了解三农发展的重要窗口。

《农民日报》诞生之时正是中国农村改革起航之际，可以说，它始终与农村改革同步，见证着农业农村发展进步的波澜壮阔，记录了亿万农民生活变迁的微观记忆，在书写“三农”发展史的同时，也将自己深深刻进历史行进的辙痕之中。

第二节　政治领域报道——做党的宣传喉舌

《农民日报》从创刊那天起，就以推动农村改革、传播党的政策为己任，宣传解读好中央的各项政策措施，让党的政策能够及时准确地在广大农村传递和执行。读者甚至把报纸当作“挡箭牌”，碰到与政策不符的做法，就把它拿出来，“报纸上是这样讲的，你们那样不对”。

一、重要政策、解读跟踪，推动改革落到实处

1982 年至 1986 年，中共中央就农业和农村问题连续发出 5 个一号文件。1982 年至 1984 年连续三年，中央一号文件都由《中国农民报》率先刊发。《农民日报》是以农村领导工作的社队干部，在乡还乡的知识青年，乡村的中小学教员和所有的农村新老知识分子为读者对象的。《农民日报》全文刊发中央一号文件让中央的政策能够快速、准确地到达农村，让读者，特别是肩负着领导农村工作任务的干部们能够在第一时间接收到来自中央的文件，在通信技术并不发达的 20 世纪 80 年代，这样的传播速度和覆盖广度几乎是无可比拟的。这一做法也奠定了《农民日报》在三农领域传媒中的权威地位。数十年来，刊发中央一号文件一直都是《农民日报》最重要的版面，时至今日，或刊印在报纸上或登载在中国农网上，每年最重要的涉农政策与中国最权威的涉农媒体一定是如影随形。

干部们手拿文件才有了开展工作的依据，《农民日报》无疑为推动党的政策的落实发挥了巨大的作用。通过宣传报道使政策在基层的落实精准有效不走样是党媒应有的职责，因此不止是全文刊登中央一号文件，《农民日报》还将更多的笔墨和版面用来深入解读文件，例如开辟政策问答专栏，用简洁明了的方式回答农村干部、农民群众最关心、最不容易理解的问题。近年来，《农民日报》邀请农业主管部门或专家撰写多篇文章，围绕中央一号文件进行解读，增强了政策解读的深度，也从不同角度为读者提供了更多理论和实操上的参考。

2004年4月，为了了解各地落实2004年中央一号文件的情况，《农民日报》特派记者到河北、河南、山东3省，随机走进田间地头，对正在麦田里劳动的群众进行了采访，掌握了最基层、最直接、最真实的情况，形成了系列报道《政策好更要抓落实》。关注、报道各地落实中央一号文件的情况，是《农民日报》多年来的传统。一篇篇鲜活的报道，一句句真实的心声，反映了农民对政策的期许，也毫不回避政策落实到基层出现的问题和困难，对当地政府、领导干部既形成了压力也提供了调整工作的参考，切实起到了推动粮食增产，促进农民增收的作用。

二、重大事件、专题报道，记录改革坚实足迹

每年的中央农村工作会议、中央经济工作会、全国两会、中国国际农产品交易会等重要会议、事件都是《农民日报》浓墨重彩进行宣传的重点。近年来，还利用中国农网开设专题报道，形成了一个又一个的宣传高地，每年的专题报道多达30多个。例如2016年的"二十国集团领导人杭州峰会"；2017年的"中国共产党第十九次全国代表大会"；2018年的"首届中国国际进口博览会"；2019年的"亚洲文明对话大会"；2020年的"中国三农发展大会"……每年的国际国内大事件无论是涉农的还是综合性的，都在《农民日报》的视野之中。

重要涉农政策和重点工作在《农民日报》（或中国农网）的专题报道中也占据了相当的分量，例如2016年中办国办印发《关于完善农村土地所有权承包权经营权分置办法的意见》；2017年"第二轮土地承包到期后再延长30年"；2018年"打赢脱贫攻坚三年行动"；2019年"农村土地承包法迎来首次大修"；

2020 年“绿水青山就是金山银山”；2021 年“学党史、悟思想、办实事、开新局”等专题报道，形成了一份份珍贵的“日历”，记录下了“三农”改革走下的坚实足迹。“太行新愚公——李保国”“新时期共产党人的楷模廖俊波”“守岛 32 年的王继才”“时代楷模卢永根”等人物专题，树立起了一个个时代的标杆，为涉农报道注入了人性的光辉和精神的力量。这些专题报道都成为我们回望历史最好的记录。

《农民日报》专题报道的形式十分丰富，特别是有了中国农网这一平台后大大拓展了专题报道的内容和形式。在一个专题下，集纳式的消息呈现形成了极大的信息量，《农民日报》的评论旗帜鲜明表达观点，为整个专题报道定下基调，一问一答、图表解读、视频等多种手段的运用让报道更生动、直观、通俗易懂，让这一个个的重要会议精神、政策深入人心。

三、打消疑虑、更新观念，为改革保驾护航

（一）打消顾虑，定分止争

20 世纪 80 年代，争论与改革进程如影随形。《农民日报》的许多报道就发挥了定分止争的作用，特别是评论的大量运用，其强有力的引导作用产生了一锤定音的效果。

党的十一届三中全会以后实行的一系列新政策在实践上取得了明显成效，然而在理论上却同过去人们对社会主义的理解发生了冲突，有些人怀疑改革开放的路线和政策是否符合马克思主义。《农民日报》在 1987 年 5 月 9 日发表了评论《发展多种经济成分符合社会主义方向》，强调了我国处于社会主义初级阶段这一基本国情，论证了允许多种经济成分、多种经营形式的存在和发展，有利于发展社会生产力，符合社会主义方向。为我国继续发展十一届三中全会以来坚持以经济建设为中心形成的良好局面、加快和深化改革做出了媒体舆论引导的积极贡献。同年 10 月 25 日至 11 月 1 日，党的十三大召开，第一次系统地阐述了社会主义初级阶段的理论。《农民日报》正是凭借着长远的眼光，以负责任的态度、理性的逻辑和冷静的思维，很好地担当起了社会“瞭望者”的角色。

同一时期，《农民日报》还发表了《搞好农村经济的方针不会变》《农民从事长途贩运是值得支持的正业》《鼓励先富是党的长期政策》《发展和完善

合作制不是“归大堆”》等评论。1989 年 8 月初，发表评论《家庭联产承包责任制全国大部地区仍适宜》。这些报道在关键时间节点上发挥了为改革保驾护航的重要作用。

（二）更新观念，引领舆论

20 世纪 80 年代后期，我国农村正处于从自给经济向商品经济转化的时期，农业实行家庭承包经营后，农户成为相对独立的经营主体。《农民日报》敏锐地看到“有些同志无视商品经济发展带来的这一变化，习惯于过去沿用的不等价交换、行政命令，甚至用‘一平二调’手段来对待农民”，刊发评论《按价值规律办事的关键——正确对待农业　平等对待农民》，提出“再也不要把正确对待农民不当作一回事了”，从历史教训中得出“保护农业，就是保护农村经济；维护农民利益，就是维护全国人民的利益”的结论，强调了农业的基础地位，将“三农”摆到了事关整个社会大局的地位。这些及时的发声，有利于纠正改革过程中落后的思想和错误的做法，有力地坚持和贯彻了党和政府对待农民的基本准则，即“保障农民经济利益，尊重农民民主权利”。

1992 年，《农民日报》发现在加快经济发展中有对农业重视不够的苗头，开始持续关注，11 月份推出系列评论，如：《坚持党的基本路线、强化农业基础地位》《不能动摇农业的基础地位》《对农业问题宁可看得重些》等。这些报道既给中央决策提供了参考，又很好地配合了改革开放新阶段中央精神的宣传。

2018 年起，每年农历秋分日被设为“中国农民丰收节”，这是我国第一个在国家层面专门为农民设立的节日，《农民日报》推出饱含深情的《中国农民礼赞！》。新中国成立 70 周年时，《大国崛起，根基是农业》《复兴梦想，起航在乡村》《国运昌隆，最该谢农民》三篇社论形成了新时代的“三农”强音。

党的十八大以来，习近平总书记就做好“三农”工作作出了一系列重要论述，提出了一系列新理念新思想新战略。《农民日报》在凝聚共识上不断发力，刊发《努力开创三农发展新局面》等评论员文章，为三农“强富美”营造良好舆论氛围。

四、为农民发声、高声呼吁，担当责任助推农民减负

1990 年代初，农民负担过重问题开始成为社会矛盾的焦点，《农民日报》

在此后的十多年间坚持不懈高声呼吁为农民减负。

湖南省湘乡市新研乡向韵村妇女潘群英因乡里向村民摊派筹建小学建楼资金并上门催收，苦苦哀求得不到理睬，绝望之中走向水塘溺水身亡。1992 年 11 月 24 日，《农民日报》一版刊发报道《是谁把她逼上绝路？——潘群英自杀的前前后后》引起了强烈反响，这是《农民日报》众多农民减负报道中，最为突出、影响最大的一篇。配发的短评写道："农民负担过重问题作为农村社会一大隐患，已到了非解决不可的时候了，广大农民也在期待着。""切实把农民负担减下来。否则，我们将有负于历史，有负于人民。"

报道见报后，时任国务院副总理朱镕基、国务委员陈俊生先后在国务院办公会议和部分省委书记座谈会上对此发表评论；湖南省委省政府迅速做出处理并将处理结果上报国务院。既有足够的分量引起重视，也有足够的建设性将结果引向良性，《农民日报》一系列农民减负的报道很好地把握住了度，从而推动了农民负担过重这个"问题在基层、根子在上层"的问题一步一步朝着好的方向前进。

2003 年，《农民日报》派出 8 个采访小组分赴各地，拿出两个版的篇幅，刊发了一组报道——《特产税，一个正在圈点的句号》，报道八省政府官员、专家学者以及基层农民对取消农业特产税的看法。这组报道，在当年的中央农村工作会上引起极大反响，取消农业特产税、农业税的议题也成为当年全国和各省两会的热门话题，免征农业特产税已是大势所趋。2004 年 1 月 1 日，除烟叶外的农业特产税正式取消。2006 年 1 月 1 日，《农业税条例》废止。这是共和国历史上具有里程碑意义的一项改革，在整个中国历史上也是十分重要的事件。《农民日报》刊登于 2006 年 11 月 24 日的消息——《石家庄农民铸"告别田赋"鼎》，成为历史的见证。

五、助力脱贫、聚焦振兴，报道农村奔小康历程

（一）立足农村主战场，扎实报道脱贫攻坚

2015 年 11 月 29 日，一场注定将载入人类发展史的伟大战役——脱贫攻坚战，全面打响！

2017 年，距离党的十八大召开已过去五年，我国扶贫开发成就举世瞩目，脱贫攻坚战进入决胜阶段。中国农网推出专题《砥砺奋进的五年》，农民日报

记者在山西省汾西县永安镇太阳山村驻村，感受反贫困的中国力量；来到安徽蚌埠市怀远县龙亢镇韩庙村，看如何破解发展瓶颈；远赴海南中部山区黎族村庄，写下了《三弓村脱贫纪事》……这些报道展现成就、总结经验，为决战决胜进一步凝聚人心、鼓舞斗志，并且提供了实实在在的标杆和范本。这年 4 月，《农民日报》特派 4 名记者参加了中宣部“双百三同”记者蹲点驻村采访调研活动，在一个月的时间里，记者与所驻村的干群同吃同住同劳动，开展深入生动、多形式的采访报道，这些故事，真实地反映了全民携手奔小康的生动场景。

2018 年，脱贫攻坚战进入“啃硬骨头”阶段。《农民日报》深入采访总书记走过的 14 个集中连片特困区，创办《中国脱贫攻坚》专刊，并调整机构，组建产业与社会扶贫部，以每周四个版的体量来记录和助力脱贫攻坚。在农村改革 40 周年之际，《农民日报》特别推出“农村改革 40 年 · 脱贫攻坚在行动”系列专题报道，总结脱贫攻坚进程中的成就和经验。

随着脱贫攻坚进入决胜决战的关键阶段，2020 年，中国农网推出专题《决战决胜脱贫攻坚 · 督战未摘帽贫困县》，为决战决胜再鸣战鼓。记者行走至广西，看村村户户兴产业、扶贫扶智拔穷根；行走至贵州，看绿色为本、特色兴业；行走至云南，看“直过民族”战贫斗困写新篇……正如前辈们一直坚持用脚步丈量中国广袤的农村大地一样，《农民日报》亲身、亲眼见证了中国共产党团结带领人民创造的又一个彪炳史册的人间奇迹！

（二）站立乡村振兴潮头，引领三农开新篇

习近平总书记在党的十九大报告中明确提出实施乡村振兴战略，这是党中央着眼于全面建成小康社会、基本实现现代化、全面建设社会主义现代化国家作出的重大战略决策。2018 年 1 月 2 日，中共中央、国务院印发《关于实施乡村振兴战略的意见》。2018 年 1 月 8 日，《农民日报》以《我们要建设什么样的乡村？》开篇，头版头条见报，之后连续刊发评论，组成了“七论乡村振兴”。这组评论以实干派面貌呈现，系统地回答了“乡村振兴怎么干”的问题。刊发后，报社将其编印成册。这本薄薄的小册子，受到了各地干部的广泛欢迎，两度加印，成为《农民日报》作为指导农业农村工作的报纸定位的一个鲜明标志。

第三节 经济领域报道——推动改革，替农民说话

创刊 40 多年来，《农民日报》将“推动改革、替农民说话”视为自己义不容辞的职责，紧扣农业产业化、机械化、规模化、标准化、品牌化、信息化、智能化、数字化，聚焦供给侧结构性改革、一二三产融合发展等一系列农业变革，在加速推进农业现代化上起到了领风气之先的前沿作用。

一、聚焦农产品流通，替农民说话

20 世纪 80 年代末，粮食生产连年丰收，但购粮资金严重短缺的现象在许多地方都存在，不仅影响了粮食收购进度和粮食市场稳定，而且挫伤了农民种粮卖粮的积极性，妨碍了农业生产。湖北作家胡士华体察民情，向《农民日报》写信反映湖北孝感市花西乡粮店收购中稻时无钱付给卖粮农民，打出万张白条。来信刊出后，引发各方强烈关注。孝感市委办公室专门向《农民日报》来信，表示报道情况属实，市委、市政府提出 3 条解决措施，全市“白条”欠款已全部兑现。《农民日报》随后刊发评论呼吁各地要体恤农民的焦急，拿出“还账”气魄，解决类似问题，直斥打白条的严重危害，强调保护农民种粮卖粮积极性。

20 世纪 90 年代，我国农村商品经济日趋繁荣，但农产品流通环节乱设卡、乱收费、乱罚款的“三乱”问题开始凸显。国务院于 1990 年成立了“纠风办”和治理“三乱”办公室，但仍屡禁不止。1992 年元月，《农民日报》三位年轻记者钻进一辆满载蒜薹的“大解放”，连夜启程由山东苍山出发进京，一路 800 公里跟车采访。这就是在全国范围引发强烈反响的《八百公里跟车记》。报道中，记者与农民在同一辆车上真正融为一体，亲身经历了县县有关、到处设卡的现状，身心投入、情感相合，这样的报道方式让读者尤其是与山东菜农有类似遭遇的农民感同身受，迅速产生了广泛的影响。很快，山东撤销不合理、不合法关卡 160 多个；全国 10 多个省先后撤销不合理关卡。这篇报道直接推动了多部委多地全面整治流通渠道，促进了农产品货畅其流，成为我国农产品流通改革史上的标志性新闻作品。

二、聚焦产业结构调整，为农民预警纠偏

在我国农业经济中，农业产业结构调整具有十分重要的作用。从改革开放时允许以市场需求为导向调整农业生产结构，到农业产业结构有了较大改善，再到进一步调整优化的新阶段……在不断的调整中，《农民日报》始终发挥着信息服务、环境监测等社会责任。

《农民日报》的《农村致富文摘》被评为中央媒体名专栏，这里刊登了大量的农业技术、致富信息，悉心洞察农民需求，架起了一座从田间地头到市场的桥梁，成为农民闯市场的参谋顾问。有的农民从报纸上看到一条生产门路，就自己去学习，回乡后学着干。

除此之外，《农民日报》一向善于洞察农业改革中出现的新问题，通过报道和评论不断地为产业结构调整预警、纠偏。1997 年 7 月 7 日刊登的报道《万亩苹果园缘何毁于刀斧——周至县砍果树目击记》，反映出农业产业结构调整过程中出现的大面积趋同现象，致使产品不适应市场的问题。并以“苹果现象”为题展开讨论，发动广大读者共同探讨在农民市场经济意识增强之后，如何才能把握住市场的脉搏。2000 年 6 月，《农民日报》以系列报道披露海南省儋州市强迫农民种香蕉事件，并配发短评《把种啥的权利还给农民》，提醒地方政府在结构调整中应清醒认识自己应该扮演的角色，在市场经济中准确定位。对于一些地方在农业结构调整中搞指令性计划这一“过头了”的做法，进行了及时的提醒和纠正。

三、聚焦供给侧结构性改革，为改革强信心

2015 年 12 月 24 日至 25 日召开的中央农村工作会议首次提出了“农业供给侧结构性改革”这一表述。2016 年中央农村工作会议提出，把推进农业供给侧结构性改革作为农业农村工作的主线。《农民日报》也将宣传报道的主线及时调整到这一工作上来。刊发了一系列社论，深入解读政策，帮助读者深刻领会、全面贯彻落实。推出特稿《打响供给侧改革的漂亮一仗——从“三夏”看农业结构调整的积极信号》等，报道各地的实践经验。并通过报道高层声音、分解工作任务、集纳各方观念等，形成了推进农业供给侧结构性改革的专题报道。对于促进各级各部门、社会各界统一思想认识，加快深化农村改革步伐，具有重要意义。

第四节　社会领域报道——维护农民权益

一、关注进城农民工，推进户籍制度改革

农民工既是农村中、农民中的一个群体，也是城市中的一个重要群体，是联系农村和城市的一条重要纽带，是我国改革开放和工业化、城镇化进程中涌现的一支新型劳动大军。关注“三农”就少不了关注农民工，《农民日报》上始终有这一群体的身影，同样在为他们发声。

1984 年，《农民日报》刊登了一条浙江省温岭县两万农民进城从事建筑业的消息。河南省沈丘县干部看了这条消息后，第二天就派人外出联系，后来和珠海特区投资的外商签订了建筑合同，输出劳力 300 人，不但解决了剩余劳动力的出路问题，而且年收入达 60 万元。这是《农民日报》在改革初期为农民进城服务的一个缩影，从此，它以三农领域主流媒体的担当参与到了城镇化的进程中。

从大声疾呼废止暂住证，让农民工享有自由迁徙权利，到为农民工讨薪，推动积分落户，维护农民工权益等……在每一次攸关农民权益的关键节点，都有《农民日报》坚定的声音。农妇熊德明因为向总理直陈丈夫工钱被拖欠，被媒体捧成了维权名人，一年后，在患上硅肺病老乡恳求的泪光中，她踏上去温州的代理维权之路，却不幸铩羽而归，因此遭到了巨大的批评声浪。《农民日报》在2004年12月11日刊登评论《指责熊德明是社会的耻辱》，直指问题的根源——“要不是那些靠国家财政预算运转、有职有权的部门，未能解决农民工遇到的问题；要不是那些拿着国家工资、懂得很多法律的人士对解决农民工的困难着力不够，又哪里轮得着她出头？”1979 年 11 月 15 日，《中国农民报》（《农民日报》前身）进行第一次试样时曾写道：“报纸必须旗帜鲜明，提倡什么，反对什么，要毫不含糊。在文字上，要做到准确、明白、生动、有力。”20 多年后的这篇评论里仍然可以看到这样的风骨，为农民说话、维护农民利益是《农民日报》的一贯立场。

这一立场同样体现在 2016 年 9 月 23 日的一篇评论中，评论《“农改居”：农民的权益只能增不能减》在北京地区取消农业户口和非农户口这一对户籍制度改革具有里程碑意义的措施发布之际，提出了应该始终坚持的原则，即“对

三农的支持力度只能增强不能减弱，农民的权益只能增加不能减少”。《农民日报》以一贯的理性和预见性，揭示本质，以确保改革稳步实施，切实维护农民权益。

2020 年 1 月 14 日，《农民日报》接到求助电话，反映 21 位农民工在北京昌平区做工被拖欠工资，无法回家过年。《农民日报》当即启动舆论监督程序，组织记者第一时间奔赴现场，前后方配合形成组合报道。最终使被欠薪农民工拿到工钱。从这一案例可以看出，《农民日报》在发挥舆论监督作用，帮助农民工等群体维权上已经形成了一套行之有效的机制。

二、新媒体助力抗“疫”报道，舆论引导效果好

2020 年 3 月底 4 月初，随着新冠疫情在全球快速蔓延，造成国际粮价上涨，国内很多人关心粮食够不够吃、要不要囤积。《农民日报》陆续刊发《多国囤粮：一堂活生生的粮食安全“警示课”》等多篇通讯、言论、理论文章，主动回应社会关切，充分论证了此次国际粮食出口限制不会影响我国粮食安全，释放了正面信号，实现了稳定社会公众预期、增强抗疫保供信心的良好舆论引导效果。

新冠疫情初期，地方上的防控措施客观上造成农产品和农业生产资料运输受阻。《农民日报》广泛征集线索，采写了一系列报道，如实反映农民群众的切实困难以及从业者期盼国家政策落实到基层的呼声。报道一经发出就引发社会广泛关注，有效推动各地及时出台政策通村通路、恢复流通秩序。

《农民日报》充分利用新媒体平台，精心制作了《回乡农民工防疫歌》《战“疫”春耕歌》等形式新、内容活、易传播的融媒体产品，受到农民朋友的好评，在做好农村防控知识宣传，防控宣传引导工作方面收到了较好的效果。

结　语

习近平总书记说：“我们要坚持用大历史观来看待农业、农村、农民问题，只有深刻理解了‘三农’问题，才能更好理解我们这个党、这个国家、这个民族。”

《农民日报》深耕“三农”领域，记录了从改革开放和社会主义现代化建

设时期到中国特色社会主义进入新时代以来中国共产党团结带领人民在中国农村大地上的生动实践和取得的伟大成就，集纳起来就是一部中国全景“三农”史，也是中国共产党党史重要而辉煌的篇章，为读者用大历史观来看待中国“三农”问题、学习理解党的历史提供了真实、丰富、生动的教材。

在记录报道当下的同时，《农民日报》也经常通过评论等形式回溯新民主主义革命时期、社会主义革命和建设时期中国共产党和农民的关系、中国共产党解决农民问题的探索，总结中国革命、建设、改革成功的利器秘钥和中国未来发展必须牢记的真理——“谁赢得了农民，谁就赢得了中国。而谁解决了土地问题，谁就赢得了农民”。以史为师，以史为鉴，也是在这样的思想指引下，《农民日报》始终强调农业“压舱石”的极端重要性；不遗余力地呼吁尊重农民的意愿、农民的选择、农民的首创精神，发挥亿万农民的积极性；深情讴歌中国共产党为农民谋幸福的初心，对农民权利的尊重、对农民福祉的维护。在全面推进乡村振兴、加快农业农村现代化的进程中，继续发挥“专业党媒”的责任担当。

第六部分　特别专论

媒体报道全景扫描

第十五章　新华社的报道

董媛媛　杨默涵　陈雪婷[①]

2021 年是中国共产党建党百年，是“十四五”开局之年，是全面建设社会主义现代化国家新征程开启之年，也是新华社建社第 90 周年。作为中国国家通讯社和世界通讯社，新华社始终坚持高站位要求、高质量发展、高起点融合，圆满完成各项报道任务，忠实见证了中国共产党带领中国人民从站起来、富起来再到强起来的历史飞跃。自诞生之日起，新华社始终与党和人民同呼吸、共命运，忠实履行作为党的耳目喉舌的职责，牢记初心使命，传承红色基因，勇立时代潮头。

第一节　开天辟地：发扬革命英雄主义，见证党的救国大业（1931—1949）

新华社的战争年代史是中共党史的重要组成部分。自诞生之日起，新华社先后与《红色中华》《新中华报》《解放日报》及新华广播电台等组成了一个统一的战斗集体，进行了充分而富有成效的公开报道和对内参考报道[②]。

1931 年 11 月 7 日，在中国共产党的领导下，中华工农兵苏维埃第一次全

① 董媛媛，北京交通大学副教授、博士，研究方向为互联网治理、视觉传播、新闻实务；杨默涵，北京交通大学语言与传播学院硕士研究生，研究方向为新闻实务、视觉传播；陈雪婷，北京交通大学语言与传播学院硕士研究生，研究方向为新闻实务。

② 田聪明. 新华社与抗战十四年 [N]. 新华每日电讯，2005-09-10（003）.

国代表大会在江西瑞金隆重开幕，中华苏维埃共和国临时中央政府成立。就在这天，新华社的前身——红色中华通讯社（简称红中社）成立，并在当晚以CSR（Chinese Soviet Radio）的呼号[①]，向全世界播发了这则新闻："中华苏维埃共和国临时政府于1931年11月7日俄国10月革命纪念节，于江西正式成立了。它是中国工农兵以及一切劳苦民众的政权，它是代替帝国主义与中国地主资产阶级的国民党的统治，并且继续号召与组织全中国劳苦民众起来推翻这一统治的政权。"[②]随后，它又播发了代表大会的系列文件，其中包括《致苏联共和国电》《反对日本帝国义出兵满洲通电》等。[③]

同年12月11日，中华苏维埃共和国临时中央政府的机关报《红色中华》报创刊，与红中社是两块牌子，一套人马。"报与社是一回事，一个组织机构，叫红色中华社，简称红中社。先有通讯社，后有报纸。"[④]《红色中华》发刊时提出，它的任务是通过报道活动发挥中央政府对于中国苏维埃运动的积极领导作用，以达到建立巩固而广大的苏维埃根据地，创造大规模的红军，组织大规模的革命战争的目标，进而能够推翻帝国主义国民党的统治，使革命在一省或数省首先胜利，以达到全国的胜利。[⑤]《红色中华》向全中国宣告了共产党人"革命必胜"的坚定信心。

1934年10月，中央红军从瑞金出发，踏上了漫漫长征路。在这两年时间中，红中社发挥了动员令、风向标和宣言书的作用。1934年5月18日，《红色中华》播发了《武装起来，到红军中去》的报道，宣传了中革军委的"扩红"任务，此后又多次动员新战士和苏区群众。[⑥]1936年10月15日，红军长征将完成之际，《红色中华》播发了《庆祝全国主力红军大会合》一稿，见证了红军长征的胜利，记录了中国革命转危为安的关键节点。[⑦]

---

① 郑保卫，杨柳. 中国共产党90年新闻事业大事记 [A].《新闻学论集》编辑部. 新闻学论集第26辑 [C]. 中国人民大学新闻与社会发展研究中心，2011：73.

② 王美芝."新华通讯社"名称沿革与演变 [J]. 党史文苑，2014（23）：49—51.

③ 王美芝."新华通讯社"名称沿革与演变 [J]. 党史文苑，2014（23）：49—51.

④ 王观澜. 红中社的创建 [A]. 新华社回忆录 [C]. 新华出版社，1986：12—13.

⑤ 倪延年. 论民国时期中国共产党中央机关报的发展演变 [J]. 现代传播（中国传媒大学学报），2019，41（4）：40—46.

⑥ 两百多期《红色中华》报和中央红军一起踏上长征路. http://www.xinhuanet.com/zgjx/2016-10/24/c_135776161.htm.

⑦ 田聪明. 历史是宝贵的财富——《新华社记者笔下的红色记忆——红中社报道中的土地革命》前言 [J]. 中国记者，2006（11）：4—5.

红中社中部分人员随同红军长征，剩下的留在中央苏区坚持斗争。长征途中，红中社暂时停止新闻广播，红军电台仍继续抄收中外通讯社电讯供有关领导参考。随着红一方面军顺利到达陕北吴起镇后，1935 年 11 月，红中社在瓦窑堡恢复广播，同时《无线电日讯》和《红色中华》也恢复出版。[①]

在此后的一年多的时间里，红中社和《红色中华》一同承担起了这个阶段的宣传任务，大规模宣传报道了扩红，红军东征、西征和动员群众进行春耕生产等活动，为扩大和巩固陕甘苏区，实现抗日民族统一战线做出了突出的贡献。

如 1936 年 4 月，面对国民党各部队的攻击，《红色中华》发表社论《反对蒋介石联合日本拦阻红军抗日，捣乱抗日后方》及中华苏维埃人民共和国中央政府主席毛泽东、中国抗日红军革命军事委员会主席朱德的联合宣言，义正词严地谴责和声讨了国民党阻拦红军东进抗日的行为。[②]

此外，《红色中华》报于 5 月 16 日刊登了中国共产党《停战议和一致抗日通电》，向全国各政治团体及军队表明了中国共产党的态度和立场和一切从抗日救国出发的宽广胸怀，从舆论上取得了全国各界的支持。[③]

为适应抗日民族统一战线的需要，1937 年 1 月 29 日，“红色中华社”改名为“新中华社”，《红色中华》报改名为《新中华报》，另外，从 1939 年 10 月初起，“新中华社”被称为“新华通讯社”（以下简称新华社）[④]。

1937 年七七事变的第二天，新华社受权全文播发了《中共中央为日本进攻卢沟桥的通电》，这是揭开中华民族全面抗战序幕的首个文告。此后播发的毛泽东《抗日游击战争的战略问题》《论持久战》等重要文献，都对指导全国人民抗日战争产生了巨大影响。抗日战争期间，新华社突出报道了抗日英勇杀敌和全民抗战的事迹，如八路军平型关大捷、击毙日军中将的黄土岭战斗、百团大战等重大胜利和战绩。[⑤]

1945 年 8 月 9 日，新华社从延安播发毛泽东主席的声明，指出：“对日战争已处在最后阶段，最后地战胜日本侵略者及其一切走狗的时间已经到来了。”号召“中国人民的一切抗日力量应举行全国规模的反攻”，“为夺取最后胜利

---

① 李文. 陕北《红色中华》报对扩大和巩固陕甘苏区的贡献 [J]. 甘肃社会科学，1995（5）：94—95.
② 李文. 陕北《红色中华》报对扩大和巩固陕甘苏区的贡献 [J]. 甘肃社会科学，1995（5）：94—95.
③ 李文. 陕北《红色中华》报对扩大和巩固陕甘苏区的贡献 [J]. 甘肃社会科学，1995（5）：94—95.
④ 王美芝. “新华通讯社”名称沿革与演变 [J]. 党史文苑，2014（23）：49—51.
⑤ 田聪明. 新华社与抗战十四年 [N]. 新华每日电讯，2005-09-10（3）.

而斗争”。

1945 年 8 月 15 日，日本正式宣布无条件投降。新华社收到外电报道后，在当天上午 8 点发出 160 个字的急电，向全世界报道了这一重大消息。8 月 15 日《解放日报》头版以大字标题《美苏英中四国宣布，日寇接受无条件投降，敌皇将于今午（十四日）向敌国军民广播》刊登了这条新闻。

1947 年 7 月 1 日，新华社发表社论《努力奋斗迎接胜利》并在 7 月 2 日报道了刘邓大军渡黄河挺进中原的胜利消息。9 月 12 日，新华社发表《人民解放军大举反攻》，指出："人民解放军的大举反攻，标志着战争形势的根本转变。"①

1949 年 10 月 1 日，在天安门举行中华人民共和国中央人民政府成立的盛大庆典，当天政府公告和庆典活动的消息都是由新华社负责，庆典结束后，新华社刊登了一篇八九百字的新闻，简短精炼而又准确生动地记述了开国大典的现场情景。②

自诞生之日起，新华社就是中国革命事业的一部分，并在革命战争的环境中成长壮大。它记录了新民主主义革命时期在中国共产党的领导下，中国人民和中华民族站起来了的历程，也记录了中国共产党成为领导人民、掌握全国政权的执政党的过程，是研究中国新民主主义革命时期历史的“活化石”。

第二节　改天换地：弘扬艰苦奋斗精神，记录党的兴国大业（1949—1978）

作为中国共产党第一份面向全国公开发行的政治机关报，新华社忠实见证了新中国成立后的社会大变革。在中华人民共和国社会主义建设新征程中，主流媒体肩负着重要责任与使命。新华社是中国共产党新闻工作传统的开创者和践行者，在新闻工作中始终坚持实事求是的精神，坚持新闻真实性原则，

---

① 郑保卫，杨柳. 中国共产党 90 年新闻事业大事记 [A].《新闻学论集》编辑部. 新闻学论集第 26 辑 [C]. 中国人民大学新闻与社会发展研究中心，2011：73.

② 万京华：《李普：我亲历的新中国开国大典采访》，新闻与写作，2009（10）：9—11.

坚持对党负责对人民负责的一致性。

新中国成立后，新华社从战争时期中共中央机关通讯社转变为中华人民共和国国家通讯社。1949 年 10 月 19 日，中央人民政府委员会第三次会议中，确定政务院设立新闻总署，下辖办公厅、新华通讯社、广播事业管理局、国际新闻局、新闻摄影局和北京新闻学校。①

1949 年 12 月至 1950 年 2 月，毛泽东、周恩来等人访问苏联，并与斯大林等讨论了中苏双方有关的政治与经济问题，毛泽东主席还亲自撰写了《答塔斯社记者问》的新闻，并为新华社修改了社论《中苏友好合作的新时代》。

1950 年 7 月 10 日，“中国人民反对美国侵略台湾朝鲜运动委员会”成立，抗美援朝运动自此开始。为做好抗美援朝的宣传报道工作，新华社先后派出和调配了 50 多名记者、编辑赴朝，并于 1951 年 1 月组建新华社志愿军总分社。在朝鲜战场上，新华社记者采写了《火线一夜话祖国》《正义的军队》《不朽的友谊》等大量新闻报道，有力地鼓舞了全国人民热爱祖国、参加祖国建设的热情，在新中国新闻史上留下光辉一笔。②

1953 年，第一个五年计划开始实施，新中国开启了大规模经济建设。新华社充分报道了第一个五年计划的顺利实施，积极宣传党的总路线和总任务，描绘出一幅幅雄伟壮丽的建设蓝图，显示了新中国光明美好的未来。

1954 年 4 月 26 日至 7 月 21 日，周恩来率我国政府代表团参加了在日内瓦举行的讨论和平解决朝鲜和印度支那问题的国际会议。以新华社为主组成了庞大的中国记者团撰写《日内瓦会议最后一次会议》等评述达 40 多篇③，全面报道了中国对相关问题的立场以及中国和世界舆论欢呼日内瓦会议胜利及欢迎印度支那停战的消息。

1955 年 4 月，在印度尼西亚召开了万隆会议。新华社全方位报道了万隆会议的有关情况和周恩来总理在会议期间的多次发言，《周恩来总理出席万隆会议》《周恩来总理关于亚非会议的报告》等作品有力地宣传了中国和平外交的总政策，宣传了和平共处五项原则及在此基础上提出的“求同存异”的方针。④

① 新华社历史上的“第一”（四）[J]. 中国记者，2011（8）：75—77.
② 万京华. 朝鲜战场上的新华社记者 [J]. 百年潮，2010（8）：67—71.
③ 万京华. 新华社记者与日内瓦会议的报道 [J]. 新闻与写作，2012（12）：73—74.
④ 万京华. 新华社记者与万隆会议报道 [J]. 新闻与写作，2013（2）：59—60.

1955 年到 1956 年，党和国家领导人先后对新华社建设世界性通讯社问题做出明确指示。新华社采取了一系列措施加快世界性通讯社建设的步伐。

1956 年 1 月 15 日，北京各界 20 多万人在天安门广场举行庆祝社会主义改造胜利联欢大会。1956 年底，中国农业、手工业、资本主义工商业的社会主义改造基本完成。新华社充分对其进行了报道，始终坚持实事求是的原则，积极宣传社会主义改造取得的成果。例如《上海进入社会主义的第一天》就是一篇具有代表性的作品，反映了我党对私营资本主义工商业进行社会主义改造的巨大胜利。①

1964 年 10 月 16 日，中国西部地区新疆罗布泊上空爆炸了自行制造的第一颗原子弹。在爆炸成功当天，中共中央授权新华社发布了中国第一颗原子弹爆炸成功的新闻公报和《中华人民共和国政府声明》。新闻公报和政府声明由当时新华社社长吴冷西和乔冠华、姚溱三人共同起草，由周恩来总理审阅修改，最后送毛泽东主席定稿。②

1970 年 4 月 25 日 18 点，新华社受权向全世界宣布：1970 年 4 月 24 日，中国成功地发射了第一颗人造地球卫星“东方红一号”，成为世界上第三个独立研制和发射卫星的国家，中国航天活动的序幕从此拉开。③

1977 年 8 月在中国改革开放总设计师邓小平的倡导下，国家决定恢复高考。对于这一中国现代教育史上具有重大历史意义的事件，新华社发通稿公布了 1977 年北京招生会的消息和国务院发布的《意见》④，以头号新闻发布了恢复高考的消息，同时在报道中及时提供人民群众所需要的各种新闻信息。

1978 年 12 月 18 日中国共产党十一届三中全会在北京举行，标志着中国从此进入改革开放和社会主义建设的历史新时期。新华社对此进行了持续全面的报道，同时也对十一届三中全会以来农村经济和农村面貌采写了《故乡人民的笑声》《“老上访”新传》《小“吵”村纪事》等极具影响力的通讯。⑤

---

① 李广增，牛新权，马爽，王立群. 正确的舆论导向与建国初期经济建设的凯歌行进 [J]. 河北大学学报（哲学社会科学版），2002（3）：80—85.

② 新华社历史上的“第一”（五）[J]. 中国记者，2011（9）：80—82.

③ 李鸣生. 中国第一颗卫星上天记 [J]. 神剑，2016（2）：13—23，3.

④ 程方平. 推进高考改革，完善教育及人才选拔制度——对改革开放 30 年教育考试改革的回顾 [J]. 教育与考试，2008（6）：21—27.

⑤ 王慧. 安徽农村改革新闻宣传的历史回顾 [J]. 江淮文史，2020（6）：68—80，1.

1947 年到 1978 年是新华社探索和建设国家通讯社的时期，这个阶段可以清晰地看到其发展质的飞跃。新华社规模和业务范围不断扩大，机构和功能日趋健全，在国际报道和全球覆盖方面取得重大突破。作为国家通讯社，其在为把我国建成社会主义伟大强国中发挥了应有的历史作用。①

第三节　翻天覆地：奏响改革开放强音，跟进党的富国大业（1978—2012）

1978 年十一届三中全会确定了“解放思想，实事求是”路线，拉开了中国改革开放的序幕，中国进入社会主义现代化建设的新时期，全党工作的重点转移到社会主义现代化建设上来。新华社紧跟时代发展的脚步，始终与党和人民同呼吸、共命运，忠实履行作为党的耳目喉舌的职责，充分发挥党的意识形态重镇作用。

1981 年 8 月 26 日，邓小平首次提出“一国两制”构想②。1997 年 7 月 1 日香港回归时，为报道这一历史盛事，新华社共投入 114 人组成香港回归前方报道团③。7 月 1 日零时前后，全国各地欢庆香港回归，新华社在当天 1 时 50 分发表《百年梦圆　普天同庆　万众欢呼香港回归》呈现了这一盛况。此外还播发了《历史，将铭记这一刻　当国歌再次奏响的时候》《永远铭记邓小平对香港回归的不朽功勋》《迈向统一富强的新纪元——献给香港回归祖国的伟大时刻》《海外华夏子孙欢呼香港回归》等有深度，有气势的报道④。

香港回归后，新华社加大力度宣传，表明中央政府执行“一国两制”的诚

① 赵玉明，艾红红. 用历史烛照未来，以创新引领成长——写在新华社建社 80 周年之际 [J]. 中国记者，2011（11）：10—12.

② 端木来娣. 抓住大主题 唱响主旋律——新华社有关“一国两制”报道的把握原则与方法 [J]. 中国记者，1999（11）：8—9.

③ 徐学江. 充分发挥通讯社的功能和优势——回顾新华社的香港回归报道 [J]. 中国记者，1997（8）：6—8.

④ 徐学江. 充分发挥通讯社的功能和优势——回顾新华社的香港回归报道 [J]. 中国记者，1997（8）：6—8.

意和决心，证实“一国两制，在一个国家内是切实可行的”①。1999年，新华社播发《香港自由法治人权得到充分保障》等稿件，反映“一国两制”在香港得到了全面落实，基本法得到了执行。②澳门回归，中葡两国政府举行澳门政权交接仪式时，新华社亦派出庞大的队伍进行采访报道。③

全国党代会是公众关注的重大会议，历来也是新华社的报道重点。作为党的耳目喉舌，新华社在党代会报道中肩负“受权发布”的重大使命。30多年来，围绕党的十二大到十八大，新华社调集精兵强将，采写播发了一批在海内外引起巨大反响的重点报道，诞生出一批有重大影响力的名篇。④

1982年11月，党的十二大召开，新华社播发《伟大的转折》等稿件，重点报道了党的实事求是思想的重新确立，以经济建设为中心的战略转移。

1987年党的十三大提出了“社会主义初级阶段”的重要理论，新华社记者的集体作品《党心与民心》中提到“初级阶段理论好就好在使我们对现阶段社会主义的认识，从“天上”回到了“地上”，它是治疗我们思想幼稚病和行动急躁症的一付良药”⑤。

1992年新华社记者《高举伟大旗帜　推进宏伟事业——从党的十四大到十五大》一稿宣告了我国经济体制改革的目标是建立社会主义市场经济的目标和任务。⑥《伟大的实践光辉的篇章——党的十四大报告诞生记》深入浅出地分析了邓小平同志建设有中国特色社会主义理论的产生和发展过程。⑦

1997年十五大召开，新华社记者采写了《亿万人民心中的旗帜》，文章称十五大确立邓小平理论为全党的指导思想作“历史性的决策”“亿万人民的心声和愿望”⑧。《迈向新世纪的宣言和纲领——党的十五大报告诞生记》则介绍了十五大对到建国100周年时我国经济和社会发展的宏伟蓝图的描绘。

---

① 端木来娣. 抓住大主题　唱响主旋律——新华社有关“一国两制”报道的把握原则与方法[J]. 中国记者，1999（11）：8—9.

② 端木来娣. 抓住大主题　唱响主旋律——新华社有关“一国两制”报道的把握原则与方法[J]. 中国记者，1999（11）：8—9.

③ 陈斌华. 一场划时代的新闻大战——新华社记者澳门采访手记[J]. 新闻记者，2000（1）：8—10.

④ 吴锦才. 从名篇看高度——重温新华社关于新时期历届党代会重点报道[J]. 中国记者，2002(10)：6—8.

⑤ 吴锦才. 从名篇看高度——重温新华社关于新时期历届党代会重点报道[J]. 中国记者，2002(10)：6—8.

⑥ 吴锦才. 从名篇看高度——重温新华社关于新时期历届党代会重点报道[J]. 中国记者，2002(10)：6—8.

⑦ 李尚志，郑庆东. 全面·准确·权威——新华社十四大国内报道回顾[J]. 中国记者，1992（12）：12—13.

⑧ 吴锦才. 从名篇看高度——重温新华社关于新时期历届党代会重点报道[J]. 中国记者，2002(10)：6—8.

2002 年十六大讨论的关于中央委员会人选问题是人们议论的焦点，新华社的精品力作《肩负起继往开来的庄严使命——党的新一届中央委员会诞生记》，围绕新一届中央委员会的诞生，从中央领导机构新老交替的角度，写出了我们党兴旺发达，后继有人，并提到“能否在日趋复杂的国内环境中，克服困难，经受考验，抓住机遇，迎接挑战，完成民族复兴大业，关键在党，关键在党的领导是否坚强有力”[①]。

2007 年，为配合十七大报告、党章修正案等文件的发布，新华社采写了《发展中国特色社会主义的政治宣言和行动纲领——党的十七大报告诞生记》和《为高扬的党旗增添新的思想光辉——中国共产党章程修正案诞生记》等稿件，便于群众、干部深入了解和领会文件。另外，《中共首次把“生态文明”写进党代会报告》等稿件，回答了海外受众关心的热点问题[②]。

在十八大报道中，新华社充分运用了“讲故事”的技巧。在《农民工首次以“群体”形象亮相全国党代会》一稿中别出心裁地介绍了三位农民不同的故事。2600 多字的《“山要绿起来，人也要富起来”——十八大报告首提“美丽中国”引人关注》介绍了十八大报告首次提及的“美丽中国”的目标。另外，新华社的报道《三千天不久，只争朝夕——中国开启全面建成小康社会“倒计时”》通过数字反映出全面建成小康社会的紧迫性和艰巨性[③]。

除了对党代会的重点报道，怀着对党对人民的责任，凭着高度的职业化水准，重大事件报道也是新华社面前的头等大事。

2003 年，新华社跟踪报道了科学发展观提出的历程。胡锦涛同志到广东考察时，首次提出要“坚持全面的发展观”，并在党的十六届三中全会上明确提出了关于科学发展观的正式表述。

2007 年中国首次开启月球探测工程，新华社发表了《“嫦娥”告诉世界：中国完成最远的太空“长征”》，用诗意的语言将中华儿女的航天梦与卫星发射的历程融合了起来[④]。

---

① 李术峰. 十六大报道精品稿件点评 引领舆论的精品力作——评《肩负起继往开来的庄严使命——党的新一届中央委员会诞生记》[J]. 中国记者，2007（10）：51—52.

② 紧扣大会主题 忠实记录历史——新华社十七大报道综述 [J]. 中国记者，2007（11）：11—12.

③ 李斌，孙敏莉. 从新华社十八大报道“初探”党代会报道攻略 [J]. 中国记者，2012（12）：96—97.

④ 应莺，陈二厚. 重大事件报道的历史意识与手法运用——解读新华社“探月报道”背后的故事 [J]. 中国记者，2008（1）：46—47.

2008 年汶川大地震发生后，新华社团队在第一时间直奔第一现场。《惊天动地战汶川一稿》全景式再现了军队和武警官兵在抗震救灾中的突出事迹，彰显了人民子弟兵的英雄壮举。《永远和人民在一起》多角度描绘了顽强奋战在抗震救灾第一线的中国共产党人的英勇事迹，大气磅礴，令人动容[①]。

2008 年奥运报道中，新华社将最强的团队配备在第一线，采写出了《人民永远不会忘记——中央领导集体关心体育事业和北京奥运会纪实》《荣耀与梦想在今夜绽放——第 29 届奥运会开幕式侧记》《北京残奥会是礼赞生命的教科书》等主题宏大、内涵丰富的报道[②]。

在改革开放和社会主义现代化建设新时期，中国共产党着力推进富国大业，新华社也一直紧跟国家发展、中共共产党前进的步伐，不错过每一个历史的时刻，用新闻报道为社会主义现代化建设树起奋进的旗帜，发出冲锋的号角。

第四节　惊天动地：传递新时代中国梦，书写党的强国大业（2012 年至今）

党的十八大以来，以习近平同志为核心的党中央团结带领全党全军全国各族人民，高举中国特色社会主义伟大旗帜，统筹推进“五位一体”总体布局、协调推进“四个全面”战略布局，中国特色社会主义进入了新的发展阶段[③]。新华社作为具有中国特色的社会主义现代化世界性通讯社，也进入了一个蓬勃发展的新时期，各方面不断实现着赶超与飞跃。

2013 年 11 月 3 日至 5 日，习近平在湖南湘西、长沙等地考察，首次提出“精准扶贫”理念。新华社及时推出《习近平在湖南考察时强调：深化改革开放推进创新驱动实现全年经济社会发展目标》等相关报道，引起热烈反响。同年 11

① 吴锦才. 重大突发事件应急报道系统的主要取向和基本支撑 [J]. 中国记者，2008（7）：20—22.

② 吴锦才. 在第一时间，在第一现场，发出第一声——新华社 2008 年重大事件报道回顾 [J]. 新闻与写作，2008（12）：23—25.

③ 新华社. 历史的选择，人民的期待——党的十八大以来以习近平同志为核心的党中央治国理政评述 [EB/OL].http://www.xinhuanet.com/politics/2017-01/02/c_1120230862.htm

月 15 日南水北调东线一期工程正式通水，12 月 12 日中线一期工程正式通水，新华社发表题为《习近平就南水北调东线一期工程正式通水做出重要指示要求确保工程运行平稳》等相关报道。

2015 年 3 月 28 日，新华社对国家发展改革委、外交部、商务部 28 日联合发布的《推动共建丝绸之路经济带和 21 世纪海上丝绸之路的愿景与行动》进行了重要报道。同年 9 月 3 日，纪念中国人民抗日战争暨世界反法西斯战争胜利 70 周年大会在北京天安门广场隆重举行。新华社对其进行了持续报道，发表《正义必胜　和平必胜　人民必胜》《胜利日阅兵十大精彩瞬间全景交互阅兵》等文章。

2016 年 6 月，俄罗斯总统普京在访华前夕主动邀请新华社社长蔡名照赴圣彼得堡，对其进行独家采访[①]。这是新华社历史上首次由社长对世界主要国家元首进行一对一采访，也是中国主要媒体负责人首次对普京进行全媒体独家专访。2016 年 11 月 5 日，新华社建社 85 周年纪念大会上，社长蔡名照宣读了习近平总书记发来的贺信。为了纪念这一特殊的“生日祝贺”，新华社记者连夜采写《为党的新闻事业矢志奋斗——习近平总书记贺信在新华社干部职工中引起热烈反响》一稿[②]。

2016 年 10 月 17 日神舟十一号载人飞船发射升空到 11 月 18 日神舟十一号返回舱带着两名航天员成功着陆，新华社不断推出独家报道例如《厉害了！景海鹏、陈冬成为“新华社太空特约记者”》《史上第一堂“天地联讲科普课”开讲啦！》[③]。新华社这次推出“天马行空 33 天”“太空日记”系列解释性、揭密性报道，首开世界新闻史上记者从地球之外发回报道的先河，成为新华社融合报道现象级作品。

2017 年 10 月 18 日中国共产党第十九次全国代表大会在北京召开。在这次重大会议中，新华社率先发声、权威解读、全媒传播，各类评论全面发力，传

---

① 严文斌，赵宇. 论新华社社长蔡名照专访普京的传播创新与实践价值 [J]. 中国记者，2016（9）：10—12.

② 施雨岑. 新华社建社 85 周年报道回顾与感悟 [J]. 中国记者，2017（2）：102.

③ 李柯勇，郑晓奕. “新华社天宫二号电”是这样炼成的——“新华社特约记者太空日记”系列报道回眸 [J]. 中国记者，2017（1）：32—33.

播效果取得新突破，评论影响力显著提升[①]。其推出的《什么造就了习近平》《十九大党代表》等作品在国内外取得热烈反响，有效影响了国际舆论。

2017 年 12 月中旬新华社国家高端智库组织编写的《习近平新闻舆论思想要论》由新华出版社出版。2017 年 12 月 25 日，为深入学习习近平新闻舆论思想，切实用以武装头脑、指导实践、推动工作，更好地履行党中央赋予的职责和使命，新华社组织召开了“学习习近平新闻舆论思想加快建设国际一流的新型世界性通讯社”研讨会[②]。

2019 年 4 月 24 日，由新华社研究院牵头组建的“一带一路”国际智库合作委员会正式成立。习近平主席发来贺信，对合作委员会的成立表示热烈的祝贺并寄予殷切的期望[③]。2019 年 10 月 1 日在北京举行了新中国成立 70 周年大会，新华社发布了《自豪·致敬·奋斗——3 个关键词读懂习近平总书记国庆三篇重要讲话》《NO.70 时光机：“家与国”这 70 年》《盛世盛典！号外来了》等作品，以新媒体话语表达方式吸引流量，将庆典中的细节和习近平总书记讲话的关键传递给了受众，并通过大数据等多元方式加深报道内容深度与层次[④]。

2020 年是我国脱贫攻坚决战决胜之年，脱贫攻坚最前线最需要舆论引导，最需要舆论支持，最需要舆论鼓舞[⑤]。新华社主要扛起决战决胜脱贫攻坚宣传责任，架起决战决胜脱贫攻坚战的宣传桥梁。在 2020 年 10 月 17 日“国家扶贫日”，新华社音视频部直播报道中心连线国内外 16 个分社记者进行了一场大型直播《决战决胜脱贫攻坚》。[⑥]同时，2020 年也是我国全面建成小康社会的收官之年。新华社对其进行全面宣传，发表了《携手奋斗奔小康——2020，吹响决胜全面小康的号角》等报道，并于 6 月 30 日起开设了“走向我们的小康生活”栏目。

---

① 詹勇. 探索新时代评论创新发展之路：新华社十九大评论报道的认识体会 [J]. 中国记者，2017（12）：36—37.

② 王会. 以习近平新闻舆论思想武装头脑、指导实践、推动工作　开创新时代新华社事业新局面——“学习习近平新闻舆论思想　加快建设国际一流的新型世界性通讯社”研讨会暨 2017 年新华社新闻学术年会研讨综述 [J]. 中国记者，2018（1）12—15.

③ 蔡名照. 凝聚智慧合力　共促发展进步——在第二届“一带一路”国际合作高峰论坛“智库交流”分论坛上的致辞 [J]. 中国记者，2019（5）：6—7.

④ 王若璇. 人工智能与新闻生产变革 [J]. 新闻论坛，2021，35（1）：76—79.

⑤ 柯红勇. 在脱贫攻坚最前线彰显党报舆论引领担当——以襄阳日报社脱贫攻坚报道实践为例 [J]. 新闻前哨，2021（1）：4—5.

⑥ 丛磊. 如何在视频报道中讲好脱贫攻坚故事 [J]. 中国财政，2020（20）：86.

2021年3月召开的两会是在中国共产党成立100周年、“十四五”开局之年、全面建设社会主义现代化国家新征程开启之年召开的重要会议。立足两会，新华社共推出《大灾之后肯定有大变化》《踏上新征程再创新伟业——写在2021年全国两会召开之际》《共同团结奋斗共同发展繁荣》《希望之苗于此报告》等各种形式报道8200余条，始终坚持高站位要求、高质量发展、高起点融合，紧紧围绕大会主题与议程，圆满完成各项报道任务①。

2012年以来至今，新华社实现了飞跃式发展，高质量精品内容不断推出，品牌效应不断增强，国际影响力显著提升。其顺应融合发展趋势，在媒介融合的浪潮下逐步摸索出一条具有通讯社特色发展的道路。同时，其充分发挥舆论引导主力军主渠道主阵地作用，充分彰显了国家队实力和新型主流媒体气质。

① 浓墨重彩描绘新蓝图 凝心聚力开启新征程——新华社2021年全国两会报道综述[J].中国记者，2021（4）：14—17.

第十六章　《求是》的报道

杨　姣　王心雨　李斯娴[①]

《求是》杂志的前身为《红旗》杂志，是中共中央主办的唯一一本机关刊物。作为党刊的《求是》肩负着传播社会主义思想的重任，并在社会主义建设的过程中充分发挥了党的喉舌作用，能很好地宣传、解释党的理论、方针和政策。从《红旗》杂志的创刊到今天的《求是》杂志布局新媒体，经历了 60 多年的风雨，《求是》的发展史，从某种程度上来说就是从侧面体现了党在不同阶段的发展史。

第一节　《求是》杂志概况

《求是》杂志由中国共产党中央委员会主办，是中央主办的唯一一本机关刊物，其前身为《红旗》杂志。作为中共中央的机关刊物，《求是》肩负着传播马克思列宁主义、毛泽东思想、邓小平理论、三个代表重要思想、科学发展观、习近平新时代中国特色社会主义思想的重任，同时要准确地阐释和宣传党的路线、方针和政策，引导广大党员干部树立正确的世界观、人生观和价值观，提高全党马克思主义水平，促进党的事业发展的任务。《求是》杂志是党的喉舌，是党中央指导全党全国工作的重要思想舆论工具和阵地。

1958 年 6 月 1 日，代表着全国最高权威的党内理论刊物《红旗》杂志在沙滩北街 2 号大院正式创刊。《红旗》在创刊之后的一段时间内就形成了较大的

---

① 杨姣，云南大学滇池学院人文学院副院长、副教授；王心雨，云南大学新闻学院硕士研究生；李斯娴，云南大学滇池学院人文学院辅导员。

影响力，成为党在理论研究和宣传方面的一个主阵地。它的影响力与毛泽东的关怀是分不开的。在杂志正式出版后，毛泽东继续对《红旗》给予经常且具体的关心和扶植，包括为《红旗》写约稿信和编者按。他不仅同意将自己的《介绍一个合作社》一文在《红旗》创刊号上发表，而且此后还不断向红旗推荐文章。

1988年5月30日，中央决定为适应改革开放新形势的要求，委托中共中央党校创办全党的理论刊物《求是》杂志。同年6月底，《红旗》在出版最后一期后停刊。7月1日《求是》创刊，邓小平为《求是》杂志题写刊名。将《红旗》更名为《求是》是为了能更好地体现刊物风格也更贴近党中央从十一届三中全会以来的路线，《求是》创刊总的指导思想要求是，以改革总揽全局，防止僵化和自由化。创刊初期，《求是》杂志的宣传主要集中在经济建设、改革、理论探讨和研究以及引导社会舆论等四个方面，经济建设的宣传成为重中之重。杂志在经济建设的宣传上，刊登了一系列国有企业改革、贯彻治理整顿方针、沿海经济发展战略等方面文章。《求是》也初步展现出了自己的特点，例如在涉及重大政治原则是非问题上态度的谨慎，理论色彩比较浓，探索性突出，可读性较强。1989年7月28日，中央决定将原来党中央委托中共中央党校主办的全党理论刊物《求是》杂志，改为党中央主办。

经历了60多年的风雨，半月刊发行的《求是》出版日期定为每月1日、16日。每期4个印张，64个页码，大16开本，定价为每册5.8元。杂志主要设有栏目：要文要论、党的建设、求是笔谈、经济改革与发展、文化视野、世界风云透视、调查与研究、红旗论坛、民主与法制、国防与军队建设、探索与争鸣等。杂志面向的读者群体主要为党政工作者。目前杂志国内发行量为154万册，在国外发行到100多个国家和地区。

第二节　改天换地时期的《红旗》暨《求是》杂志

一、《红旗》暨《求是》杂志的创办和发展

毛主席早在1955年1月党的七届六中全会上便指出，各省市要办好刊物。1958年1月，在南宁会议上，毛主席正式提出创办中央理论刊物的问题，同年

3月，在成都会议上，创办中央理论刊物的决策被具体化。在1958年5月召开的党的八届五中全会上，毛主席作出了创办刊物的正式决定，《红旗》就此定名。毛主席也曾为《红旗》题写过20多幅刊头，编辑部在这些刊头里选了“红旗”二字作为正式刊头，这二字至今仍被众口称赞。

同时，中央决定成立《红旗》杂志编委会，1958年5月24日，编委会第一次会议由邓小平同志主持在中南海居仁堂召开。《红旗》杂志编委会编委由中央有关部门，各省、市、自治区和部队中写作能力强、理论水平高的同志，以及党内学术理论专家、宣传理论系统负责人组成，共36名。其中总编辑由陈伯达担任，邓力群、田家英、李友九、陈伯达、胡绳为常任编辑。

1958年6月1日，《红旗》创刊号在北京正式出版。《红旗》作为中共中央主办的理论刊物，主要的任务是宣传中共中央的方针、路线和政策，宣传马克思列宁主义、毛泽东思想，以及中共中央的各项指示内容，并对党的思想理论问题进行研究和阐述。在创刊号中，胡绳援笔发刊词，由毛主席、邓小平同志审定。在这一期中，发表了毛主席写的《介绍一个合作社》等文章，毛主席在之后也一直关注着《红旗》的工作，并经常推荐文章到《红旗》，对一些稿件还精心做了修改。每次送毛主席审阅的文章，主席都要前前后后看上好几遍，并且都要提出修改意见，很多时候自己还动手做出重要修改。毛主席对《红旗》工作的关心支持，让《红旗》工作人员深感亲切又备受鼓舞。

写国际评论的于兆力，写思想文化评论的施向东，写经济评论的许心学，这三个名字，在《红旗》前几年的版面上经常出现，引人注目。后来，人们慢慢才知道，这三个名字原来是三个集体的笔名，而这三个集体写作班子，称得上是《红旗》杂志的“三面红旗”。

“于兆力”由姚臻、王力、乔冠华组成，他们比较熟悉国际情况和国际问题，了解中央精神，都参与中央有关国际问题的研究及文件起草工作，有着很高的权威性，在当时很受重视和欢迎。

“施向东”这个写作小组，以副总编辑胡绳为首，中央政治研究室丁伟志、郑惠、王忍之等同志参加，他们有着渊博的知识、较高的理论修养以及写作技巧，写出了很受欢迎、影响较大的文化评论文章。

“许心学”，是“虚心学”的谐音，这个集体由副总编辑邓利群打头，马洪、梅行参加，他们所写出的文章，能够透彻分析有关问题，能够使得中央精神得到最快速的传达，他们都是中央经济文件的起草者和有关经济问题会议的参加者，他们的文章对经济工作起到了很强的指导作用。

优秀的写作小组、机关刊物的属性、再加上每个时期都按照当时中央的意见、指导思想进行编辑工作，刚创刊的《红旗》杂志发展迅速，很快就拥有了一定的影响力。

二、《红旗》暨《求是》杂志对教育的宣传和影响

“大跃进”时期职工业余教育的发展如火如荼，在“大跃进”中创刊的《红旗》杂志，发表了很多文章来宣传职工业余教育。

新中国第一所由企业创办的半工半读学校在 1958 年 5 月 27 日开学，这就是天津国棉一厂（全称国营天津第一棉纺织厂）举办的半工半读学校。1958 年 5 月 29 日，《人民日报》报道了天津国棉一厂半工半读学校的开学情况，以《培养工人阶级知识分子的新途径，天津国棉一厂举办半工半读学校》为题。在此同时，《人民日报》还发表了一篇社论，主要提倡企业、工厂创办半工半读学校。社论指出，天津国棉一厂举办半工半读学校是一个新的露头，半工半读性质的工人学校是培养工人成为知识分子的重要方式。这在《红旗》杂志中发表的关于天津市企业举办半工半读学校的文章里也有记述。在八届全国人民代表大会二中全会期间，刘少奇同志提出企业创办学校的问题，指示天津市委重视这个教育新的方针，并且也对半工半读作出了具体的指示。

“大跃进”初期，在全国范围内职工业余教育兴起，《红旗》杂志创刊出版后就刊文细述了职工业余教育办学意义、办学过程、学习方式、教育形式以及参加学习的工人工资，大力宣传了这种新的办学形式。通过《红旗》杂志的宣传，全国各地职工业余教育的发展有了更好的理论依靠和实践指导。1958 年《红旗》杂志的第 7 期上刊发了《教育必须与生产劳动相结合》（陆定一）一文，这篇文章详细论述了中国共产党的教育方针。1958 年 9 月 16 日，《红旗》杂志出版了第 8 期，这期大规模的宣传了职工业余教育。切入点是选取了两个有代表性的典型办学点，从而进行有力的宣传。《红旗》从新的教育形式上高度论述了职工业余教育的意义重大，同时也从更高的层次上论述了兴办职工业余教育的意义深远。《红旗》对职工业余教育办学具体举措的宣传，为其他各地发展新的教育形式提供了借鉴。

1960年《红旗》杂志的第16期，刊发了《上海市职工业余教育的新形势》（马飞海）和《十年如一日——北京市第一机床厂的职工报告业余教育》（陈迹）这两篇关于职工业余教育的文章。《红旗》杂志对职工业余教育办学“三原则”即生产、教育、科学研究进行了宣传，这也正是陆定一希望在全国范围内推广的。《红旗》杂志在期刊中对教育办学“三原则”有着非常具体而又详尽的介绍，这为全国各地举办新的教学形式提供了非常明确的指导。在《红旗》刊发的有关职工业余教育的文章中，有很多都详细介绍了典型的办学措施，有自己的重点，能提出搞好职工业余教育的原因，推进了全国各地工厂、企业办学的健康发展。

《红旗》杂志在创刊初期便心系教育，刊发有关教育方面的文章是为了能用舆论引导各地健康办学发展，从而推动实践党的教育方针的根本方法的发展。除了教育，政治问题和民生问题也是《红旗》杂志所关心的。

第三节　翻天覆地时期的《红旗》暨《求是》杂志

一、《红旗》暨《求是》杂志关于真理标准问题的讨论

1978年11月，真理标准讨论的发起者和反对者都参加了此次中央工作会议，毫无疑问，关于真理标准问题的讨论成为此次会议的焦点。伴随着《人民日报》发表的大量真理标准问题的文章，此次会议将从5月就开始进行的真理标准问题大讨论推到了高潮。作为党刊，《红旗》杂志在很长的一段时间内缺失有关对真理标准问题讨论的内容。不仅删掉了所有发表文章中有关真理标准的内容，还继续发表带有“左”的立场和内容的文章。一时间“《人民》上天，《红旗》落地”的议论声不绝于耳。可是在当时总编辑的带领下，《红旗》依然无动于衷。直到谭震林写的一篇文章，才让《红旗》杂志介入真理标准问题的讨论。当时《红旗》编辑部约稿谭震林，请他写一篇毛主席在井冈山时期的文章。谭震林要论述毛泽东思想经得起在实践中检验，并且坚持要写实践才是检验真理的唯一标准。《红旗》杂志总编辑看了之后要求删掉真理标准的讨论部分，谭震林不同意，反而在修改后的文章里强调了毛泽东思想的

形成和发展就是不断在实践中接受检验的结果。双方争执不下，《红旗》杂志总编辑只能写报告请示中央该如何处理。李先念同意发表文章并表示谭震林写的是历史事实，《红旗》杂志已经很被动了，应当刊登。邓小平则直接在批示中要求《红旗》杂志卷入真理标准讨论。于是《红旗》杂志发表了谭震林的《井冈山斗争的实践与毛泽东思想的发展》一文，标志着《红旗》杂志改正了自身的错误，开始卷入真理标准问题大讨论。

二、《红旗》暨《求是》杂志中民主政治建设的论述

1979 年初，中央下发文件强调要尊重和扩大各生产队的自主权，为此《红旗》杂志发表评论员文章强调要在政治上保证农民的民主权力，才能充分调动和发挥农民的积极性。邓小平同志在 1980 年 8 月 18 日召开的中共中央政治局扩大会议上发表了《党和国家领导制度的改革》讲话。紧接着《红旗》杂志就发表了评论员文章《领导制度必须改革》。文章中分析了领导制度中存在的一些弊端，强调要想从制度上保证民主化的实现就必须要改革领导制度。同年，《红旗》杂志第 24 期刊发了《肃清封建主义残余影响要着重在制度上进行改革》一文，指出要在制度上进行改革，从而肃清我国封建专制主义的遗毒的影响。党的十二大高举建设高度的社会主义民主大旗，这一时期刊发的文章中有很多都阐释了社会主义民主发展的长期性。在 1988 年《红旗》改名为《求是》后，《求是》杂志持续刊登了很多关于社会主义民主政治研究的文章来助力我国民主政治建设的发展。随着党的十六大提出社会主义民主政治建设的相关新思路，《求是》作为党刊，也刊发了一系列的文章，让社会各阶层加深了对社会主义民主政治建设的认识。《求是》在社会主义民主政治建设的过程中充分发挥了党的喉舌作用，很好地宣传和解释了党的理论、方针和政策。

三、《求是》杂志中对农业农村农民问题的研究

党的十六届五中全会将“三农”问题带入大众视线，“十一五”规划再次强调了农村、农业、农民问题是党和国家工作的重心。此时的《求是》担负着为“三农”工作的开展进行宣传和舆论引导的重任。《求是》杂志中涉及“三农”问题的内容主要有农民收入、农村保障、土地和环境问题、粮食问题、农村和县域经济发展、农村文化科技教育建设、农村基层党建等方面，可以看出《求是》

杂志对于“三农”问题的研究是全方位的。其中有关于农民增收问题、县域经济的报道和文章出现频次较高，一定程度上反映出了国家“三农”工作的重心，也反映了作为“喉舌”的《求是》对党和国家政策的积极宣传和解读。除了对“三农”问题探讨的报道，《求是》杂志还设立了专门的“农业·农村·农民”版块，该版块只讨论“三农”问题的政策法规和相关工作的开展，体现出了很强的针对性和党刊报道从实际出发的思想。与其他发表文章作者类型不同的是，其他文章的作者类型涵盖各行各业的专家和学者，而“三农”类文章的作者大多为政府人员，原因在于基层工作者们能更好的将理论和实践相结合，只有了解真实的工作状况，才能写出具有针对性的文章。

在对“三农”问题的探讨中，《求是》发起的正面舆论引导，宣传了政治思想，辅助了国家政策的贯彻和执行，树立了一个良好的政党形象。毫无疑问，《求是》杂志对于“三农”问题的探讨是多方位、全方面的，其影响深远到政府工作人员要按照《求是》发表的相关宣传思想开展工作，正是由于这种对高权威度的追求，造成了精英文化和市民文化的缺失，由于没有反馈机制，缺少来自受众的反馈意见，也造成了大众失语的局面产生。

第四节　惊天动地时期的《求是》杂志

《求是》创刊以来，积极推广全国各地优秀的工作经验，同时也积极宣传党的方针路线和决策、部署，回答大众关心关注的现实难题和理论方面的疑惑，巩固了马克思主义意识形态的指导地位，也提升了主流意识形态凝聚力。在融媒体背景之下，《求是》更加提升了自身的理论权威和思想深度，发挥内容优势，利用媒体融合技术，对杂志期刊内容进行优化、分类、重构、提炼，逐渐适应大众的阅读习惯，形成了新的办刊格局。

从时代视角上看《求是》，纸媒转型的重要支持，是各种新技术新应用。人工智能、5G 技术的兴起，推动了纸媒的转型，传统的纸质媒介逐渐被数字媒介替代，数字媒介逐渐成为当下的主要传播载体。媒体内容、制作与传播方式在智能化和数字化媒体技术环境里发生了改变。《求是》杂志积极融入全媒体时代，发挥当代新媒体技术的传播优势，在实践和先进的理论研究中发挥价值。在这个媒体融合发展的新时代，人们在阅读和信息传播的方式上都发生了改变，尤其是大众的期待心理出现了新的变化。在互联网高速发展的今天，通过智能终端的助力，人们可以随时随地看到动画、视频等内容。从读者视角上看《求是》，《求是》使用音视频、图文结合等传播形式，让读者从可读到可视，使内容传播从静态传播升级为动态传播，打造了一个多维度的传播体系，满足了人们的各种阅读需要。同时，人们对传媒产品的期待，也成为《求是》不断发展融合的内动力。从价值视角上看《求是》是在融媒体背景之下的《求是》，重视构造丰富的传播手段，主动构建中国的主流话语传播体系，充分利用各种新技术打造新的传播体系。《求是》杂志想要保障其的政治地位和国际化办刊视野，必须将纸媒的优势融合进新媒体的传播平台里。《求是》杂志利用“求是手机报”和微信平台，定时向读者推送最新的政治要闻和思想理论动态，回答大众关注的焦点，成为领导干部进行思想境界提升的重要指南。

在媒体融合发展进程中的《求是》杂志，坚持着正确的办刊导向，在纸质平台优势中融入融媒体思维，发挥自身职责使命，积极回应大众关注的热点和理论难题，找寻正确的新媒体融合的方向和道路。《求是》杂志全媒体发展中心的成立，就是要对纸媒与新媒体的各个环节进行整合，打造出多种类型的新媒体产品。通过资源整合，不断建设，发展到现在，《求是》杂志与“求是网”“求是手机报”等产品已经实现全面深度融合，率先进入转型，目前已经建成了大于 6 项全媒体产品。

《求是》坚持内容为王，严格把控稿件的质量，用高质量、专业性、具有学术品质与应用价值的文章来搭建学术理论和新媒体信息传播的复合平台，在社会热点关键性事件中，及时占领舆论场，准确引领舆论走向。除了内容方面，《求是》还对杂志的版式、发展体系、管理模式进行改革。2019 年，《求是》开始进行全彩印刷，且加入插图，做到有图有文，极大程度地丰富了读者的视觉感官。《求是》杂志社还专门成立了全媒体发展中心来统一管理新媒体业务，同时对杂志社内的 7 家直属媒体进行企业化改革，成立“求是网传媒（北京）有限责任公司”，为《求是》的发展注入新的活力。

《求是》杂志顺应媒体融合时代要求，立足理论权威优势，主动变革进行转型，成立了专门的融媒体机构，资源整合，打开了媒体融合新格局，取得了良好成效。《求是》杂志的传播新格局，首先通过建构“纸媒＋网站”双平台，形成多项媒体产品的传播机制。其次，《求是》杂志利用新技术，顺应时代发展趋势，开发求是H5案例、求是视频等新产品，开启了全新的传播模式。最后，《求是》杂志利用自身优势传播经典理论，利用门户网站论述热点新闻，再利用微信与微博打造互动沟通平台，对各项融媒体产品进行了合理的分工。《求是》杂志适应媒介变化环境，选择人们最容易接受的话语和方式，借助新技术新媒体的发展，在媒体融合发展的时代里占据了主要领地。

《求是》杂志能够在媒体融合发展的今天有着权威的影响力和显著的全媒体建设成果，充分证明了其在融媒体发展的进程中找到了适合自身发展的道路，《求是》杂志丰富的办刊经验也为其他杂志媒体提供了有效的转型指导。当前，《求是》以及其他同等类型的杂志在传播力上还存在着相对较弱等问题，在创办这类杂志刊物的时候，还是要注重集聚传媒行业的力量，打造刊物的自身特色，进行资源整合，要利用好新媒体技术，尽可能多地去满足大众多元的阅读期待。同时，也要抓好文章的内容，使其学术品质得到提升，构建一个多元的融媒体办刊机制。

习近平总书记在致《求是》暨《红旗》杂志创刊60周年的贺信中指出：《求是》杂志要继续深入贯彻落实党的十九大精神，要和中央保持高度的一致并牢牢把握住正确的政治和舆论导向，不断改革创新提高宣传水平，更好地服务党和国家的工作大局。经历了60多载风雨的《求是》杂志经久不衰的原因正是其在办刊思想方面有自己的特色。首先，《求是》杂志紧跟中央，与中央保持高度的一致，严格按照中央的各项方针和政策来办刊；其次，《求是》杂志能很好地用理论联系实际，在推动中国特色社会主义建设的进程中紧密结合实践来进行舆论引导；最后，《求是》紧跟社会热点问题，顺应潮流，在媒体技术发展日新月异的今天能够大胆革新布局新媒体版块，用新思想和新技术不断给杂志赋权，扩大影响力。在未来的发展中，《求是》应当坚持自身的办刊思想，紧密团结党中央和各族群众，不断运用新媒体技术丰富和完善自身的影响力，更好地服务人民，打造世界一流的媒体品牌。